知识产权国际私法新问题研究

程冰 ◎ 著

Private International Law Issues In
Intellectual Property

图书在版编目（CIP）数据

知识产权国际私法新问题研究 / 程冰著. -- 北京：人民法院出版社，2020.7

ISBN 978 - 7 - 5109 - 2882 - 6

Ⅰ.①知… Ⅱ.①程… Ⅲ.①知识产权法 - 研究 - 世界 Ⅳ.①D913.04

中国版本图书馆 CIP 数据核字（2020）第 104841 号

知识产权国际私法新问题研究

程 冰 著

责任编辑	张 奎	
出版发行	人民法院出版社	
地 址	北京市东城区东交民巷 27 号（100745）	
电 话	（010）67550673（责任编辑） 67550558（发行部查询）	
	65223677（读者服务部）	
客 服 QQ	2092078039	
网 址	http://www.courtbook.com.cn	
E - mail	courtpress@sohu.com	
印 刷	保定市中画美凯印刷有限公司	
经 销	新华书店	

开 本	787 毫米 ×1092 毫米 1/16	
字 数	305 千字	
印 张	20.5	
版 次	2020 年 7 月第 1 版 2020 年 7 月第 1 次印刷	
书 号	ISBN 978 -7 -5109 -2882 -6	
定 价	76.00 元	

前　言

一、研究背景、目的及意义

　　早期的知识产权立法和司法判例均规定知识产权法的适用范围仅限于本国境内，各国对本国的知识产权纠纷享有专属管辖权。伴随着国际经济、文化交流的频繁与扩大，知识产权法律冲突也不可避免地出现了。为在国际私法领域中保护知识产权，尽管美国现行商标法《兰哈姆法》（Lanham Act）并未明确规定域外适用原则，但在司法实践中其域外适用却较为广泛。1952 年美国 Steele v. Bulova Watch Co. 案便是美国商标法具有域外适用性的典型案例。20 世纪 80 年代以后，美国国会两次立法，又使美国专利法的域外适用有了明确的法律依据。到 20 世纪 90 年代末，西方国家的知识产权冲突法意识形成高潮。世界上最早制定知识产权国际私法的文献，首见于 1968 年欧盟的《布鲁塞尔公约》，其中对跨国知识产权管辖权问题作出了规定。1988 年又通过缔结内容几乎相同的《卢加诺公约》，将《布鲁塞尔公约》的适用范围扩大到欧洲自由贸易区国家。在管辖权方面，作为欧盟国际私法融合过程中的首部国际私法公约，《布鲁塞尔公约》为欧洲共同体各国法院提供可直接适用的统一性国际管辖权规则。荷兰最高法院于 1989 年根据《布鲁塞尔公约》受理涉外商标一案，更开创了知识产权跨境管辖的先例。2000 年，欧盟理事会通过《布鲁塞尔条例》，在丹麦之外的所有欧盟成员国间取代了《布鲁塞尔公约》，该条例于 2002 年 3 月 1 日正式生效，管辖权规则在立法形式上实现了由公约向条例的转变。条例作为欧洲共同体立法的一部分，具有直接适用的效力和普遍约束力，强化了欧盟法的直接效力。

自《布鲁塞尔公约》确立了跨国民商事案件管辖权规则后，为在欧洲共同体层面解决日益突出的法律适用冲突问题，专家们曾于1972年提出了合同和非合同领域的债权行为的法律适用公约草案，后来又于1980年形成了用于合同义务的法律适用规则《罗马公约》，并于2008年将其转化为共同体立法的《罗马条例 I》。2007年，欧洲议会和欧洲联盟理事会通过了《罗马条例 II》，统一了非合同关系法律适用规则，其中包括知识产权侵权纠纷法律选择的专门条款，并于2009年1月在除丹麦外的欧盟成员国间生效。2005年，海牙国际私法会议通过并签署了《选择法院协议公约》，成为第一个全球性管辖权和判决公约，该公约于2015年10月1日正式生效，其调整范围包括版权和邻接权的效力纠纷，与合同有关的知识产权纠纷以及除版权及邻接权以外因合同引起的其他知识产权侵权纠纷。

除了上述区域性和全球性立法外，美国法学会于2007年通过了《知识产权：跨国纠纷管辖权、法律适用及法院判决原则》（以下简称《ALI原则》），作为一项与知识产权有关的国际私法"软法"，以法院和纠纷当事人可以自愿适用的"原则"形式出现，旨在为各国法官审理跨国知识产权案件提供指导性的规则。受欧美民间立法的鼓舞，韩国和日本国际私法学会也在2010年公布了其共同研究成果——日韩共同提案，旨在协调东亚各国在跨国知识产权诉讼中可能产生的法律冲突，对跨国知识产权诉讼涉及的国际管辖权、法律适用和外国法院判决的承认与执行等问题提供一套适合东亚各国的示范法。另外，成立于2004年的欧洲马克斯普朗克知识产权冲突法专家小组，先后在2009年、2010年和2011年间拟定了四稿《知识产权冲突法原则》（以下简称《CLIP原则》）草案，意图向欧洲和各国立法者提供与知识产权有关的国家管辖权、适用法律和外国判决的承认与执行等内容的独立性意见，同时填补海牙国际私法会议"判决公约"项目中有关知识产权国际管辖权问题的空白，并于2011年12月通过了最终文本。作为未来改革的建议，《CLIP原则》试图通过限制带有公法色彩的知识产权专属管辖权以推动跨国知识产权诉讼。上述三项民间立法是在吸收历来各国国内法、国际条约和各国法律学者建议的基础上，经过多次修订实现的，代表了美国、亚洲以及欧洲地区知识产权国际私法保护的探索和研究的最新成果，对世界各国在跨国知识产权纠纷的处理上有着示范和指导作用。

相对于国外在知识产权国际私法问题上研究与立法的如火如荼，我国学者在此方面的动态明显滞后，如研究比较分散且零碎，大多限于知识产权国际私法基本理论的探讨，缺乏系统性与全面性研究。在知识产权冲突法的研究方面，目前仅有一本专著和一篇博士论文，但因部分观点过于牵强而缺乏公信力，对我国相关立法和司法实践的参考价值有限。

笔者作为一名执业多年的中国涉外知识产权律师，在日常法律工作中经常接触跨国知识产权案件。借此博士课程学习机会，笔者在挖掘和评析国内外最新文献资料的基础上，结合自身法律实务经验，力求全面地对知识产权国际私法理论与制度进行准确的分析，在厘清知识产权地域性与法律冲突关系的基础上，分别对跨国知识产权的管辖权、法律适用和外国判决的承认与执行等关键问题进行全新的详细论述，并结合中国目前的立法与司法实践情况，提出相关立法建议以及可操作性应对方案，以期为我国进一步完善知识产权国际私法立法和司法实践提供有益的学术镜鉴。

二、国内外研究现状

德国乌尔姆（Ulmer）教授于 1970 年完成的 *Intellectual Property Rights and the Conflict of Laws* 是国际领域学者开始关注和研究知识产权冲突问题的首部国际私法著作，主要是对欧共体各成员国的知识产权冲突法进行集中的比较性论述，且仅涉及知识产权合同与侵权的法律适用规则。到 1998 年，英国两位学者詹姆斯·福塞特（James J. Fawcett）和保罗·托门斯（Paul Torremans）合著有 *Intellectual Property and Private International Law* 第 1 版，后于 2010 年推出第 2 版，该书是截至目前全面反映知识产权国际私法问题的难得佳作。还有约瑟夫·卓克赛尔（Josef Drexl）和安妮特·库尔（Annette Kur）编著并于 2005 年出版的 *International Property and Private International Law – Heading for the Future* 一书，其中涵盖了各国学者关于知识产权国际私法问题的多篇文章，集中于管辖权和法律适用问题。此类书还有尤尔根·巴塞

（Jurgen Basedow）、河野俊行（Toshiyuki Kono）和阿克塞尔·梅茨格（Axel Metzger）编著的 *Intellectual Property in the Global Arena Jurisdiction, Applicable Law, and the Recognition of Judgments in Europe, Japan and the US*。另外，丹·杰克（Dan Jerker）和波哈·斯旺特斯（Borje Svantesson）于 2012 年共同完成并出版了 *Private International Law and the Internet*，其分国别重点论述了互联网时代澳大利亚、英国、德国、瑞典、中国和美国对知识产权国际私法问题的认识和规定。还应提及的是，英国牛津大学丁武迪（Dinwoodie）教授和美国哥伦比亚大学的金斯伯格（Ginsburg）教授也是对知识产权冲突法有广泛深入研究的学者，论文和著述均颇多，其中金斯伯格教授领导和参与了美国《ALI 原则》的制定工作。

最新民间机构对知识产权法律冲突问题的研究成果，则有美国法学会的《ALI 原则》，韩国和日本国际私法学会共同公布的日韩共同提案以及德国马克斯普朗克知识产权研究所的《CLIP 原则》。

我国对知识产权冲突法的研究尚处于起步阶段。目前相关论著仅有杨长海著述的《知识产权冲突法论》（2011 年）、徐妮娜著述的《著作权的国际私法问题研究》（2015 年）和徐祥博士论文《国际私法中的知识产权问题研究》（2007 年）等。代表性的研究文章已有：《知识产权之冲突法评论》（吕岩峰，1996 年）；《知识产权国际私法基本问题研究》（冯文生，2000 年）；《知识产权法律冲突与解决问题研究》（朱榄叶、刘晓红，2004 年）；《涉外知识产权民事法律关系的调整及法律适用》（上篇：理论规范篇，下篇：法律适用篇）（陈锦川，2005 年）；《涉外知识产权纠纷的法律适用——兼评〈涉外民事关系法律适用法〉相关规定》（齐爱民、何培育，2011 年）；《欧盟知识产权冲突法规则及其启示》（冯术杰，2014 年）；等等。总的看来，国内对知识产权国际私法问题的研究还缺乏系统与深度。

我国于 2010 年年底正式颁布《中华人民共和国涉外民事关系法律适用法》。虽然《中华人民共和国涉外民事关系法律适用法》在我国知识产权法律适用方面具有开创性作用和意义，但其中关于知识产权本体关系的规定较为简单。为此，笔者以理论分析为基础，并结合自己的实务经验，对知识产权本体关系的法律适用问题提出了一些个人见解，希望对完善我国知识产权冲突法规则有所助益。由于知识产权类型众多且不断出现新类型，为凸显代表性和典型性，本书仍选取传统知识产权类型中的专利权、商标权和著作权进行论述。

三、创新亮点

本书首先厘清了知识产权法律冲突与知识产权的地域性之间的关系。在对知识产权的地域特点和知识产权法律冲突产生的各种成因和条件进行梳理的同时，笔者认为，知识产权的地域性并不直接导致知识产权法没有域外效力，不能将知识产权法的域外效力与知识产权的域外效力这两个概念相互混淆。从国际公约和各国司法实践来看，知识产权法域外效力的实现并不排斥知识产权的地域性。知识产权的地域性不仅与知识产权法律冲突性质不同，而且在当前，知识产权的国际保护也没有突破其地域性。传统国际私法领域长期忽略对知识产权问题的研究，并非困于知识产权的地域性，而是国际性知识产权案件较其他传统民商事案件出现稍晚，知识产权具有无形性等特点以及各国在较长时间内对知识产权案件多规定为专属管辖等各种原因共同导致的。

本书主张，为便于确认知识产权国际私法问题的管辖权、法律适用制定及其判断标准，有必要将以登记或注册作为有效要件的知识产权与不以登记或注册作为有效要件的两种知识产权加以区别，即划分为注册类知识产权和非注册类知识产权。在法律适用方面，通过对法律关系进行定性，将知识产权法律关系具体细分为知识产权本体、合同和侵权三种法律关系，并逐一讨论这些法律关系法律适用的详细规则。在外国判决的承认与执行方面，基于知识产权的地域性和排他性特点，承认与执行外国知识产权判决，主要表现为知识产权侵权案件的实体性判决以及程序性、临时性禁令的承认与执行。

在吸取外国立法和司法实践经验的基础上，本书针对我国涉外知识产权国际私法问题提出完善建议。在管辖权方面，建议在侵权案件中发生无效抗辩或反诉权利无效时，明确由我国法院专属管辖，并增补平行诉讼的解决方式和临时性强制措施。在适用法律方面，建议增加除归属和内容之外其他属于知识产权本体关系的法律适用规则、涉外合作作品和雇佣关系产生的权利的法律适用规则、网络侵权的法律适用规则等，并建议我国采用分割方法解决法律适用问题。在外国判决的承认与执行方面，建议明确外国法院是否具有管辖权的审查标准，在互惠关系的处理上，软化目前实务中关于互惠的处理原则，变"事实互惠"为"推定互惠"，明确违反基本原则和社会公共利益的具体含义。

四、研究方法

国际私法属于法律科学，离不开一定法学理论和世界观的指导，更离不开对本国和他国的司法经验的积累与研究。本书遵循国际私法研究传统，结合理论与实践，通过实践提炼理论，并以实践阐释理论，具体研究方法有比较研究、实证研究等。

一是采用比较研究法。比较研究是国际私法研究的一种常用方法：一方面横向比较普通法与大陆法国家有关知识产权国际私法问题的异同，博采众长，为我所用；另一方面纵向比较不同历史时期知识产权国际私法问题的异同，借鉴主要国家在知识产权国际私法立法的经验，厘清相关规则产生和发展的历史条件，展现不同规则产生的社会背景。力求准确认识知识产权法律制度的过去与现在，有助于展望其国际私法立法的未来趋势。

本书主要比较了《ALI原则》《CLIP原则》《布鲁塞尔公约》，2005年《选择法院协议公约》等知识产权公约和规则，通过这些公约或规则的对比分析，深化对跨国知识产权国际私法问题的理解。同时，借助于各国立法和司法实践及其异同点的比较判断，以彰显各国规则的优缺点，为法律文化的交流和法律移植提供参考，以便为中国知识产权国际私法立法、实践和研究有所裨益。

二是采用实证研究法。首先广泛收集了各种知识产权规则的大量第一手资料，其次尽量引用主要外国法院知识产权国际私法案例以及我国的典型判例，通过将大陆法系国家习惯的演绎方法和英美法系国家重视的归纳方法相结合的思路，对这些资料和案例进行详尽的辩证分析和深入研究，并结合我国目前的知识产权立法和司法实践，提出有益于高质量解决问题的思路与建议。

总之，本书试图开拓法学观察视角和新颖的研究方式，对知识产权国际私法领域主要问题和关注点进行全面、深入的考察，提升中国在世界知识产权研究领域的话语权，同时探讨中国可能超越式解决知识产权国际私法问题的可行途径。

目　　录

内容摘要

由于传统法律观念对知识产权的地域性过分强调，知识产权法领域曾一度被认为是不存在法律冲突的。随着知识产权国际传播增速和国际保护的需求不断增加，知识产权领域的法律冲突便自然而然地产生了。笔者运用比较的、实证的以及归纳和演绎相结合的研究方法对跨国知识产权纠纷中的管辖权、法律适用以及外国判决的承认与执行的解决规则进行探讨，以期对我国涉外知识产权有关立法的完善及司法实践提供有益的参考。本书除了前言外，共分为六章进行论述。

前言对本书的研究背景和研究意义、国内外研究状况、创新点和研究方法作了简要阐述。

第一章厘清了知识产权的地域性与知识产权法律冲突之间的关系。本章分别阐述了知识产权和法律冲突的含义，分析了知识产权法律冲突产生与否并不取决于知识产权的地域性特征，知识产权法是否具有域外效力也与知识产权的地域性无关，不能将知识产权法的域外效力与知识产权的域外效力混为一谈。从国际公约和各国的司法实践来看，知识产权法的域外效力的实现不需要打破知识产权的地域性，知识产权的地域性与知识产权法具有域外效力并不矛盾。就目前而言，知识产权的国际保护也完全没有打破知识产权的地域性。知识产权的地域性并不妨碍传统国际私法对知识产权问题的研究，也不意味着知识产权领域无法律冲突。国际私法领域对知识产权问题研究的滞后是国际性知识产权案件较其他传统民商事案件出现稍晚，各国在较长一段时间对知识产权案件又多规定为专属管辖，加之知识产权的无形性等多种原因共同导致的。

第二章介绍了国际上开展的与知识产权国际私法有关的区域性立法和民间立法，包括首先对跨国知识产权管辖权进行探索的布鲁塞尔公约体系，统一了非合同关系法律适用的罗马公约，2005 年海牙《选择法院协议公约》，美国法学会的《知识产权：跨国纠纷管辖权、法律适用及法院判决原则》（以下简称《ALI 原则》），韩国和日本两国国际私法学会共同公布的《知识产权国际私法原则》（以下简称日韩共同提案），以及欧洲马克斯普朗克知识产权冲突法研究小组通过的《知识产权冲突法原则》（以下简称《CLIP 原则》）。

第三章就跨国知识产权纠纷的管辖权问题进行了论述。为了利于探讨涉外知识产权案件管辖权的制定和判断标准，笔者将非以登记或注册作为有效要件的知识产权与登记或注册作为有效要件的知识产权划分为非注册类知识产权和注册类知识产权，进而分别详细阐述了跨国知识产权本体关系、合同关系和侵权关系中的管辖权规则。在知识产权本体关系中主要涉及知识产权效力和所有权纠纷，各国大多将注册类知识产权的效力问题规定由注册国专属管辖，2005 年海牙《选择法院协议公约》将非注册类知识产权效力纠纷纳入公约的调整范围。《欧洲专利公约》的附件《关于管辖权和承认授予欧洲专利权决定的议定书》对于权利授权和所有权争议提出了适用不同情况的五种管辖权规则，均由相关法院专属管辖。对于跨国知识产权合同纠纷，一般可由被告住所地法院、争议义务履行地法院和协议选择的法院进行管辖。在跨国知识产权侵权纠纷中，可由被告住所地法院、与侵权行为有密切联系的法院以及在侵权行为发生后双方当事人协议选择的法院管辖。对于临时性措施的管辖权问题，《布鲁塞尔条例》规定，无论对案件的实体问题是否具有管辖权，成员国法院对临时性保护措施均有权管辖。本章最后剖析了荷兰和英国对于跨国临时性禁令管辖权的不同立场。

第四章对涉外知识产权纠纷的法律适用进行了探讨。笔者首先讨论了"分割论"作为知识产权法律选择方法的优势。进而通过对法律关系进行定性，将知识产权法律关系分为知识产权本体关系、知识产权合同关系和知识产权侵权关系，并逐一讨论各关系下的法律适用规则。在知识产权本体关系中，如知识产权的产生、效力、权属、范围和终止等适用被请求保护国法。在知识产权合同关系中，笔者认为应该体现一般民事法律关系的特征，发挥合同自体法理论的优势，采用当事人意思自治原则和最密切联系原则确定准据法。在知识产权侵权关系中，规范非合同义务关系的《罗马条例 II》规定，因侵犯知识产权而产生的纠纷适用被请求保护国法律。为了使传统的连接因素适用于网络侵权的新形势，可以对客观性连接点在法律适用规则中进行改良和创新。当事人意思自治可以构成互联网侵权法律适用的一个有效立论。对于网络侵权中存在的与传播有关的溢出效应，为了避免权利人滥用权利的行为，有必要引入最低限度原则。《ALI 原则》、日韩共同提案和《CLIP 原则》对网络知识产权侵权的法律适用规定基本相同，均规定适用与争议有最密切联系的一国法或数国法。

第五章论述了外国知识产权判决的承认与执行规则。由于知识产权的地域性和排他性特点，外国知识产权判决的承认与执行问题主要围绕在知识产权侵权案件的实体性判决和程序性临时性禁令的承认与执行两个方面。在外国判决的承认与执行方面最具影响力的《布鲁塞尔条例》将判决一词广泛地界定为"成员国法院作出的任何判决",且并不要求判决是终局的,因此知识产权案件中的禁令和临时性命令也在《布鲁塞尔条例》的调整范围。欧盟成员国拒绝承认外国判决的理由包括违反承认国的公共政策、违反自然公平正义、与承认国判决相矛盾等。笔者同时在本章中深入分析了英国的理论与实践和 2005 年海牙《选择法院协议公约》的协调机制。《ALI 原则》、日韩共同提案和《CLIP 原则》中对拒绝承认与执行外国知识产权的具体规定有很多相似之处,但三个原则也存在不同。比较而言,《CLIP 原则》和《ALI 原则》的规定较为详细和具体,其中《CLIP 原则》还采纳了有利于判决承认与执行的原则。日韩共同提案和《CLIP 原则》更侧重于对判决的承认与执行的程序性审查,而《ALI 原则》规定,无论是程序性事项还是实体性事项,承认国法院均可以进行审查。有关外国判决的承认与执行规则大部分可以直接适用于跨国知识产权案件,并不存在针对知识产权判决的很多特殊规则。

第六章对我国涉外知识产权纠纷中的管辖权、法律适用和外国判决的承认与执行的现状特别进行了探讨,分析了司法实践中现存的问题和不足,并进一步提出了对我国涉外知识产权案件管辖权制度、法律适用、外国判决的承认与执行规则的设想和完善建议。

关键词:知识产权　法律冲突　管辖权　法律适用　外国知识产权判决的承认与执行

ABSTRACT

Due to the intangible nature of intellectual property rights, the traditional legal concept which over emphasizes the territory nature of intellectual property rights led once that there was no conflict of laws in the field of intellectual property rights. With the development of international protection of intellectual property rights, conflict of laws in the field of intellectual property rights is inevitably generated. The author uses comparative, empirical and inductive and deductive research methods to discuss the jurisdiction, the application of law and judgment enforcement in multinational intellectual property disputes, with an intention to provide useful reference and guidance to Chinese foreign – related intellectual property legislation perfection and judicial practice. In addition to the Preface, this article is divided into six Chapters.

The Preface provides a brief introduction to the background of this topic, current research status, research methods and the innovation of the article.

The first Chapter clarifies the relationship between the territoriality of intellectual property rights and the conflict of laws in intellectual property rights. This Chapter elaborates on the meaning of intellectual property rights and conflict of laws, analyzes whether the conflict of intellectual property rights does not depend on the regional characteristics of intellectual property rights, and does not mean that intellectual property law has no extraterritorial effect. The extraterritorial effect of intellectual property rights is not equivalent to the extraterritorial effect of intellectual property law. According to international conventions and national judicial practice, the extraterritorial effect of intellectual property law does not need to break through the territoriality of intellectual property rights. The territoriality of intellectual property rights is not contradictory to the extraterritorial effect of intellectual property law. For a long time and in the future, the international protection of intellectual property rights will not cause territoriality breakthrough. The reason why the traditional private international law is neglected for a long time is not because the territoriality of intellectual property rights leads to the absence of legal conflicts in the field of intellectual property rights, but the international intellectual property cases take place later than other traditional civil and commercial cases, exclusive jurisdiction of intellectual property rights cases for a period of time, the intangible nature of intellectual property and other reasons.

The second Chapter introduces the international and regional legislation and civil legislation related to the international private intellectual property law, including the Brussels Convention system, which first explores the jurisdiction of the transnational intellectual property rights, the Rome Convention on the applicable to non - contractual obligations, "The Principles of International Private Law of Intellectual Property" published jointly by the Institute of Private International Law of the Republic of Korea and Japan, The Hague Convention on Choice of Court Agreements in 2005, Intellectual Property: Principles Governing Jurisdiction, Choice of Law and Judgements in Transnational Disputes, as adopted and promulgated by the American Law Institute, and the "Principles of Conflict of Intellectual Property Rights" adopted by the European Max Planck Group on the Study of Intellectual Property Rights in Conflict of Laws.

The third Chapter discusses the jurisdiction of transnational intellectual property disputes. In order to facilitate the development of foreign - related intellectual property cases and the criteria for adjudicating the case, the author divided into registered and non - registered intellectual property rights groups based on effective element of registration and then further elaborates the jurisdiction rules in the ontology relationship, the contract relationship and the infringement relationship of the transnational intellectual property respectively. In the IPR ontology, IPRs are mainly related to the validity of IPR and ownership disputes. Most of the countries have the exclusive right to the registration of IPRs. The Hague Convention on Choice of Court Agreements in 2005 includes non－registered IPR disputes. The Protocol on Jurisdiction and the Recognition of Decisions in Respect of the Right to the Grant of a European Patent annexed to the European Patent Convention sets out the five jurisdictional rules applicable to different cases which are governed exclusively by the relevant courts. In the case of a dispute over a foreign intellectual property contract, the court of the domicile of the defendant, the court of the place where the dispute is held, and the court of the choice of the a-greement may generally be governed. In disputes over intellectual property rights infringement, the court of the defendant's domicile, the court closely connected with the infringement, and the court chosen by agreement between the parties after the infringement occurs have jurisdiction. With respect to the question of the jurisdiction of provisional measures, the Brussels Regulations provide that the courts of member States have jurisdiction over interim measures of protection, irrespective of their jurisdiction over the substantive issues of the case. This Chapter concludes an analysis of the different positions of the Netherlands and the United Kingdom over transnational interim injunction jurisdiction.

The fourth Chapter discusses application of law in foreign－related intellectual property disputes. The author first discusses the advantages of "segmentation theory" as the choice of intellectual property law. Then, the author discusses the applicable law rules through the qualitative analysis of the legal relationship. The intellectual property legal relationship is divided into the intellectual property right relationship, the intellectual property right contract relationship and the intellectual property infringement relationship. In the context of intellectual property rights, such as the creation, validity, tenure, scope and termination of intellectual property, the law of the requested State of protection is applicable. In the contract of intellectual property rights, the author considers that the contract should reflect the characteristics of general civil legal relations, play the advantages of the contract theory of self－body law, the principle of party autonomy and the most closely related principles to determine the applicable law. In the case of infringement of intellectual property rights, the Rome Regulation II, which regulates the relationship of non − contractual obligations, provides that the non − contractual obligation arising from infringement of intellectual property shall apply to the law of the requested State. In order to apply the traditional connection factors to the new situation of Internet infringement, the objectivity connection point can be improved and innovated in the law application rules. Party autonomy can constitute an effective argument for the application of Internet tort law. In order to avoid the abuse of power by right holders, it is necessary to introduce the minimum principle for the spread − related spillover effect in Internet infringement. When there is "Ubiquitous Infringement", "ALI Principles", "CLIP Principles" and "Japan − Korea Joint Proposals" have the same legal application, which is the law of one country or several countries most closely related to the dispute.

The fifth Chapter discusses the recognition and enforcement of foreign intellectual property judgments. Because of the territorial and exclusive nature of intellectual property rights, the recognition and enforcement of foreign intellectual property judgments revolves around the recognition and enforcement of substantive judgments and injunctions in intellectual property infringement cases. The Brussels Regulation, which has the most influence in the recognition and enforcement of foreign judgments, broadly defines the sentence as "any judgment by a court of a Member State" and does not require that the judgment be final, and therefore the term "in the case of intellectual property" injunctions and interim orders are also regulated in the Brussels Regulations. The reasons for the refusal of EU member states to recognize foreign judgments include violation of the public policy of the recognizing State, violation of natural justice and justice, and contradiction of the recognition of the State. In this Chapter, the author analyzes the position and standard of recognition and enforcement of foreign judgments. The Hague Convention on the Choice of Court Agreements in 2005 regulates international civil and commercial litigation based on the choice of court agreement and harmonizes the rules of recognition and enforcement of court decisions and foreign judgments. There are many similarities between the ALI Principles, the CLIP Principles and the Japan — Korea Joint Proposals on the specific provisions on the recognition and enforcement of foreign intellectual property rights, but there are also differences in the three principles. In comparison, the ALI Principles and the CLIP Principles are more specific and detailed, with the CLIP Principles also adopting principles that favor the recognition and enforcement of judgments. The CLIP Principles and the Japan — Korea Joint Proposals are more focused on procedural review of the recognition and enforcement of judgments, whereas the ALI Principles provide that the recognized courts may examine both procedural matters of foreign judgments, foreign judgments of the substantive matters of the review. Most of the rules on the recognition and enforcement of foreign judgments can be applied directly to transnational IP cases, and there are no special rules on IP judgments.

The sixth Chapter discusses the status of the jurisdiction, application of law and the recognition and enforcement of foreign judgments in Chinese foreign — related intellectual property disputes. The author analyzes existing problems and shortcomings in judicial practice, and further puts forward some suggestions on the jurisdiction, the application of law, the recognition of foreign judgments in foreign — related intellectual property disputes with a hope to improve the implementation rules.

KEY WORDS: Intellectual Property Rights   Conflict of Laws   Jurisdiction   Application of Law   Recognition and Enforcement of Foreign Intellectual Property Judgement

第一章 知识产权法律冲突的基本问题

对于知识产权国际私法问题研究，需要明确几个基本问题。首先是内国是否承认外国知识产权法的域外效力问题。根据冲突法的一般原理，国际民商事法律关系中法律冲突产生的必要条件之一是各国在一定条件下承认外国法律在内国的域外效力。法律域外效力的存在通常被认为是法律冲突产生的前提条件。传统观点认为，知识产权具有明显的地域性特征，其效力仅限于取得国法域内，因而并不具有除取得国法域之外的域外效力。知识产权的法律冲突恰恰由于知识产权地域性的存在而不会出现。因此，研究冲突法与知识产权的关系，首先需要明确知识产权法，而不是知识产权，是否具有域外效力。然后才有必要明晰法律冲突与知识产权地域性的关系。尽管有人主张束缚知识产权法律冲突产生的根本原因在于知识产权的地域性，但国际立法实践已经现实地突破了知识产权严格的地域性限制，使得国际私法学者重新以发展的眼光思考认识知识产权的地域性原则。正是由于知识产权地域性限制的突破，因此他们对知识产权的法律冲突问题亦持肯定的态度。因而，知识产权与冲突法关系的另一关键性问题在于认清知识产权法律冲突的产生是否完全有赖于知识产权地域性的突破。然后辨明知识产权国际私法问题在很长一段时间被忽略的原因。国际社会对知识产权国际私法的研究始于 20 世纪 50 年代以后，在此之前几乎没有对此的研究或立法，难道是国际私法与知识产权领域无缘吗？知识产权国际私法问题被长期忽略的原因又是什么？笔者将在本章中解决上述基本问题，只有充分理解了这些问题，才可能认识到知识产权国际私法问题发展的社会背景，才可能进一步推进该领域的立法和司法实践。

第一节　知识产权与法律冲突的概念与特点

一、知识产权的概念与特点

（一）知识产权的概念

其他法律部门一般都有自己明确的概念和定义，但知识产权至今并形成一个明确而统一的定义。一些国家的法律或者国外的法学著作基本以知识产权的范围来阐述知识产权的概念，国际条约亦是如此。中国也不例外。

到 2015 年 12 月为止，1967 年 7 月 14 日在瑞典斯德哥尔摩签署，并于 1979 年 9 月 28 日修订的《建立世界知识产权组织公约》（Convention Establishing theWorld Intellectual Property Organization，以下简称《世界知识产权组织公约》）已经拥有 188 个成员。[1]中国于 1980 年 6 月 3 日加入《世界知识产权组织公约》。[2] 该公约第 2 条第 8 款规定，知识产权应包括下述与此有关的权利："（1）文学、艺术和科学作品；（2）表演者的表演活动、录音录像制品和广播；（3）一切活动领域内的人类发明；（3）科学发现；（3）工业设计；（4）商标、商号、服务标识或商业标志；（5）反不正当竞争保护；以及其他一切基于工业、科学、文学或艺术领域的智力活动所产生的权利。"[3]

总而言之，《世界知识产权组织公约》所规定的知识产权包括专利、商标、著作权、邻接权、商业秘密、科学发现等。实际上，上述《世界知识产权组织公约》中有关知识产权定义的最后一项为"兜底"性条款。有

---

① 参见 http：//www. wipo. int/members/en/，2015 年 12 月最后访问。

② 参见 http：//www. wipo. int/treaties/en/ShowResults. jsp？ treaty_id＝1&country_id＝38C，2015 年 12 月最后访问。

③ 参见 http：//www. wipo. int/treaties/en/convention/trtdocs_wo029. html # P50_1504，2015 年 12 月最后访问。

了这一"兜底"性条款，日后出现的任何可受保护的新型知识产权客体都可以包含在此条款中，公约本身则无需再加修订。

在世界知识产权组织管理下的另外两个非常重要的知识产权国际公约为《保护工业产权巴黎公约》（以下简称《巴黎公约》）和《保护文学艺术作品伯尔尼公约》（以下简称《伯尔尼公约》），其成员国分别是 174 个和 165 个。① 很多国家包括中国，既是《巴黎公约》的成员国，又是《伯尔尼公约》的成员国。加之《世界知识产权组织公约》第 16 条关于"不得对本公约作任何保留"的明确性规定，因此基本可以认为，包括中国在内的世界上大多数国家均接受上述《世界知识产权组织公约》关于知识产权的定义。

目前，世界上绝大多数现有的知识产权公约均是由世界贸易组织（WTO）管理的。在此之外最为重要和具有特色的知识产权公约，应该是《与贸易有关的知识产权协议》（以下简称《TRIPs 协议》）。到 2015 年 11 月 30 日为止，世界贸易组织拥有 162 名缔约方。② 中国于 2001 年 12 月 11 日加入世界贸易组织。《TRIPs 协议》保护的知识产权包括专利、商标、著作权、地理标志、工业设计、集成电路设计、未披露资讯以及反不正当竞争等。③

虽然《世界知识产权组织公约》和《TRIPs 协议》所保护的知识产权在数量上相同，但是由于"兜底"条款的存在，《世界知识产权组织公约》所规定的知识产权范围明显大于《TRIPs 协议》调整的范围。

目前，世界上很多国家都参加了《世界知识产权组织公约》，中国也不例外，同时又是《巴黎公约》和《伯尔尼公约》的成员国，还是《TRIPs 协议》的缔约国。虽然上述两个知识产权的范围表述不尽相同，但

① 参见 http：//www. wipo. int/treaties/en/ShowResults. jsp？country_ id = ALL&search_ what = B&bo_ id = 5 和 http：//www. wipo. int/treaties/en/ShowResults. jsp？country_ id = ALL&search_ what = B&bo_ id = 7，2015 年 12 月最后访问。

② 参见 http：//www. wto. org/english/thewto_ e/whatis_ e/tif_ e/org6_ e. htm，2015 年 12 月最后访问。

③ 《TRIPs 协议》第 1 部分第 1 条第 2 款和第 2 部分。

是可以认为，这些知识产权权利是世界上大多数国家和地区认可，并得到普遍保护的。

（二）知识产权的特点

知识产权，从封建社会的"特权"发展到现在的一种法定民事权利，具有以下特点：

第一，无形性。知识产权的权利客体即知识产品（或称智力成果）的非物质性是知识产权区别于其他有形财产权利客体的根本性特征，而作为知识产品表现形式的物质性载体是有形财产权而不是知识产权。① 占有是动产物权的公示方法，动产以占有推定所有。知识产品之无形是相对于动产、不动产之有形而言的，这一特点使得知识产权的保护对象在使用过程中不发生有形的占有和损耗，除非保护期限届满或被认定无效，也不发生导致知识产品消灭的法律处分，在其保护期间届满后也仅仅由私有领域进入公有领域。而物权的客体为有体物，是会随着时间的推移而在使用中耗损乃至灭失。正是由于无形性的特点，知识产权具有不同于有形财产的存在、利用和处分形态。知识产品可以同时被多人使用，其使用上的非排他性也不会造成他人使用的减少。

第二，专有性。知识产权的专有性表现在：一方面，知识产权所有人在一定地域和有效期限内独占性地享有和垄断这种专有权利，非经法律强制性规定或权利人同意，任何人不得擅自使用该等专有权利；另一方面，禁止同一智力成果享有多项同性知识产权。②

第三，地域性。知识产权的地域性表现在知识产权只在权利授予国或确认该权利的国家范围内发生法律效力和受法律保护，其权利是独立的，各国之间互不干涉、互不影响。而有形财产权的法律保护是没有地域限制的。

第四，可复制性。知识产权的权利客体一般是可以复制的，可以为若

---

① 参见吴汉东主编：《知识产权法》，北京大学出版社 2011 年版，第 6 - 7 页。
② 参见吴汉东主编：《知识产权法》，北京大学出版社 2011 年版，第 7 - 8 页。

干主体同时占有或被共同使用。

第五，法律确认性。在有形财产制度中，权利人通常可以凭借其对物品的实际控制或占有来进行利用，而不需要法律的授予或确认。然而，知识产权的产生和取得方式必须依照专门的法律确认或授予。何种知识产品能成为保护对象，具体保护期限长短，需要权利人向国家主管机关提出申请，并经过特定的法律程序或审查得到确认或授予，如专利和商标等大多具有国家授权性，而著作权和商业秘密则不同，它们均是依据法律规定自动获得国家的保护。只有具备法律保护的条件、经过确权程序确认的知识产品才是知识产权的客体。① 知识产权需要主管机关依法授权或确认产生，缘于其客体的非物质性。②

因此，与有形财产权相比较而言，知识产权的客体是人类的智力成果，属于精神产品，本身不具有物质形态，人们无法对其进行如同有形财产那样的占有和实际控制。为便于对其在时间和空间上的存在予以确认，权利人需要倚仗法律保障对它的所有、利用和支配，因而，对知识产权客体享有专有权是借助法律参照有形财产权的性质进行人工塑造的一种权利，是法律赋予和拟制的结果。③

二、法律冲突的含义与特点

（一）法律冲突的含义

法律冲突是指调整相同法律关系的不同法律之间发生抵触的现象。④ 具体来讲，法律冲突系指由于不同法律因等级高低和具体内容上的差异而

---

① 参见杨长海：《知识产权冲突法论》，厦门大学出版社 2011 年版，第 25 页。

② 参见吴汉东主编：《知识产权法》，北京大学出版社 2011 年版，第 6 页。

③ 参见陈锦川：《涉外知识产权民事法律关系的调整及法律适用—上篇：理论规范篇》，载《电子知识产权》2005 年第 2 期，第 31 页。

④ 参见韩德培主编：《国际私法》，高等教育出版社、北京大学出版社 2007 年版，第 83 页。

在适用效力上产生矛盾。① 通常，各国由于在历史文化背景、社会政治和经济制度上的不同，针对同一法律问题的规定也往往不尽相同，当这些差异性法律规定因某种法律事实而被援引适用时，法律冲突便随之产生。这种法律冲突在实践中就是指不同法律同时调整同一法律关系时，应该适用哪种法律的问题。通常认为，各国民商事制度的差异性、国际间经贸的合作以及各国在一定条件下承认外国法律在内国的域外效力等因素相互作用，是产生法律冲突的重要原因。②

（二）国际民商事法律冲突的特点

国际民商事法律冲突具有如下几个特点：

1. 国际民商事法律冲突是存在于不同主权国家之间的法律冲突，具有跨国性。

2. 国际民商事法律冲突是一种法律在空间上的法律冲突，是同一定地域相联系的不同国家领域的法律之间的冲突。

3. 国际民商事法律冲突是一种保护私人权益的私法冲突。传统观点一般是将民商事法律视为规范私权的私法，属于国际私法冲突，与公法性质的法律冲突有着本质区别。

4. 国际民商事法律冲突是一种平面冲突。由于各国法律因国家主权平等而平等，以及相互独立存续。在民商事法律领域，各国为了进行正常的国际民商事交往，通常也会在一定范围和条件内，承认外国法在内国的域外效力。由于内外国民商事法律地位的平等性，对国际民商事法律关系的调整也只能选择一国法律予以适用。故地位平等的不同国家法律调整同一国际商事法律关系时，自然会产生选择上的冲突，这与国际法和国内法之间的垂直性冲突有着根本性区别。③

---

① 参见黄进主编：《国际私法》（第二版），法律出版社 2005 年版，第 7 页。
② 参见韩德培主编：《国际私法》，高等教育出版社、北京大学出版社 2007 年版，第 88 页。
③ 参见黄进主编：《国际私法》（第二版），法律出版社 2005 年版，第 15 页。

第二节　涉外知识产权法律冲突的产生

一、知识产权法的域外效力与知识产权的地域性

传统冲突法原理认为，外国法在内国的域外效力是产生法律冲突产生的根本原因。换句话说，法的域外效力是法律冲突产生的前提，是国际私法研究的基本问题。传统观点主张，知识产权呈现明显的地域性，仅在取得国国内具有域内效力，在取得国以外不发生域外效力，更不存在法律冲突的问题。知识产权法的域外效力一直未能像有形财产权一样得到广泛的承认。因此，外国知识产权法在权利取得国法域以外是否具有域外效力，是知识产权领域能否产生法律冲突的基础性问题。

（一）法的域外效力

关于法律的域外效力的概念，韩德培先生主编的教材将其界定为，本国法律除了当然地调整境内本国人的法律行为外，还可以调整居住在本国外的本国人的法律行为。黄进教授认为，所谓法律的域外效力，就是指一国制定的法律不仅在本国有效，而且在外国也发生效力。肖永平教授主张，法律的属人效力体现在国外，即为法律的域外效力。吕岩峰教授则表示，法律的域外效力就是当地司法机关在立法者管辖范围以外适用该法律的情形，而本国以司法或立法的形式在内国认可或接受外国法便是对法律域外效力的承认。①

综合上述论述，笔者赞成可将国际私法中法的域外效力划分为本国法律自设的域外效力和实际的域外效力两种类别。本国法律自设的域外效力是指本国法的效力及于境外的本国人；实际的域外效力是指在满足一定条件的情况下或根据国内法律或冲突法的规定，内国法院可以适用外国法。

---

① 参见吕岩峰：《刑法的域外效力辨析——来自国际私法学的观照》，载《法制与社会发展》1998 年第 4 期。

换句话说，内国法的实际的域外效力表现在外国法院在具体案件中适用内国法的情形，而外国法的实际的域外效力体现在内国法院在具体案件中适用外国法的情形。一般来说，本国法律自设的域外效力并不是当然发生法律效力，而是需要其他国家依据平等原则、主权原则以及礼让原则等予以相互协调与承认获得实现。

法的效力范围简而言之是指一国法律效力所及的范围，即对何类人在何种空间和时间范围内有效。① 国际私法上法的域外效力虽然是指一国法律具有域外效力，但这并不意味着与法院地国法律具有相同的调整范围，而是就域外特定人或特定事项产生法律效力。把国际私法上法的域外效力等同于实体法上的法律的空间效力是不正确的。

（二）知识产权法的域外效力

知识产权的产生起源于封建社会的"特权"。知识产权所具有的地域性同样来源于封建"特权"的地域性特征。知识产权法在一定程度上的"公法"属性也本源于封建"特权"的公权性质。一般认为，各国原则上承认私法具有的域外效力，而不涉及公法，主要是由于公法具有管理社会的职能，涉及公共利益。由封建社会转进入资本主义社会以后，知识产权的性质由于经济结构、生产方式和法律的完善也悄然发生了改变。依法产生的知识产权逐渐代替了由君权所赐的"特权"，知识产权法也从一部行政管理性法律转变成一部"私法"。

关于知识产权法律冲突是否存在的问题，归根结底，其争论的焦点主要集中在内国法院是否在一定条件下承认或适用外国的知识产权法律，也就是说，知识产权法是否具有域外效力。

一种观点认为，国际公约缔约国公民获得某项知识产权并不一定是基于其本国的授权，但缔约国根据公约的规定也将其纳入本国的保护范围，这就在一定程度上承认了他国知识产权法的域外效力。因此，在条约的影响下可以肯定他国知识产权法的域外效力。而对此观点持否定态度的学者

---

① 参见张文显：《法理学》，法律出版社1997年版，第92页。

则认为，各国的知识产权法的效力仅限于本国地域范围内，知识产权的国际性保护并不导致缔约国的知识产权法便转而具有了域外效力。

笔者认为，从现实情况来看，无论是国际公约还是司法实践均可以证明，内国法院在一定条件下可以承认和适用外国的知识产权法，一些国家的知识产权法律也规定，可以调整发生于境外的知识产权行为和知识产权法律关系。

1. 国际公约对知识产权法域外效力的承认

通观与知识产权有关的国际性公约，不难发现有些公约的确对知识产权是否具有域外效力作出了明确的约定。例如，《世界版权公约》第四条第（一）款规定，作品的著作权保护期限，适用要求给予著作权保护的缔约国的法律。[①] 该公约第四条第（六）款进一步规定，对于同时在两个或两个以上的缔约国出版的作品，视为首先在保护期限最短的缔约国内出版。[②]

2. 各国冲突法典和判例对知识产权法域外效力的承认

近年来，一些国家通过立法或判例承认外国知识产权法域外效力的情况有增多的趋势。一些国家立法中明确规定了解决知识产权法律冲突的规范。如1979年的《匈牙利国际私法》规定："发明人和创造人的权利保护，适用专利、商标或模型的已注册国家的法律。"1978年的《奥地利国际私法》规定："使用行为或侵权行为发生地国家的法律适用于无形财产权的创立、内容和消灭事项。"

此外，一些国家在知识产权的国际转让及许可合同中允许双方当事人自由选择协议所适用的准据法。但即使是协议选择的准据法也仅能解决合同的效力、当事人双方的权利义务及履行、违约责任等纯粹的合同问题，

---

① 《世界版权公约》第四条（一）："根据第二条和本条规定，某作品的版权保护期限，应由该作品要求给予版权保护所在地的缔约国的法律来规定。"

② 《世界版权公约》第四条（六）："为实施本条第（四）款，如果某作品在两个或两个以上缔约国内同时出版，该作品应视为在保护期限最短的缔约国内首先出版。任何作品如在首次出版三十日内在两个或两个以上缔约国内出版，则应视为在上述缔约国内同时出版。"

而合同中关于知识产权本身的归属、效力、范围及内容等问题因有强制性规定，都需要由该权利取得国法予以调整。将知识产权本体问题的准据法与合同的准据法相分离进行裁决具有一定合理性。因此，当一国法院处理知识产权转让或许可纠纷案件时，如果适用知识产权本体问题的准据法不是法院地法，而是外国知识产权法，在该法院同时遵循上述"分离"原则的情况下，受案国法院就间接地承认了外国知识产权法的域外效力。例如，在一起涉外版权合同纠纷案件中，联邦德国法院适用美国版权法确定了一项美国版权的存在后，又继续适用合同准据法的联邦德国法认定了合同当事人之间的权利和义务关系。① 又如，在一起国内版权转让合同案件中，英国法院在对于案涉合同中歌曲版权的转让是否会对美国版权产生影响的焦点问题上适用美国版权法进行了认定。② 再如，1953 年巴黎法院曾有过适用作品首次出版地的来源国法确定受保护权利的范围，而适用法国法确定保护方式的判例。该法国法院认为，知识产权的独立性并非绝对的，可以根据来源国法确定包括精神权和署名权的权属和保护期限等，而用保护国法确定权利的范围。美国法院在过去较长一段时间内一直坚守知识产权专属管辖的理论，在对涉及外国知识产权案件的处理问题上，或直接拒绝受理该类案件，或者在受理后直接适用美国法而根本不引发法律冲突的问题。但是从近期公布的多个判例可以看出，在著作权领域，美国法院至少在如下两个方面可以承认外国知识产权法的域外效力：一方面，作品发表与否的问题适用原告住所地法，③ 另一方面，著作权的产生、权利

---

① Ulrich Drobnig "American – German Private International Law", P. 298. 1972, New York.

② High Saddie, Peter Prescott and Mary Vitoria："The Modern Law of Copyright", PP. 406 – 407, 1980, London.

③ See S. Rothenberg, D. Rabinowitz & H. Godin, Choice of Law in Sound – Alike Cases, 14 Ent. L. Rep. 3, 5 (1993 no. 8)：see also Cairns v. Franclin Mint Co. ［24F. sup. 2d 1013 (C. D. cal. 1998)］, Factors Etc. , Inc. v. Pro Arts, Inc. , 652 F. 2d 278 (2d Cir. 1981), Acme Circus Operating Co. v. Kuperstock, 711 F. 2d 1538, 1541 (11th Cir. 1983).

人身份问题以及许可协议的授权范围等事项适用来源国。① 以上情况表明，内国法院已在一定条件和范围内承认和接受外国知识产权法在内国的域外效力。

3. 美国知识产权法自设域外效力的适用

美国专利法域外效力问题比较具有代表性。

（1）美国专利法的自设域外效力

早期的美国立法和司法判例均规定，专利法的适用范围具有地域性，仅限于美国境内，并不具有法的域外效力。例如，从 1836 年美国专利法发展而来并于 1952 年 7 月通过的美国专利法明确规定，专利授权是对"在整个美国国内制造、使用、销售和进口发明"而赋予的一项专有性权利。② "在专利有效期内，未经权利人的授权或允许，任何在美国境内制造、使用、销售、许诺销售或进口专利发明的行为，即构成专利侵权"。③ 在涉及一艘国外制造的帆船是否违反美国专利的 Brown v. Duchensne④ 案中，美国最高法院在判决中指出，美国专利法的立法本意就是其仅适用于美国境内。1970 年后，在 Deepsouth Packing Co. v. Laitram Corp⑤ 一案中，美国最高法院重申美国专利法域内适用的地域性特征。美国最高法院指出，在美国国内分别生产并在国外组装含有组合专利的各部分机器配件的行为并不构成专利侵权。美国最高法院认为，"受组合专利保护的前提条件是商品成功完成组装之后。美国专利法中有关组合专利的规定不适用发生于美国境外的组装行为"。⑥

而自 20 世纪 80 年代以后，美国国会通过两次修法，明确了美国专利

---

① See Graeme B. Dinwoodie International Intellectual Property Litigation：A Vehicle for Resurgent Comparativist Thought? The American Journal of Comparative Law Vol. 49 Number 3 Summer 2001，p. 428 – 453.

② 35 U. S. C. § 163.

③ 35 U. S. C. § 271（a）.

④ 60 U. S. 183（1856）.

⑤ 406 U. S. 518（1972）.

⑥ 参见杨松才：《美国知识产权法的域外适用》，载《法学杂志》2007 年第 5 期，第 111 页。

法的域外效力。1984 年，美国国会修订专利法，增加了第 271 条（f）（1）项，该项规定："任何未经授权向美国或自美国提供、并积极诱使在美国境外组装专利发明的主要、全部或未完全组装的部件，如果这种在美国境外的组装行为若发生在美国境内属于专利侵权，则应承担侵权法律责任。"美国专利法自设的域外效力首次出现在明确的立法中。1998 年，美国国会在修订美国专利法中又增加了第 271 条（g）项，该条款规定："如果产品的生产、进口、许诺销售、销售或者使用发生在专利有效期内，未经权利人授权，任何人在美国境内生产、使用、销售或许诺销售属于美国方法专利的产品，或向美国进口属于美国方法专利的产品，应承担侵权责任。"① 这次修改使美国专利法的自设域外适用性得到了进一步加强。如在 Ajinomoto Co., Inc. v. Archer – Daniels – Midland Co.② 案中，被告向美国进口了原告在美国拥有方法专利的产品，原告给予被告的供应商使用该专利进行生产的授权，但并没有给予向美国境内销售产品的授权。原告根据第 271（g）起诉被告专利侵权。法院最终认为："未经授权的美国境内行为适用第 271（g）款，在美国境外生产涉案产品是否拥有授权与本案无关。受美国专利法保护的方法与在境外使用的生产方法一致时，271（g）所规定的侵权责任仅适用于在美国境内进行生产、使用、销售或向美国进口的行为。"③ 根据该案判决，在美国境内购买或使用在境外经过许可而合法生产的产品仍然需要承担侵权责任，从而使境外行为能够受到美国专利法的规制。

（2）美国商标法自设域外效力的适用

虽然美国现行的商标法《兰哈姆法》（Lanham Act）未明确规定域外适用原则，但是在美国司法实践中其域外适用却较为广泛，不论在美国境内是否有商标侵权行为，美国商标法也可以直接适用于发生在美国境外的

---

① 35 U. S. C. § 271 (g).

② 228 F. 3d 1338 (Fed. Cir. 2000).

③ 杨松才：《美国知识产权法的域外适用》，载《法学杂志》2007 年第 5 期，第 111 - 112 页。

商标侵权行为。在 1952 年的 Steele v. Bulova Watch Co. ① 案中，一美国公民在墨西哥将组装完毕的手表上贴上"Bulova"商标，后大量销往美国市场。拥有美国 Bulova 注册商标但未在墨西哥注册的 Bulova 公司在得克萨斯的联邦地区法院起诉该美国公民，请求根据《兰哈姆法》责令被告停止商标侵权行为，并赔偿因被告的商标侵权行为给原告造成的损失。事实上，该美国公民早于诉讼很多年就在墨西哥享有 Bulova 注册商标。美国最高法院经过审理后认为被告在境外实施的商标侵权行为同样适用《兰哈姆法》。法院在该案中以被告在境外实施的行为对美国商业构成实质性影响为主要理由，最终认定《兰哈姆法》具有域外适用性。法院认为被告从美国市场购买手表配件在国外组装，然后将手表再投入美国市场的行为在美国境内产生了"影响"。法院驳回了被告关于在墨西哥进行贴标组装行为应适用墨西哥法、对在美国境内销售手表的行为应适用美国法的请求。法院同时认为其判决并不与外国法相矛盾，原因在于墨西哥商标局已在诉讼开始前撤销了 Bulova 商标在墨西哥的注册。

在此后的案件中，美国各地联邦法院为避免《兰哈姆法》域外效力的滥用，在司法实践中不断增加了一些可操作性的考量因素，最终发展成为美国联邦第九巡回上诉法院在审理侵犯商标的案件时归纳出的以下几个考量因素：当事人的国籍、住所地或者主要营业所在地；外国法与美国法的冲突程度；异国管辖对当事人可能造成的影响；对他国商业和美国商业影响的对比，对在美国国内外实施违法行为的对比，当事人损害或者影响美国商品市场商业的主观恶意程度、被控侵权人是否可预见该行为的发生；国外实施的违法行为与美国国内实施的违法行为的比较等。②

知识产权法在国际私法意义上的域外效力可分为自设的域外效力和实际的域外效力。知识产权法的域外效力已经普遍在各国知识产权立法中体现，也就是说，各国均积极地主张本国知识产权法自设的域外效力。至于

---

① 344 U. S. 280（73 S. Ct. 252, 97 L. Ed. 319）.

② 参见杨松才：《美国知识产权法的域外适用》，载《法学杂志》2007 年第 5 期，第 113 页。

知识产权法实际的域外效力则取决于受案法院。①知识产权法具有域外效力并不代表他国境内的知识产权法律关系一定能受外国知识产权法的调整和支配。

实践中不能将知识产权法的域外效力与知识产权的域外效力这两个概念混为一谈。知识产权作为一种专有性权利，其法律上的空间效力是具有地域性限制的，有别于有形财产领域在国际上奉行的"涉外物权平权原则"。按照一国法律获得承认和保护的知识产权，由于其具有无形性的特点，知识产权欲想获得域外保护，难以直接适用有形财产权利的获取原则，即因占有而适用的"权利推定"原则。因此，除订立国际公约或双边互惠条约或区域性公约外，本国法律并不保护在他国获得的知识产权。知识产权因有显著的地域性限制而没有域外效力，但决不能断然否认知识产权法因此也不具有域外效力。知识产权法的域外效力与知识产权的域外效力是迥然不同的两个概念，在是否具有域外效力的问题上更是有实质性区别。

（三）知识产权的地域性

1. 知识产权地域性的本质

历史研究表明，知识产权发源于封建社会君主授权的特权。从其历史背景可知，发源于封建特权的知识产权从诞生之日起便具有天然的地域性。通说认为，知识产权从封建特权演变成目前的一种法定的民事私权利，其地域性系指知识产权只能依据特定国家或地区的法律，通过申请获得授权而产生或自动产生，其效力仅限于该特定国家或特定地域范围。知识产权的地域性是知识产权法空间效力范围的体现。知识产权的地域性是各国彼此尊重对方法律域内效力的客观结果，而非主动的立法选择。

地域性虽然是知识产权的主要特性，但是其具体含义至今并不很明确。德国的 Ulmer 教授认为，国家授权是获得知识产权的唯一方式，而且

---

① 参见蒋进：《知识产权法的域外效力辨》，载《求索》2009 第 2 期，第 157页。

这种授权仅在其境内有效。①英国的著名知识产权学者柯尼胥（W. R. Cornish）教授认为，知识产权的地域性至少有四个潜在的后果：（1）每个国家的知识产权由该国法律确定，且独立于其他国家的同一标的物（发明，作品，商标等）。他们既不彼此承认，也不存在隶属关系。（2）知识产权仅对授予国所属地理范围内的活动产生影响，该范围通常为国家领土所定义的区域，还可能包括延伸的海陆空中的活动。（3）知识产权仅可能由授予国的国民或者该国法律认可的其他人主张。（4）知识产权仅可能在授予国的法院主张。②

朱榄叶教授认为，知识产权的地域性主要体现在两个方面。一是指权利产生的地域性，也就是说，知识产权只能依据权利授予国的法律而获得。权利授予国法律具体规范知识产权的主体、客体、内容、授予条件和取得的程序等。二是指权利主张的地域性。这表明知识产权只有在符合权利主张地或登记地的法律，并依权利主张地或登记地的法律取得时方能有效。③

笔者赞同对知识产权的地域性进行界定的通说观点，即是指知识产权只能依据授予国或授予地区的法律自动产生，或通过申请并获得授权而产生，且仅在该授予国或授予地区范围内有效。

2. 知识产权地域性的历史因由及其发展

纵观历史发展，知识产权的地域性是历史的、经济的和法律的各方面原因共同作用导致的，并与知识产权的无形性紧密相关，而不是立法者主观臆造出来的。

（1）知识产权地域性的历史因由

雏形的知识产权产生于 15 世纪封建社会的专利制度。1449 年，亨利

---

① Eugen Ulmer, Intellectual Property Rights and the Conflict of Laws, Deventer：Klumer, Law and Taxation Publishing Division, 1978, p. 9.

② W. R. Cornish, Intellectual Property：Patents, Copyright, Trade Marks and Allied Rights (Fourth Edition), London, Sweet & Maxwell, 1999, page 26.

③ 参见朱榄叶、刘晓红主编：《知识产权法律冲突与解决问题研究》，法律出版社 2004 年版，第 4 页。

六世将拥有对一种玻璃的制造方法 20 年的垄断权授予其辖区内的约翰先生，这是迄今为止发现最早的对发明授予专利权。威尼斯共和国于 1474 年颁布了当时世界上首部专利法。① 约 20 年后，将在威尼斯享有 5 年印刷书籍的专有权第一次授予 J. V. Speyer。实际上，Royal Letters Patent 是专利英文一词 Patent 的前身，译为"皇家特许证书"，是指皇家或王室颁发并授予特定人士某种特权的公示性文书。因此，知识产权诞生的形式是封建国家、封建君主或地方官员通过颁布敕令、榜文等形式授予他人的一项行政特权，② 具有很强的公法性，因而这种特权效力只在发布该敕令或榜文的国家权力、封建君主或地方官员所辖地域范围内，超出该地域便失去效力。③ 知识产权的性质随着封建社会向资本主义社会和社会主义社会的发展也发生了根本性变化，实现了从特权到私权的嬗变，成为依法产生的民事私有精神权利，但地域性特征得以继续保留，其中除受历史遗留因素的影响外，更主要的是经济和法律上多重原因同时作用下的结果。

（2）知识产权地域性的经济因由

知识产权地域性产生和存在的另一重要原因便是经济因素，这与知识产权客体的无形性密不可分。知识产权是作为一种垄断性权利，是法律赋予权利人享有智力成果的专有权。为了适应当前经济发展的需要，较好地平衡各方的利益，一国是否保护知识产权以及如何保护是与国家国情和历史传统分不开的。国家首先要保证和保护本国国民的利益和国家的发展需要，而不能让位与他国的知识产权法，知识产权的地域性便由此形成了。因为作为知识产权客体的智力成果是无形的，知识产权同一知识产权客体在同一法域内拟制授予的权利必须是唯一的，不能同时存在多个相同的权利。权利人可以是单一的或由多个权利人共同享有该项权利。如果允许一国法律在其管辖范围之外分配权利，则是对他国民事主体利益和国家主权

---

① 参见郑勇：《知识产权地域性之现代嬗变》，载《商业时代》2013 年第 15 期，第 122 页。

② 参见郑成思：《知识产权论》，社会科学文献出版社 2007 年版，第 84 页。

③ 参见冯术杰、于延晓：《知识产权地域性的成因及其发展》，载《长白学刊》2004 年总 120 期，第 34－37 页。

的侵犯。

以知识产权的地域性为基本原则，一方面，各国充分尊重他国的国家主权和司法管辖权，均在各自法律管辖范围内规制知识产权，避免影响他国国家和国民的利益；另一方面，研发成本的提高和国际经济及文化交流的常态化、深入化，促使本国知识产权同样需要在国外获得保护。尽管本国不承认和保护依据外国法律取得的知识产权，但是外国人可以依据本国法遵循国际公约确立的国民待遇原则，在本国内享有与本国国民一样的民事地位，与本国国民一样依据本国法申请和取得本国内的知识产权，其本质是通过属人原则的延伸来解决严格的属地原则给知识产权国际保护造成的困难。

（3）知识产权地域性的法律因由

尽管知识产权诞生时具有公法色彩，一定程度上关系到公共利益，但知识产权发展至今作为一种民事权利，其私权的性质是明确的。如今，知识产权的性质已经完全脱离了知识产权诞生时期的"公权"特性，注册类知识产权必经的行政审查只是程序性和形式性要件，主要作用在于保证授予知识产权的形式要求，这与具有强烈公法性质的刑法和行政法有着本质的区别，目的是对权利主体和客体及内容进行公示、提高权利人对权利授予的预见性和主管机关的审查效率，加强权利的稳固性。①

实际上，并不是唯有知识产权才具有地域性特点。任何权利都是依据特定的法律规范而产生并受其调整，法律体系决定法律规范，而每个法律体系都仅在其所属的法域内有效。无形性是知识产权所独有的特性，正是这一特性突显了知识产权的地域性。物权基于对有形物的创造或占有而产生，同一有形物一般不会由不同的主体创造或占有，所以，即便该物权的主体和客体进入另一法域，法律基于创造或占有而认定权属不会引发权属冲突。因为知识产权独有的无形性使得不同的主体可以同时创造和占有同一智力成果，所以需要由法律就同一智力成果拟制一个唯一的权利主体。

---

① 参见冯术杰、于延晓：《知识产权地域性的成因及其发展》，载《长白学刊》2004 年总 120 期，第 34－37 页。

就同一智力成果而言，因同一法律事实发生涉外民商事法律关系时，由于各国法律的差异性，不同国家根据本国法律拟制知识产权就可能发生冲突。这就是知识产权的地域性之所以被反复强调的根本原因。①

因为在每个国家取得知识产权的条件不尽相同，在不同法域存在完全相同的知识产权的概率是很小的。知识产权的无形性为由不同国家的人同时创造和利用同一知识产品提供了可能，各国相互尊重在其领域内的创造和利用知识产品的行为。一个主权国家对在本国知识产品利用市场产生效果的行为均享有属地立法管辖权。② 知识产权的地域性不是各国立法者的主观选择，而是各国彼此尊重对方法律域内效力的客观结果。

3. 知识产权的地域性与法律冲突并行不悖

（1）地域性并非知识产权的独有特性

如前所述，知识产权地域性系指根据知识产权只能依据授予国或授予地区的法律自动产生或通过申请并获得授权而产生，且仅在该授予国或授予地区地域范围内有效。换句话说，一国法律只保护本国领域内产生的知识产权，而不保护在他国领域内产生的知识产权，他国法律也不承认和保护本国产生的知识产权。③

实际上，地域性并不是唯有知识产权才具有的特性。世界上任何权利都是依据由特定法律体系决定的特定法律规范而产生并受其调整，而每个法律规范都仅在其所属的法域内有效，因此每一项民事权利也都是具有地域性的。无形性才是知识产权所独有的特性，正是这一特性突显了知识产权的地域性。这是与一般有形财产权的根本性区别。一般的财产权利也有其地域性，各国大多遵循物权基于对有形物的创造或占有而产生的相同法律规则认定权属，同一有形物只能由一个主体创造或占有，即使物权的主

---

① 参见杨长海：《知识产权与冲突法连接之理论依据——地域性原则效力再辨》，载《安徽大学学报（哲学社会科学版）》2012 年第 1 期，第 129 页。

② 参见徐祥：《国际私法中的知识产权问题研究》，武汉大学 2007 年博士学位论文。

③ 参见冯术杰、于延晓：《知识产权地域性的成因及其发展》，载《长白学刊》2004 年总 120 期，第 34 - 37 页。

体和客体进入不同法域，遵循相同物权法律规则来认定权属不会发生权属冲突。只要物质上的占有不违法，凭借物质上的占有事实，根据"涉外物权平权"和物之所在地法原则，权利人的财产所有权在他国仍然具有法律效力。只是此时的权利已是外国法律的权利，该权利的具体内容和保护方式等可能有所不同。与有形物质的占有不同，知识产权除著作权外，一般不能自动取得法律上的占有，需要主管机关的确认和授权。同时，无形性也使得同一智力成果可以在不同的国家同时产生。不同国家对同一智力成果确认和授权知识产权，导致由一个法律事实产生多个平行的知识产权法律关系，他们是依各国法律成立的权能、时效、救济手段不同的知识产权。就同一智力成果而言，在一国产生的知识产权可能与在他国产生的知识产权在权属、内容、范围以及保护期限上有冲突。这是强调知识产权地域性的根本原因。因为任何民事权利都是有地域性的，所以用地域性来概括知识产权的特性并不客观，不能因知识产权的地域性而否认知识产权的法律冲突。

亦有观点认为，知识产权法律冲突的产生与否取决于其地域性特征，知识产权领域的法律冲突是伴随着知识产权的地域性的突破而产生的，地域性被突破的程度和范围决定了知识产权法律冲突的存在与否及其范围。[①]笔者并不认同此种观点。地域性并非知识产权所特有，也并非不能与法律冲突的产生和存在予以分割存续。

（2）知识产权的地域性并不妨碍法律冲突的产生

笔者并不认同一系列国际知识产权公约的签订已经完全突破或部分突破了知识产权的地域性的观点。我们应该正确认识知识产权有别于其他民事权利的特性，及时关注知识产权国际保护的实际需求和发展形势，并从多个角度进行全面的考察。

第一，以在著作权及邻接权方面具有重要影响的《伯尔尼公约》和《TRIPs 协议》为例，虽然绝大多数国家都采取了著作权的自动保护原则，

---

① 参见徐祥：《国际私法中的知识产权问题研究》，武汉大学 2007 年博士学位论文。

外国作者根据本国法律赋予的国民待遇原则，因创作作品而在法律上自动享有著作权。但是依据公约明确规定的独立保护原则可知，各国仍旧只是依照本国的著作权法，而非外国法或国际公约的规定赋予外国作品享有权利，该权利仍然仅在本国范围内有效，并不是对一国知识产权域外效力的直接承认。实际上，一部作品可以产生不同国家的多个不同版权，并不是一个版权。事实上，公约确立的最低限度保护原则要求各成员国赋予外国人享有的著作权不应低于国际社会普遍采用的标准，这并不意味着外国人作品在来源国获得的权利因为公约的存在便具有了域外效力，否则将国民待遇原则和最低限度保护原则进行单独规定则失去了法律意义。笔者认为，著作权的地域性特征反而因为著作权国际保护公约中确立的独立保护原则、国民待遇原则和最低限度保护原则而得到了进一步突显和加强，而不是突破或淡化了著作权的地域性。

第二，在专利领域具有深远影响的国际性公约《巴黎公约》，同样确立了国民待遇原则和独立保护原则。① 在各类知识产权中，专利权的地域性最为明显，根据该两原则的规定，外国人根据登记国专利法而获得的专利权仅在登记国法律范围内有效，在其他国家无效。显然，专利权的地域性并没有因为公约的存在而获得真正的突破。由上述公约规定的国民待遇原则和独立保护原则可以看出，一国基于国民待遇原则允许外国人在获得专利权方面享有同样的权利，该专利权是根据各成员国内国法的不同规定而获得的，同一知识产品可以存在多个相关独立的权利，不要求存在多个相同的权利，各成员国相互承认各自依法授予的权利，尊重其独立性。保护知识产权国际公约是以各成员国国内法为基础进行保护的，它并未否认地域性，却更凸显了地域性。

第三，在欧洲各国一定区域范围内由协议达成的比荷卢三国集团专利和欧洲专利同样具有地域性。只不过这些区域性知识产权的地域效力范围

---

① 《巴黎公约》第四条之二规定："同一发明在不同国家取得的专利权的独立性：（一）本同盟成员国的国民向本同盟各成员国申请的专利，与其在本同盟其他成员国或非本同盟成员国为同一发明所取得的专利是相互独立的……"

远大于在单个国家内获得的知识产权的地域效力，也就是说，这类知识产权获得了超地域性保护。因此，当前知识产权的地域性限制依然存在，所谓的外国人根据国际条约的规定在内国享有知识产权，并不意味着知识产权具有了域外效力，而仅仅是内国法赋予外国人在内国拥有的知识产权权益，并给予内国法上的法律保护。

由此，笔者认为，未来知识产权的国际性保护与知识产权的地域性并不矛盾，理由在于：

首先，从全球性或区域性知识产权国际组织的建立以及国际条约的签订情况看，因知识产权从封建时期具有严格地域性的行政特权演变而来，其具有明显的地域性。随着国际经济文化的密切合作以及科技的飞速发展，知识产权的地域性不仅没有阻碍知识产权的国际保护，反而促进了知识产权的国际保护。与此同时，旨在协调各国知识产权制度和法律冲突的国际性组织和国际条约应运而生，有效缓解了知识产权地域性引发的全球流动的障碍和矛盾，提升各国知识产权在国际条约下的融合度、强化他国与本国知识产权保护制度的通用性和趋同性，并非要打破知识产权的地域性。知识产权地域性的突破是指在更加广阔的地域范围内建立保护相同或相似的知识产权保护制度。从1883年《巴黎公约》签订到1993年《TRIPs协议》签署的100多年时间里，国际社会先后签订了一系列知识产权国际公约，但《伯尔尼公约》和《巴黎公约》中确立的国民待遇原则、独立保护原则和最低限度保护原则与基本精神始终未被突破过，知识产权的地域性不但没有削弱，反而是事实上得到了强化。诚如有学者主张的："所谓知识产权的国际保护，实质上是对各国或地区不同知识产权制度的调和，而并不意味着无地域限制的知识产权保护。"① 从知识产权的全球性与区域性的协调机制可以推测，国际保护的发展并不会根本消除其固有的地域性，地域原则并不因国际范围内知识产权协调努力而受到直接威胁。②

其次，从知识产权及其客体表现出来的特征看。一方面，知识产权是

---

① 张乃根主编：《中国知识产权法》，法律出版社1999年版，第3页。
② 参见杨长海：《知识产权冲突法论》，厦门大学出版社2011年版，第61页。

由国家授权并依法产生的权利，知识产权的地域性根源于知识产权法的地域性，知识产权法的地域性又与各国的立法与司法管辖紧密相连，各自仍然以立法和司法管辖为界限保持相互独立的空间效力。另一方面，与有形财产不同，知识产权客体具有无形性和可复制性，无法通过实质占有而自由流通，更无法适用"涉外物权平权原则"进而突破司法主权的地域性限制。从这两方面看，知识产权的地域性是无法被突破的。

最后，从宏观层面和政治经济学的角度看。知识产权法还可能成为国家间政治、经济、外交利益博弈的手段，特别是在发达国家和发展中国家之间表现得尤为明显。即使在独立保护原则的保障下，由一系列公约形成的知识产权国际保护体系也没能根本突破知识产权的地域性，很多发展中国家也不情愿在短时间内大幅度地提高知识产权国际保护的水平。这并非指责发展中国家缺乏知识产权保护意识，而是因为各国的经济利益将受到知识产权国际保护水平和保护方式的严重影响。各个国家的经济科技发展水平高低不一，发展中国家的科学技术发展水平偏低，发达国家掌握着大量的高质量知识产权。如果彻底废除知识产权的地域性，一味地主张提高知识产权国际保护水平，将迫使原本科技发展水平就滞后的发展国家舍弃知识产权保护的自主权，将对发展中国家有失公允。也就是说，发展中国家不仅技术上无法独立，需要依赖发达国家，而且还要向发达国家支付昂贵的技术使用费，这对于经济发展落后的发展中国家，无疑就是沉重的负担。由此笔者认为，我们应该坚持既促进知识产权国际保护又有利于各国经济与发展的立场来考虑这个问题。

由此可见，因其私法的性质，知识产权法的域外效力逐渐被各国立法和司法所认可。但是，知识产权法的域外效力并不等同于知识产权的域外效力，知识产权法具有域外效力并不意味着他国的知识产权在本国也有效，或本国的知识产权在他国同样具有效力。知识产权的域外效力与知识产权法的域外效力是两个完全不同的概念。知识产权的域外效力属于实体权利的国际保护的范畴，而知识产权法的域外效力涉及知识产权冲突法在法律空间效力的范畴。目前，国际社会已广泛认可知识产权法的域外效力，但知识产权的国际保护并未突破其地域性的限制。

因此，笔者认为，知识产权法的域外效力已被大多数国家立法所认可。不能因为客观存在的知识产权的地域性便毅然否认知识产权法的域外效力。知识产权法具有域外效力与知识产权的地域性并不互相抵触。知识产权法的域外效力的实现并不需要突破知识产权本身所具有的地域性。

二、知识产权法律冲突产生的条件

冲突法的一般原理认为，国际民商事法律关系中法律冲突的产生通常需要具备以下四个因素：第一，各国民商事法律制度的不同；第二，国家间经贸往来的需要；第三，外国人法律地位在内国的承认；第四，外国法律域外效力在内国的有限承认。下面逐一论述涉外知识产权法律关系是否具备上述四个必要因素。

（一）知识产权立法的差异性

法律冲突产生的前提条件是各国知识产权法律制度和法律规定存在差异性。不同国家的知识产权法律制度和法律规定存在差异是客观事实，当对同一事实引发的知识产权法律问题适用不同法律规定导致出现不同的法律后果时，知识产权法律冲突便自然而然地产生了。知识产权立法的价值取向，往往取决于一国科技发展和经济社会发展水平，以及保护本国经济利益的需要，这也是导致知识产权立法制度差异性的根本原因。基于国际公约的规定，虽然各国在保护知识产权方面承诺给予国民待遇，但在知识产权的取得和利用上，其根据公约确定的独立保护原则而实际适用的规则是具体的内国法。保护知识产权的国际公约并不是统一的跨国实体法，而只是提供了纲要性、主导性的保护，仅规定了成员国国内法不能违背的一些共同性准则，并无法直接运用到具体案件中。解决具体案件还是需要适用依据国际公约而确定的具体内国法，但各国为保护本国利益和权益，在其法律制度中对知识产权的转让、保护期限、终止等规定是不尽相同的，这些不同构成了在跨国知识产权问题上产生法律冲突的必要条件。

（二）涉外知识产权法律关系的广泛存在

随着全球经贸关系和文化交流的不断深化和扩大，各国经济和文化交流已经无所不在，经贸的往来和发展必然带来各种各样的法律问题。跨国的专利研发、申请、使用、进出口、许可和侵权，跨国的商标注册、许可和侵权，跨国的著作权的产生、许可和侵权等事项已是屡见不鲜。又由于现代通讯信息技术的高度发展，知识产权的国际性利用和侵权案件更是不胜枚举，以专利、商标和著作权为核心的知识产权纠纷日趋复杂。各国高度重视知识产权的国际保护源于知识产权既是国家实力的体现，更因其背后隐藏着巨大的经济利益。国际经济的频繁交流使知识产权冲突不断发生。

（三）各国承认外国人在内国知识产权法领域的民事法律地位

外国人的民事法律地位主要通过多边条约和国际条约被广泛承认。知识产权领域中具有核心地位的三个国际性公约如《巴黎公约》《伯尔尼公约》和《TRIPs 协议》均规定了对于知识产权保护的国民待遇原则，各签约国均承诺在知识产权的授予、利用和保护等方面均给予其他缔约方国民以本国国民待遇。国民待遇的规定实际赋予了外国人不仅受其本国法的保护，同时也受到公约缔约国知识产权法的保护。

（四）各国在一定条件下承认外国知识产权法在内国的域外效力

为促进国际间经贸关系的发展和国际民商事法律关系的稳定，各国经过不断的谈判和磋商，先后形成和签订了多项知识产权国际性和区域性公约，各国逐渐承认和接受他国知识产权法的域外效力，这也是知识产权领域内法律冲突产生的根本原因。

如前所述，时至今日，不论是知识产权法的虚拟或自设的域外效力均广泛存在，其实际的域外效力在一定程度上已经为内国法院承认。

根据以上分析，笔者认为，涉外知识产权法律冲突的产生已经充分具备了所有必要条件。

三、涉外知识产权法律冲突产生与否的争论

对于知识产权领域是否存在国际私法问题，是否会产生和存在法律冲

突，主要有以下几种观点：①

（一）法律冲突不存在说

冲突规范的调整方法以法律冲突为基础，法律冲突产生的核心条件是内国承认外国知识产权法的域外效力。② 法学界中主张知识产权领域不存在法律冲突的学者认为，严格的地域属性阻碍了国际私法在知识产权领域的发展。由于知识产权严格的地域属性，各国在知识产权的效力和法律适用问题上，遵循鲜明的"属地主义"原则，均只承认和保护依照本国法律取得的知识产权，对依照外国法律产生的这一权利不予承认和保护。这使得各国知识产权法只在权利取得国内有效，在权利取得国以外便失去了法律效力，知识产权法因而也不具有域外效力。③ 地域性是否阻碍国际私法在知识产权领域的发展是知识产权法律冲突是否产生的先决问题，也是国际私法调整国际知识产权关系的巨大障碍。④ 此外，保护知识产权的国际公约并不是跨国的实体法，其确定的"独立性原则"并没有否认，反而是加强了知识产权的严格地域性。⑤ 也就是说，即使存在涉外知识产权法律关系，各国知识产权法因互相独立，互不干涉而不会产生法律冲突。涉外知识产权民事法律关系并不存在适用法律冲突规范的基础。⑥ 所以，在知

---

① 参见王德辉：《论国际知识产权的法律冲突及其侵权的法律适用》，载《太平洋学报》2006 年第 8 期，第 22 页。

② 参见陈锦川：《涉外知识产权民事法律关系的调整及法律适用—上篇：理论规范篇》，载《电子知识产权》2005 年第 2 期，第 32 页。

③ 参见陈云东：《知识产权领域不存在法律冲突》，载《现代法学》1989 年第 3 期，第 25 页。

④ 参见冯文生：《知识产权的国际私法基本问题研究》，载《知识产权文丛》（第四卷），中国政法大学出版社 2000 年版，第 235 页。

⑤ 参见冯文生：《知识产权的国际私法基本问题研究》，载《知识产权文丛》（第四卷），中国政法大学出版社 2000 年版，第 26 页。

⑥ 参见王春燕：《论知识产权地域性与知识产权国际保护》，载《中国人民大学学报》1996 年第 3 期，第 62 页。

识产权领域不可能发生国际私法意义上的法律冲突。①

(二) 法律冲突存在说

1. 地域性突破说

知识产权的法律冲突问题，已被多数国际私法学者所认可。知识产权的地域性原则毫无疑问是客观存在的，但一些国际条约和国内立法的实践已经现实地突破了严格的地域性限制。这种地域性的突破主要表现在以下几个方面：首先，国际社会通过一系列国际知识产权公约建立了知识产权国际保护的基本制度，知识产权的保护范围从起源国延伸到非起源国的多国领域，这使得外国的知识产权法基于国际公约的规定直接具有了域外效力，或者通过内国法院的对外国知识产权法的法律适用间接具有了域外效力，知识产权法律冲突由此产生；其次，各国知识产权法根据缔结或参加的国际公约的规定赋予外国人完全的国民待遇，外国人在内国享有与内国国民相同的民事地位，可以在内国依据内国法的规定通过申请获得或自动获得知识产权；最后，在知识产权的地区性保护方面，还产生了欧洲专利制度的跨地域性知识产权。与此类似的还有比荷卢统一商标法、比荷卢三国集团专利、法语系非洲国家以《班吉协定》为基础建立的跨国版权等。加之各国知识产权立法的不同，法律冲突不可避免地应运而生。

也有学者认为，知识产权的地域性并没有完全被国际性和地区性公约所突破。国际公约体制下知识产权获得国际性保护是以地域性为基础的，但并未否定知识产权的地域性，只是部分突破。② 该种观点认为：19 世纪后期各项知识产权国际公约的陆续出现，代表了一个知识产权地域性相对"突破"的时期，如今已经进入了一个知识产权地域性相对"淡化"的年代。③ 国际公约部分冲破知识产权地域性的事实主要表现为：第一，根据《伯尔尼公约》规定，版权是自动产生的，无需代表公权力的行政部门批

①　参见陈锦川：《涉外知识产权民事法律关系的调整及法律适用—上篇：理论规范篇》，载《电子知识产权》2005 年第 2 期，第 32 页。
②　参见杨长海：《知识产权冲突法论》，厦门大学出版社 2011 年版，第 36 页。
③　参见杨长海：《知识产权冲突法论》，厦门大学出版社 2011 年版，第 37 页。

准，故在一国享有版权的作品，其他缔约国均应承认其版权。第二，在至少要保护的内容上，公约规定了各个成员国的最低保护标准。从版权与驰名商标这样被"自动保护"的方式看，知识产权地域性确实在一定程度上得到了突破。理由是相同的知识产权客体在不同地域内获得权利的承认或被重新赋予权利意味着对他国法律下权利的承认。同时该种观点亦认为，在知识产权冲突法上必须辩证、客观地看待地域性问题。一方面应承认新的条件下地域性确有突破这一事实；另一方面也必须强调知识产权地域性的突破或淡化绝不当然意味着地域性的丧失，只要国家之间的差异仍然存在，象征着不同文化政策的知识产权地域性就不会消失。①

2. 管辖权说

有学者认为，知识产权法律冲突的产生是伴随着法院对于域外知识产权拥有司法管辖权而产生的。持此种观点的学者认为，各国法院从本来仅受理涉及本国知识产权的纠纷，转为同时还受理涉及外国知识产权的纠纷。这种管辖权制度的变化是法律冲突产生的原因。管辖权说的基础是法律冲突，是法官受理了具有涉外因素案件时应该选择适用哪一国法律的矛盾的反映，这种法律冲突的产生与知识产权的地域性并无丝毫关系。②

因此，知识产权领域已经具备法律冲突产生的条件，知识产权法的域外效力问题已经不是知识产权法律冲突产生的滞碍。笔者不同意有关"知识产权领域不可能发生法律冲突"的观点。关于地域性是否为限制知识产权法律冲突产生的根本性障碍，笔者认为有必要认清知识产权地域性的本质特征与其历史成因。

四、知识产权法律冲突的内容和特点

（一）知识产权法律冲突的实证考察

为了承认知识产权地域性并解决国家间知识产权法律冲突，在国内法

---

① 参见杨长海：《知识产权冲突法论》，厦门大学出版社 2011 年版，第 40 页。
② 参见王德辉：《论国际知识产权的法律冲突及其侵权的法律适用》，载《太平洋学报》2006 年第 8 期，第 23 页。

方面上，很多国家已相继颁布了知识产权的冲突法，在立法技术和立法体例上也呈多元化。如，1978 年《奥地利国际私法》规定："无形财产权的成立、变更和消灭，适用使用行为地或侵权行为发生地国家法律。"瑞士在 1989 年 1 月生效实施的《瑞士联邦国际私法》中，单独将知识产权列为一编，分别对管辖权、法律适用、外国判决的承认与执行作出了具体规定；该法第 110 条规定："知识产权由被请求保护知识财产的国家法律规定。"荷兰、意大利和英国的立法规定："著作权的产生和存续事项适用作品首次发表地国家的法律，权利的行使事项适用作品被请求保护国的法律。"① 西班牙就有关外国人待遇条件和冲突法制定了相应规则，德国颁布了适用于知识产权的冲突法等。

在国际方面，多部国际公约和区域性公约均有关于知识产权冲突法的规定。例如，1928 年的《布斯塔曼特法典（国际私法法典）》、1968 年的《关于民商事案件管辖权和判决执行公约》（布鲁塞尔公约）、1988 年的《关于民商案件管辖权和判决执行公约》（洛珈诺公约）、1980 年的《合同义务法律适用公约》（《罗马公约》）。此后，2000 年 5 月，就国际知识产权案件的管辖权、法律适用和外国判决的执行等问题，世界知识产权组织出版的《电子商务与知识产权问题入门》针对性地作出了概括性介绍。这说明，知识产权的法律冲突不但客观存在，并将在以后较长时间内不断持续发展。当前，涉外知识产权纠纷层见迭出，知识产权的冲突法亟待加强新理论问题研究，拓宽研究思路，更需要在立法和司法实践中得到检验和修正。②

（二）涉外知识产权法律冲突的特点

无异于其他国际民商事法律冲突，涉外知识产权法律冲突具有如下几方面特点：

第一，涉外知识产权法律冲突是一种跨国法律冲突。涉外知识产权法

---

① 李双元主编：《国际私法学》，北京大学出版社 2000 年版，第 307－309 页。

② 参见冯术杰：《知识产权与法律冲突》，载《法学杂志》2005 年第 1 期，第 122 页。

律冲突是不同司法主权国家之间在知识产权领域的法律冲突。

第二，涉外知识产权法律冲突是一种法律在空间上的冲突。涉外知识产权法律冲突适用于不同国家的知识产权法律之间的冲突，它较其他国际民商事法律冲突与一定的地域联系更为紧密。

第三，涉外知识产权是处于平等地位的不同国家的知识产权法律之间的冲突。为便于知识产权领域的国际交往，有条件地承认外国知识产权法在内国的效力，必然会在调整同一涉外知识产权法律关系的内外国法律之间进行选择。[①]

五、知识产权法律冲突产生的成因

如前所述，地域性不足以成为否定知识产权国际私法问题的理由，知识产权地域性与知识产权国际私法问题分属不同层面的问题，二者并不存在必然联系，知识产权地域性更不会成为知识产权法律冲突产生和存在的根本性障碍。实际上，不同地域间的知识产权法律冲突早在国际知识产权法律关系产生之时就已经存在。笔者认为，传统国际私法之所以长期忽略对知识产权冲突法的研究，并非因为知识产权的地域性造成在知识产权领域不会产生法律冲突，而主要是下述几个方面的原因：

第一，跨国知识产权纷争的出现远远晚于其他国际民商事案件。国际案件的涌现是研究法律适用的前提和必要条件，知识产权国际性案件是伴随 20 世纪以后国际经济和技术的迅猛发展而展现出来的。西方国家在向外输出商品的同时，也不断向外输出技术。在获得本国法律保护之外，专利权人迫切期望自己输出的专利同时获得专利进口国和其他国家的保护。科技的进步和国际交流的日益频繁促进了国际知识产权产品市场的繁荣和发展，各国的知识产权产品穿越国界进入其他国家和地区，国际科学文化的交流在客观上得到了稳固和加强，同时要求提高知识产权国际保护的水平的呼声也越来越高。

然而，知识产权国际性案件大约是在第二次世界大战以后才逐渐增加

---

① 参见黄进主编：《国际私法》（第二版），法律出版社 2005 年版，第 15 页。

的。此前由于国际间技术交流的稀少，司法实践中缺乏对因知识产权的国际性利用导致的国际侵权和合同案件的审判经验，才是造成知识产权法律冲突滞后产生的客观原因。

第二，各国对知识产权案件多实施专属管辖。早期，无论是否具有涉外因素，绝大多数国家对知识产权争议案件坚持由权利登记国法院行使专属管辖权，这就造成一种表面现象，即仿佛是各国法院只适用本国的，而非其他国家的知识产权法律审理涉外知识产权案件是知识产权的地域性导致的。因此，知识产权法律冲突得以掩盖的直接原因是对知识产权案件规定专属管辖。随着知识产权的国际利用和国际性侵权日趋常态化，为了公正和便利地解决国际知识产权争议，一些国家相继不再坚持对知识产权纠纷行使专属管辖的原则，由此才显露出知识产权冲突法的"庐山真面目"。构建有效的知识产权国际保护机制，迫切需要重视和加强对知识产权法律冲突问题的研究。①

第三，知识产权冲突法被长期忽视的另一重要原因是知识产权的无形性。知识产权权利客体的无形性是知识产权区别于其他有形财产权利客体的根本性特征，知识产权是一种借助法律按照有形财产权的性质进行人工塑造的一种权利。知识产权的地域性被过分强调也是因为其客体的无形性。权利客体的无形性使得不同的主体可以在多个国家同时创造、占有和利用同一智力成果。各国均在其属地范围内就同一智力成果拟制规定一个唯一的权利主体。就同一智力成果在发生涉外民事法律关系时，基于不同国家法律拟制产生的知识产权彼此就可能发生冲突。但是，知识产权的无形性致使知识产权的地域性被过度夸大，进一步导致一般人反而忽略了知识产权法律冲突的存在。

第四，也有国外学者认为，某些公约条款表述的模糊性导致学界忽略了对知识产权冲突法的研究，如《伯尔尼公约》第 5 条第 2 款适用权利保护国法的表述为 laws of the country where protection is claimed。该表述的理

---

① 参见黄进主编：《国际私法》（第二版），法律出版社 2005 年版，第 78 页。

解有多种可能，或可翻译为被请求保护国法，也可翻译权利保护地法，等等。①

知识产权法的法律冲突是随着知识产权国际保护的发展和需要应运而生的，其主要原因包括：首先，各国对知识产权的取得、归属、效力、内容、期限和保护范围等方面不同的立法规定为知识产权法律冲突的产生提供了首要条件。其次，国际条约的缔约国之间相互承认和保护知识产权，为法律冲突的产生提供了契机。即便是在国际条约框架下，外国公民和法人在公约缔约国享受国民待遇，该待遇也是有限的，被请求保护国法律与权利来源国法律之间也会因各自的不同规定而产生法律冲突。最后，如果受案法院在涉外知识产权案件中完全拒绝适用外国知识产权法，不承认和接受外国知识产权法，将会在一定程度上给权利人的权利行使和寻求有效司法救济造成困难和不公正。

因此，笔者认为，知识产权的法律冲突不是因为知识产权法开始具有域外效力而产生的，而是伴随着法院对于域外知识产权纠纷拥有司法管辖权而产生的。因此我们既不能以知识产权具有地域性来否定法律冲突的存在，也不能反推因为存在法律冲突而认为知识产权的地域性被突破或地域性淡化了。相反，我们要继续坚持知识产权地域性原则，辨明知识产权地域性在知识冲突法的正确地位，将其作为检验根据连结点而确定知识产权纠纷准据法正确与否的依据。

小　　结

知识产权法律冲突指对同一知识产权法律关系，因所涉各国知识产权法规定不同而发生法律适用上的冲突。传统法律观念基于知识产权权利客体的无形性，对知识产权的地域性过度夸大，知识产权法律冲突曾一度被认为是不存在的。知识产权领域的法律冲突自始即存在，只不过是伴随知

---

① 参见徐祥：《国际私法中的知识产权问题研究》，武汉大学 2007 年博士学位论文。

识产权国际保护的需要和发展而突显出来，其存在也是不可避免的。笔者
在本章中分析认为，知识产权的地域性特征既无法决定知识产权法律冲突
产生与否，也不导致知识产权法不具有域外效力。绝不能将知识产权的域
外效力与知识产权法的域外效力混为一谈。从国际公约和各国司法实践来
看，知识产权的地域性与知识产权法具有域外效力并不互相排斥，知识产
权的地域性更不影响知识产权法域外效力的实现，笔者认为，在今后及未
来的一段时期内，地域性仍是知识产权的显著特征，国际保护不会突破地
域性。传统国际私法之所以长期忽略对知识产权冲突法的研究，并非因为
知识产权的地域性导致法律冲突不会在知识产权领域产生和存在，而是国
际性知识产权案件较其他传统民商事案件出现略晚，各国在一段较长时间
内对知识产权案件多规定专属管辖，以及知识产权的无形性等多重原因综
合导致的。

第二章　知识产权国际私法的立法发展

第一节　欧盟对知识产权国际私法的立法探索

随着知识产权国际保护的发展和需要，知识产权的法律冲突不可避免地产生了。为了协调和统一知识产权国际私法问题，各国陆续开展了与此有关的研究和谈判工作。世界上最早制定知识产权国际私法问题的文献是从欧盟的《布鲁塞尔公约》，跨国知识产权的管辖权问题开始的，这是欧盟统一化进程的迫切需要。欧洲国际私法的统一主要涉及国际民事诉讼程序事项，包括国际民商事的管辖权、法律适用规则和外国判决的承认与执行问题。[①] 此后，美洲和亚洲也开始了这方面的民间立法活动。

一、布鲁塞尔公约体系

（一）《布鲁塞尔公约》

在国际层面上与知识产权有关的国际私法工作是从管辖权问题开始的。法院管辖权历来被视为国家主权的象征之一，有关国家寻求知识产权民商事案件管辖权方面的合作与协调经历了漫长的道路。为了统一和解决各成员国在特定涉外民商事案件中的管辖权冲突，并加强对欧洲共同体领域内居民的法律保护，当时只有比、德、法、意、卢、荷六个成员国的欧

---

① 参见邹国勇：《论欧洲联盟国际私法的同一化》，载《法学评论》2007 年第 1 期，第 87 - 90 页。

洲经济共同体，于 1968 年 9 月 27 日在比利时的首都布鲁塞尔缔结了《关于民商事案件管辖权及判决执行公约》（以下简称《布鲁塞尔公约》），确立了欧洲共同体内部发生的跨国民商事管辖权规则。该公约于 1973 年 2 月 1 日生效。

《布鲁塞尔公约》由序言、正文和附加议定书三大部分组成。正文第 2 章是公约的重心，明确规定了成员国法院享有的直接管辖权问题。公约规定的管辖权包含有一般管辖、协议管辖、特别管辖和专属管辖，并对临时措施、未决诉讼以及管辖权的审查等作出了规定。

公约第 2 条将被告住所地作为确定管辖权的一般原则。公约第 5 条、第 6 条和第 6a 条列明了针对一般合同事项的特别管辖规定。例如，合同纠纷可以由合同的债务履行地法院管辖；侵权纠纷可以由损害事实发生地法院管辖等。公约第 16 条规定 5 类事项由特定法院专属管辖。专利、商标、图案或其他类似的登记类权利的登记或效力诉讼，由登记地的缔约国法院专属管辖。① 公约第 17 条规定当事人可以明示的方式协议选择管辖争议的法院，选择协议必须是书面形式或能用书面证明的形式，或依交易惯例，且该协议仅在当事人之间有效，并不能违反公约中有关专属管辖的规定。

《布鲁塞尔公约》所确立的知识产权专有管辖权规则仅限于专利、商标等需登记类权利的登记和有效性的诉讼。公约第 2 条确认的被告住所地法院才是公约范围所有争议事项包括知识产权争议的一般管辖法院。②

《布鲁塞尔公约》生效后因不断有新成员国加入欧洲共同体，又陆续产生了 5 个不同的文本，除一些非实质性修订外，公约的基本框架并无变化。当时 12 个欧洲经济共同体成员国与 6 个欧洲自由贸易联盟成员国于 1988 年 9 月 16 日在卢加诺签订了《卢加诺公约》，内容与体例上与《布鲁塞尔公约》基本相同。至此，欧洲自由贸易区国家均可以适用《布鲁塞尔公约》。在管辖权方面，作为欧盟国际私法融合进程中的首批国际私法公

---

① 《布鲁塞尔公约》第 16 条第（4）款。
② 参见孙尚鸿：《试析欧盟〈布鲁塞尔民商事管辖规则〉有关涉网知识产权案件管辖权问题的实践》，载《比较法研究》2009 年第 5 期，第 87 页。

约,《布鲁塞尔公约》统一了欧洲共同体各国法院的直接国际管辖权规则,
为欧洲民事诉讼法的统一奠定了基础。

（二）《布鲁塞尔条例》

欧盟内部经济关系在《布鲁塞尔公约》实施后发生了重大变化,使得
《布鲁塞尔公约》中某些规定已不合时宜。在《布鲁塞尔公约》的基础上,
欧盟理事会于2000年12月22日决议通过了《关于民商事管辖权及判决的
承认与执行的第44/2001号条例》（以下简称《布鲁塞尔条例》）。[①]《布鲁
塞尔条例》包括序言、正文和6个附件,其中正文分为8章共76条,在体
系、调整范围和内容上与《布鲁塞尔条约》基本无异,对《布鲁塞尔公
约》中一些过时的规定进行了修改。2002年3月1日,《布鲁塞尔条例》
生效并替代《布鲁塞尔公约》,在除丹麦外的其他欧盟成员国内适用,而
丹麦和欧盟其他成员国之间仍适用《布鲁塞尔公约》。

在与知识产权有关的管辖权规则方面,《布鲁塞尔条例》在《布鲁塞
尔公约》的基础上进行的修订主要包括:（1）《布鲁塞尔条例》在第5条
第1款（b）项增加了货物买卖和提供服务的债务履行地的定义。如果双
方当事人对债务履行地有明确约定的,从其约定;没有约定的,提供服务
履行地为成员国内服务被提供或应被提供地。（2）《布鲁塞尔条例》第60
条新增了确定法人住所的三个可选地点,包括法定住所地、主要营业地或
管理中心所在地,取代了以前适用法院地国冲突规范的方式,防止了在法
人管辖权方面可能出现的冲突。（3）《布鲁塞尔条例》第30条补充了法院
受案时间的规定,使得未决诉讼问题得到圆满解决。

在欧盟内,与知识产权有关的国际管辖权规则经历了一个从《布鲁塞
尔公约》《卢加诺公约》到《布鲁塞尔条例》的不断发展和完善的过程。
上述公约允许各成员国可根据公约规定直接行使管辖权,而无需等到承认

---

① Council Regulation (EC) No. 44/2001 of 22 December 2000 on Jurisdiction and the Recognition and Enforcement of Judgments in Civil and Commercial Matters, official Journal L012, 16/01/2001 P. 0001 – 0023.

与执行外国判决时，再对外国法院是否享有管辖权进行审查。欧盟所确立的直接国际管辖权制度也从一般民商事领域延伸至特殊民商事领域，并不再仅以国籍而更多采用住所和惯常居所等多重连接点，作为确定管辖权的标准，且各连接点不分主次。在立法形式上，管辖权规则实现了由公约向条例的转化，导致法律效力上的直接变化。条例作为欧洲共同体立法的一部分，具有直接适用的效力和普遍约束力，强化了欧盟法的直接效力。①

在 2005 年 10 月 1 日前，《布鲁塞尔公约》和《布鲁塞尔条例》确立的通用于欧盟缔约国间以解决跨国民商事纠纷的平行管辖权制度，成为审理知识产权跨国纠纷的重要支撑。一般认为，这些法律文件能够反映欧洲语境下的管辖权选择的共同价值。② 但另一方面，布鲁塞尔公约体系的缺陷也很明显，它缺乏可适用于知识产权纠纷的特别条款，把一般的管辖条款适应到非常复杂的知识产权纠纷，这在实践中被证明是非常困难的。③在知识产权领域，由于知识产权的地域性以及网络时代知识产权跨国实施在诉讼领域产生的特别问题，人们迫切感觉到有必要缔结全球性的条约以解决上述问题。④

二、罗马公约体系

（一）《罗马公约》和《罗马条例 I》

自 1968 年《布鲁塞尔公约》确立了跨国民商事案件管辖规则后，为了在欧洲共同体层面上解决日益突出的法律适用冲突问题，1972 年 6 月 23日，专家们提交了合同和非合同领域债权行为的法律适用公约草案的首部草稿。为了提高谈判效率，专家工作组于 1978 年 3 月决定将工作分成两个阶段进行，首先从合同领域债权行为的谈判入手，之后再开展对非合同领

---

① 参见黄进、邹国勇：《欧盟民商事关系权规则的嬗变——从〈布鲁塞尔公约〉到〈布鲁塞尔条例〉》，载《东岳论丛》2006 年第 5 期，第 5 页。
② 参见杨长海：《知识产权冲突法论》，厦门大学出版社 2011 年版，第 135 页。
③ 参见杨长海：《知识产权冲突法论》，厦门大学出版社 2011 年版，第 136 页。
④ 参见杨长海：《知识产权冲突法论》，厦门大学出版社 2011 年版，第 137 页。

域债权行为的谈判。1980 年 6 月 19 日完成的合同义务法律适用的《罗马公约》便是第一阶段的成果，① 直至 2008 年才将 1980 年《罗马公约》转为《罗马条例 I》，成为可以在共同体内直接适用的立法。

在《罗马公约》的基础上，《罗马条例 I》有了长足发展，例如，以属人法统一为惯常居所地；大幅修改了客观选择方法；排除了合同分割法在客观选择方法中的适用；降低了最密切联系原则的地位；对当事人意思自治原则进行了适当强化；等等。加强了合同准据法的可预见性和确定性。②

（二）《罗马条例 II》

经 1980 年《罗马公约》欧洲经济共同体统一了合同义务法律适用的规定后，随着各国经济交往日益密切及科技的迅猛发展，鉴于侵权等非合同之债领域争议的逐渐增多和各成员国对与非合同义务法律选择规定的差异，与美国的《ALI 原则》大约在同一时期，2007 年 7 月 11 日，欧洲议会和欧洲联盟理事会在法国的斯特拉斯堡表决通过了《关于非合同义务法律适用的 864/2007 号规则》③（以下简称《罗马条例 II》），统一了非合同关系法律适用规则，专门规定了包括知识产权侵权纠纷的法律选择规则，并于 2009 年 1 月 11 日对除丹麦以外的欧盟成员国生效。因其是以条例形式颁布的，故欧洲共同体所有成员国可直接援引适用《罗马条例 II》，该条例在欧盟内具有可直接适用的效力。

《罗马条例 II》包括 40 条序言和 7 章 32 条，主要解决包括缔约过失责任引起的非合同义务过失、无因管理、侵权或不当得利的法律冲突。④ 这其中自然包括了知识产权国际保护的法律适用规则，并主要集中于知识产

① 参见李双元、欧福永、熊之才：《国际私法教学参考资料选编》（上册），北京大学出版社 2002 年版，第 598 - 605 页。
② 参见谢宝朝：《论〈罗马条例 I〉对欧盟合同冲突法的发展及对我国的启示》，载《西南政法大学学报》2010 年第 3 期，第 94 页。
③ Regulation (EU) No. 864/2007 of the European Parliament and of the Council on the Law Applicable to Non - Contractual Obligations.
④ 《罗马条例 II》第 1 条第（1）款。

权侵权问题的法律适用规则。统一后的法律选择力求在法律适用的确定性与灵活性、管辖权选择与法律选择、社会公共利益与个人利益等方面趋于平衡。① 与欧洲第一个跨境侵权法律选择法典——1969 年的《比荷卢联盟统一国际私法》的规定不同，《罗马条例 II》确定的侵权法律适用以行为地法为基本原则，以结果地法为例外。同时，条例采纳将当事人之间的法律关系进行分割后确定应适用法律的"分割法"。② 条例规定适用的法律，是指实体法而非国际私法中的冲突规范。③

《罗马条例 II》中的知识产权，系指版权、邻接权、保护基础数据类权利和工业产权。④ 对于知识产权侵权问题，条例序言中指出欧共体应保留保护地法原则，这已被各国普遍采用的原则。从法律适用顺序上来看，共同体相关法律优先适用，其次才适用侵权行为实施地法。具体而言，条例第 8 条规定："（1）因侵犯知识产权而产生的非合同义务事项，应当适用被请求保护国法；（2）因侵犯具有统一性质的共同体知识产权（包括共同体商标、共同体外观设计及共同体植物品种权）而产生的非合同义务，共同体的相关法律没有规定的，应适用侵权行为实施地法。（3）当事人不得根据本条例第 14 条关于当事人可自由选择适用法律的规定违反本条的规定。"由此可见，条例第 8 条优先于第 14 条。

《罗马条例 II》提倡当事人就非合同义务的法律适用作出自由选择。⑤ 条例第 14 条具体规定：（1）具有以下情形的，允许当事人协议选择非合同义务的法律适用：（a）选择法律协议签署于发生损害之后的；（b）当事人于损害发生前通过协商以协议方式选择所适用的法律的。该法律选择协议必须以明示形式或者能够依据案件事实进行合理判断的，并不得损害第

① 参见于飞：《欧盟非合同义务法律适用统一化——以〈罗马条例 II〉为中心》，载《法律科学（西北政法大学学报）》2009 年第 1 期，第 142 – 151 页。
② 参见李泮桦、姜漪欣：《知识产权国际保护法适用规则的新发展——以〈ALI 原则〉与〈罗马条例 II〉为视角》，载《南阳师范学院学报》2011 年第 10 期，第 10 页。
③ 《罗马条例 II》第 24 条。
④ 《罗马条例 II》序言第 26 条。
⑤ 《罗马条例 II》序言第 31 条。

三方的合法权利。（2）在造成损害的事件发生时，与损害情况有关的所有因素均位于当事人已选定的法律适用所属国家之外，则当事人之间的法律适用选择协议不得妨碍非选定国家的法律的适用，也不得违反该非选定国家的法律。（3）若在损害发生时，与造成损害有关的所有因素均位于一个或多个成员国，则当事人选定非损害发生所属国的法律适用协议不得妨碍在法院地成员国已经实施的共同体法律的适用，也不得违反该等法律。"

《罗马条例 II》的不足之处在于，一般情况下，确定侵权行为实施地还是比较容易的，但在网络环境下，确定知识产权侵权行为的实施地则并不容易，呈现出复杂性和疑难性。另外，特别是对于发生在多个国家的侵权行为，《罗马条例 II》规定应以每一国家的法律为依据认定是否侵权，客观上造成适用法律的困难。①

自 1980 年的《罗马公约》到 2007 年的《罗马条例 II》，历时 27 年，调整的内容从合同之债到非合同之债，最终以共同体立法的形式，统一了欧盟成员国之间的债权关系法律适用规则。《罗马条例 II》旨在通过对成员国法律冲突规则的协调，增强适用法律的确定性和诉讼结果的可预见性，并希望达到如下效果："根据本条例所确定适用的均为相同国家的法律，当事人起诉地点并不重要，这种规定有利于平衡相关法律主体的利益关系，保证判决的自由流动。"②

第二节 国际组织对知识产权国际私法的立法探索

一、1999 年《民商事管辖权与外国判决公约草案》

美国是制定"相互承认与执行法院判决"这一国际性公约的首要倡议

---

① Lawrence Collins et al（eds），Dicey, Morris and Collins on the Conflict of Laws，(First Supplement to the 14th Edition)，London：Sweet & Maxwell，2007，page 212.

② Regulation（EC）No. 864/2007 of the European Parliament and of the Council on the law applicable to non - contractual obligations（Rome II），official Journal of the European Union，L199，31 July 2007，Recitals 6, 16, 19 & 34.

者，其于 1992 年 5 月向海牙国际私法会议提出此请求。1996 年 10 月，海牙国际私法会议第 18 届全体大会正式将制定《民商事管辖权与外国判决公约》列入工作议程。1997 年，海牙国际私法会议特委会第二次会议期间的一个话题，就是是否应该将知识产权问题纳入公约草案中。在 1999 年 10 月底第五次特别委员会上，尝试性地采纳了一个涵盖知识产权问题的《民商事管辖权与外国判决公约草案》（1999DHJC）（投票表决勉强通过的临时文件）。2000 年海牙国际私法会议第十九届外交大会讨论该公约草案，其中在涉外知识产权案件管辖权问题上，各方分歧很大，争论的焦点为是否应赋予知识产权案件专属管辖权。

公约草案在知识产权问题上，就诉讼请求为专利、商标、实用新型、外观设计以及其他必须登记的类似权利的诉讼，赋予了注册或登记地或根据国际公约被视为注册或登记地的缔约国法院排他性的专属管辖权。这条规则是效仿《布鲁塞尔公约》相关规定制定的。欧洲国家欲利用其在海牙国际私法会议成员占多数的优势强行通过草案，但遭到美国的强烈反对。

除在专属管辖权问题上产生很大争议外，2000 年外交大会还分别就跨国知识产权诉讼中附带问题或者先决问题、反诉问题、可预见性问题、程序性问题和实体性问题、版权的特殊性、商标的特殊性等问题进行了讨论。对此各方各怀歧见，很难统一。公约草案中保留了关于知识产权案件管辖权的规定。

一个涵括知识产权问题的"混合公约"在短时间内无法缔结，其原因除不同国家现有的管辖权规则有广泛差异外，在很大程度上还包括互联网在内的技术进步（包括知识产权的管辖）对公约中应予规定的管辖权规则无法预见的影响。"1999 年海牙公约草案完全忽略了因特网对知识产权案件管辖权的影响。"[1]

二、WIPO 与知识产权冲突法

世界知识产权组织（WIPO）在其工作部署中也着手处理知识产权的

---

[1] 参见杨长海：《知识产权冲突法论》，厦门大学出版社 2011 年版，第 137－140 页。

冲突法问题。

1998 年 12 月 16 日至 18 日，WIPO 组织一些国际知名学者召开了主题为"保护全球性数字网络传输作品及相关权利客体冲突法问题"的会议。会上 Ginsburg 教授与 Lucas 教授分别罗列了知识产权冲突法方面的问题。学者们都认为，《伯尔尼公约》已不能适应数字环境下这些问题的解决，《伯尔尼公约》并不调整所有权纠纷，它只调整侵权诉讼问题，对知识产权转让合同的法律适用未能提供充足的指导。对于数字环境下版权侵权是否发生应由哪个国家法律确定的问题，有学者提出不同的解决办法：（1）适用主张侵权所在地法律；（2）适用侵权发生地法律；（3）服务器所在地法律；（4）作者居所所在地法律。与会者认为，制定统一法律适用条约有利于这些问题的统一解决。

全球性市场下商标使用的不确定性问题受到 WIPO 的重视。自 1998 年以来，WIPO 商标、工业设计与地理标识法常务委员会（SCT）已经多次讨论互联网环境下商标纠纷的管辖权与准据法问题。1999 年 6 月，SCT 讨论了因特网上使用商标的综合调查情况。此次讨论也提及管辖权、法律适用与判决执行方面的问题。在一些准备工作基础上，巴黎保护工业产权会议同盟大会与 WIPO 大会于 2001 年 9 月正式通过了《WIPO 关于保护网上商标及其他工业产权标识联合建议案》（以下简称《联合建议案》）。《联合建议案》是作为 WIPO 使用"软法"办法创制国际协调原则政策的部分内容获得通过的。

2000 年 5 月，WIPO 出版了《关于电子商务与知识产权问题初级读本》（WIPO/OLOA/EC/Primer），该读本特别提供了管辖权、执行与适用法律诸热门问题的概要。

应成员国要求，WIPO 承担知识产权冲突法问题的审查工作。WIPO 决定举办冲突法与知识产权论坛，为成员国以及国际社会提供一个了解著名学者在知识产权领域前沿的研究成果以及就这一重大主题交流意见的平台。

2001 年 1 月 30 日到 31 日，WIPO 冲突法与知识产权论坛在日内瓦举行。与会专家一致认为，知识产权给从事跨国争端的国际私法学者以及实务界带来空前挑战。这些问题的成功解决往往取决于特别知识产权问题，如专利、商标以及版权等具体问题的解决。专家们讨论了互联网以及电子商务对知识产权，特别是对法院管辖权、法律适用以及外国法院判决执行的影响。①

三、2005 年海牙《选择法院协议公约》

2005 年 6 月 30 日，海牙国际私法会议第 20 届大会决议通过了《选择法院协议公约》，这是第一个全球性的管辖权和判决公约。欧盟批准后，该公约于 2015 年 10 月 1 日正式生效。

在此公约谈判中，知识产权问题是难题之一。我国代表曾建议公约调整范围应排除知识产权问题。一些国家也有类似的提议，以知识产权是否需要注册作为应否纳入公约调整范围的理由。②

公约实际上涉及知识产权问题。公约第 2 条以穷尽的方式列举了公约适用范围的特殊事项排除情形。对于知识产权，公约排除两种情形，一是版权和邻接权之外的其他知识产权的有效性事项，③二是非因合同引起的除版权及邻接权以外的其他知识产权的侵权纠纷。④ 排除的原因在于，选择法院条款一般仅出现在知识产权交易合同中，而专利权或商标的侵权人除合同违约之外，不太可能与权利权达成选择法院协议，而公约只适用于基于排他性选择法院协议而产生的管辖权，因此，将版权和邻接权以外的知识产权侵权案件包括在公约之内没有太大意义。故此，对于知识产权案件，公约适用于版权及邻接权的效力管辖问题，因合同引起的除版权及邻接权以外的其他知识产权的侵权问题。无论当事人提起的是违约之诉还是侵权之诉，与合同有关的知识产权案件，如知识产权的转让协议、许可协议、特许协议等都包含在公约的适用范围。

---

① 参见杨长海：《知识产权冲突法论》，厦门大学出版社 2011 年版，第 143–146 页。
② 参见叶斌：《2005 年海牙〈协议选择法院公约〉研究》，武汉大学 2009 年博士学位论文。
③ Convention on Choice of Court Agreement, concluded 30 June 2005, Article 2 (2) n.
④ Convention on Choice of Court Agreement, concluded 30 June 2005, Article 2 (2) o.

公约所称排他性选择法院协议是指：（1）为解决已经产生或者将来可能产生的具有特定法律关系的争议，两个或两个以上当事人以书面或将来能够援引使用的其他方式，约定由一个或几个特定的缔约国法院管辖而订立的协议；① （2）选择法院协议中该约定的一个或几个特定缔约国法院具有排他性，但当事人明确表示不具有排他性的除外；② （3）排他性选择法院协议具有独立性，不因合同无效而无效。③

公约确立了三项基本规则：（1）选定管辖法院的审理义务。已被当事人有效管辖协议选定的缔约国法院必须对争议进行审理，负有不得拒绝的义务。④ （2）先受理法院的拒绝义务。在选择法院协议有效的前提下，任何一家非选定法院先行受理案件的均应当拒绝审理。⑤ （3）其他缔约国法院对生效缔约国判决负有承认与执行的义务。依据公约的规定，享有管辖权的缔约国法院作出的判决应当得到其他缔约国法院的承认与执行。⑥

判决的承认与执行是 2005 年海牙《选择法院协议公约》核心部分之一，反映了各国在此问题上的共识与妥协。公约第 10 条第（1）款规定，排除在公约适用范围之外的事项将不会得到公约的承认与执行。根据这一条款，一个国家可以拒绝承认与执行其他法院有关版权和邻接权以外的权利效力的判决。根据第 10 条第（3）款，一国法院对知识产权许可合同诉讼中先决问题（如知识产权的效力问题）所作的规定，与权利形成国作出的有关知识产权效力的判决或裁定不一致，或者在权利形成国有关权利效力诉讼未决的情形下，权利形成国可以对知识产权合同诉讼作出的判决予以拒绝或者延期承认与执行。⑦

除了公约规定的理由，缔约国法院不得以其他任何拒绝承认与执行判

---

①　Convention on Choice of Court Agreement, concluded 30 June 2005, Article 3 a）.

②　Convention on Choice of Court Agreement, concluded 30 June 2005, Article 3 b）.

③　Convention on Choice of Court Agreement, concluded 30 June 2005, Article 3 d）.

④　Convention on Choice of Court Agreement, concluded 30 June 2005, Article 5 (1).

⑤　Convention on Choice of Court Agreement, concluded 30 June 2005, Article 6.

⑥　Convention on Choice of Court Agreement, concluded 30 June 2005, Article 8 (1).

⑦　参见杨长海：《知识产权冲突法研究之历史现状及其造法方式》，载《政法学刊》2011 年第 6 期，第 141 – 142 页。

决。如不方便管辖，法院不得以存在更合适的法院为由拒绝管辖。① 公约第9条规定的一般拒绝理由包括：协议无效；当事人缺乏订立合同的能力；送达程序缺陷；程序上的欺诈；公共秩序保留；与被请求国的判决不一致；与外国判决不一致等。公约规定将拒绝承认与执行的理由，限制在公约可控的范围内，②这将有利于保证依据公约作出的判决被缔约国法院最大可能地承认与执行。

第三节　民间组织对知识产权国际私法的立法探索

一、美国《ALI 原则》

美国法学会（American Law Institute）于 2007 年通过了《知识产权：跨国纠纷管辖权、法律适用及法院判决原则》的最终文本（以下简称《ALI 原则》）。③ 该原则借鉴和重新架构了与知识产权法，民事诉讼法，法律冲突和国际法有关的几个重要内容。其始于 2001 年，是美国法学会为迎接互联网的首个项目。④ 此项目的推动很大程度上与 1999 年海牙会议就《民商事管辖权与法院判决公约草案》的谈判有关，海牙会议建议应该对有关知识产权的跨国保护进行研究，特别是互联网的发展，如键盘上的几下点击，就可以使知识产权被轻松、合法或非法地转移到世界各地，迫切

---

①　Convention on Choice of Court Agreement, concluded 30 June 2005, Article 5 (2)

②　Convention on Choice of Court Agreement, concluded 30 June 2005, Article 8 (1) .

③　Intellectual Property: Principles Governing Jurisdiction, Choice of Law, and Judgments in Transnational Disputes.

④　Intellectual Property: Principles Governing Jurisdiction, Choice of Law, and Judgments in Transnational Disputes, as adopted and promulgated by the American Law Institute at San Francisco, California, May 14, 2007, American Law Institute Publishers, 2008, page IX.

需要对大陆法系和普通法系之间的知识产权跨国保护予以协调。①《ALI 原则》是由美国纽约大学教授 Rochelle Dreyfuss 教授、美国哥伦比亚大学 Jane Ginsburg 教授和瑞士洛桑大学 Francois Dessemontet 教授主持起草，并于 2007 年 5 月 14 日在美国加州旧金山举行的美国法学会年会上最终通过。为审理跨国知识产权争议的需要，《ALI 原则》的制定目的是提供指导性规则。因此，是以法院或纠纷当事人可以自愿适用的"原则"形式出现，而非取代法院地国现有的知识产权冲突法。《ALI 原则》作为一项与知识产权有关的国际私法"软法"，在内容和体例上遵循了传统的国际私法立法内容和体例，包括"定义和适用范围""管辖权""法律适用"和"外国判决的承认与执行"四大部分，共 36 条，在形式和内容上均具有示范性质。其主要有以下具体内容和特点：

（一）适用范围

《ALI 原则》适用于两类跨国知识产权纠纷，一类是"基于他国知识产权提出的诉求或抗辩"；第二类为"诉求源于发生在法院所在国之外的全部或部分知识产权行为"。②

《ALI 原则》列举了适用于知识产权的种类。第 102 条规定，此原则适用于"因版权、邻接权、专利、商业秘密、商标、地理标志、其他知识产权以及与这些权利相关的协议而产生的纠纷"。该原则认可世界大多数国家参加的核心类知识产权公约《世界知识产权组织公约》《巴黎公约》《伯尔尼公约》和《TRIPs 协议》所涵盖的知识产权的范围，另外，《ALI 原则》还涵盖了《TRIPs 协议》和《伯尔尼公约》中均包含的有关艺术家的"转售权利"、《巴黎公约》中确立的"国际贸易惯例"与"诚信惯例"

---

① Intellectual Property: Principles Governing Jurisdiction, Choice of Law, and Judgments in Transnational Disputes, as adopted and promulgated by the American Law Institute at San Francisco, California, May 14, 2007, American Law Institute Publishers, 2008, page IX.

② Intellectual Property: Principles Governing Jurisdiction, Choice of Law, and Judgments in Transnational Disputes, as adopted and promulgated by the American Law Institute at San Francisco, California, May 14, 2007, American Law Institute Publishers, 2008, page 10.

等权利。除此之外,《ALI 原则》的调整范围还包括已被世界各国广泛接受的知识产权类型和形式,即使是《TRIPs 协议》下强制执行范围以外的权利,如"限制转让信息使用的合同权利"与"精神权利",也包含在内。①《ALI 原则》开放式的立法模式,可以将那些随着知识产权的发展且未来可能得到各国认同的权利,随时纳入其适用范围。

虽然域名争议是根据互联网名称与数字分配机构(ICANN)公布的《统一域名争议解决政策》(Uniform Domain Name Dispute Resolution Policy)来解决执行,并不在《ALI 原则》的适用范围内,但是此类争议可能涉及《TRIPs 协议》或《巴黎公约》明确包含的诉求,如与商标权有关的造成消费者混淆、虚假陈述和淡化等问题,当通过非司法手段解决此类争端不具有约束力时,《ALI 原则》也适用于他们的诉讼中。②

知识产权争议有时会与其他争端交织在一起,如公司资产买卖中可能涉及知识产权的价值,反垄断诉讼中可能涉及滥用专利权。任何诉讼制度中均设有专门的程序或专属管辖法院,判断此类争议是否适用《ALI 原则》并不容易。当对知识产权法的解释或存在明确授权的知识产权法律救济措施发生争议时,争议可以从《ALI 原则》规定的协调机制与法律适用条文中获益并得到解决。③

(二)管辖权

《ALI 原则》第二部分规定了适用于跨国知识产权案件的管辖权问题,意在为当事人抗辩提供一个较为公平的法院。此部分共三个章节,前两章

---

① Intellectual Property: Principles Governing Jurisdiction, Choice of Law, and Judgments in Transnational Disputes, as adopted and promulgated by the American Law Institute at San Francisco, California, May 14, 2007, American Law Institute Publishers, 2008, page 16.

② Intellectual Property: Principles Governing Jurisdiction, Choice of Law, and Judgments in Transnational Disputes, as adopted and promulgated by the American Law Institute at San Francisco, California, May 14, 2007, American Law Institute Publishers, 2008, page 17.

③ Intellectual Property: Principles Governing Jurisdiction, Choice of Law, and Judgments in Transnational Disputes, as adopted and promulgated by the American Law Institute at San Francisco, California, May 14, 2007, American Law Institute Publishers, 2008, page 18.

分别涉及对被告的属人管辖权和属物管辖权，第三章涉及争议多个国家的管辖权。不同于《布鲁塞尔公约》和海牙《民商事管辖权与外国判决公约草案》，对于当事人的纠纷，《ALI 原则》推定了一组享有司法管辖权的法院。

1. 普遍管辖

《ALI 原则》第 201 条规定："无论侵权请求是否发生在该地，被告住所地法院均具有管辖权。自然人的住所是指被惯常性发现或维系其显著专业和个人联系的地方。法人的住所是指其法定所在地，公司注册或成立地，中央行政机构或行政长官办公所在地，或主要营业地。"《ALI 原则》虽然没有使用"惯常居所"这一术语，但其规定中已经含有同样的概念。《ALI 原则》将被告住所地法院视为其中的一个管辖法院，但并非首选法院。① 《ALI 原则》第 204 条进一步规定，侵权行为地法院也享有管辖权。侵权行为地包括侵权行为预备地，侵权行为发生地和侵权行为结果地。这一规定同样适用于网络知识产权侵权纠纷。② 《ALI 原则》创设性地扩大了侵权行为地的地域选择范围，为当事人挑选管辖法院提供了更多可能。

对于与知识产权转让和许可有关的协议，《ALI 原则》第 205 条规定："知识产权实施地法院具有对合同违约之诉的管辖权。适用该条款时，法院应审查案件是否涉及合同违约，若答案是肯定的，则应视为涉案权利方所在地法院是具有管辖权的合适法院。"③

2. 协议管辖

《ALI 原则》第 202 条规定："当事人可以协议选择管辖法院，且协议

---

① Intellectual Property: Principles Governing Jurisdiction, Choice of Law, and Judgments in Transnational Disputes, as adopted and promulgated by the American Law Institute at San Francisco, California, May 14, 2007, American Law Institute Publishers, 2008, page 35.

② Intellectual Property: Principles Governing Jurisdiction, Choice of Law, and Judgments in Transnational Disputes, as adopted and promulgated by the American Law Institute at San Francisco, California, May 14, 2007, American Law Institute Publishers, 2008, page 48.

③ Intellectual Property: Principles Governing Jurisdiction, Choice of Law, and Judgments in Transnational Disputes, as adopted and promulgated by the American Law Institute at San Francisco, California, May 14, 2007, American Law Institute Publishers, 2008, page 59.

需要约定该法院享有排他性管辖权，当事方同时视为对选定法院的属人管辖权放弃异议。"为了适应网络环境下的知识产权交易，该条还规定："只有当法院选择条款是合理的，且在合同签署时非起草方可以取用，法院和当事人后续亦可作为参考时，标准格式合同中的法院选择条款方可有效。"该条同时规定，格式合同中的法院选择条款是否合理应考虑以下因素：第一，当事方住所、利益和资源，特别考虑非起草方的资源和复杂程度；第二，与争议或当事方有关的国家的利益；第三，远程审判在选定法院的可行性，如在线争议解决；第四，选定法院是否拥有审理此类纠纷的专业知识。①如果根据本条规定法院选择条款是无效的，管辖权则根据第二部分的其他条款确定。②

3. 合并管辖

《ALI 原则》第 206 条规定："对于多被告案件，如果其他被告居住在法院地国以外，且针对所有被告的诉讼请求密切相关，以至于应该被一并审理，为避免出现判决不一致的风险，若满足下述任意情形，原告可以在其中一被告住所地法院针对其他被告一并提起诉讼：（1）在法院地争议的知识产权与其他非法院地被告之间存在实质的、直接的或可预见的联系，或（2）与其他非法院地被告所在地相比，不存在与整个争议具有更紧密联系的其他法院。"为避免出现判决不一致的风险，本条扩大了被告住所地法院的属人管辖权。不过，此种管辖权的扩大对于是"知识产权避风港"的唯一法院地来讲，将没有任何价值而且非常不利，因此，此条款仅适用于那些不是"知识产权避风港"的法院地国家。③此规定虽然能有效防

---

① Intellectual Property: Principles Governing Jurisdiction, Choice of Law, and Judgments in Transnational Disputes, as adopted and promulgated by the American Law Institute at San Francisco, California, May 14, 2007, American Law Institute Publishers, 2008, page 37.

② Intellectual Property: Principles Governing Jurisdiction, Choice of Law, and Judgments in Transnational Disputes, as adopted and promulgated by the American Law Institute at San Francisco, California, May 14, 2007, American Law Institute Publishers, 2008, page 38.

③ Intellectual Property: Principles Governing Jurisdiction, Choice of Law, and Judgments in Transnational Disputes, as adopted and promulgated by the American Law Institute at San Francisco, California, May 14, 2007, American Law Institute Publishers, 2008, page 61.

止权利人滥用跨国性救济措施的滥用，但是对一国法院属人管辖权的扩大也可能同时损害他国的司法管辖权，故司法实践中还应慎用此规定。①

4. 专属管辖

《ALI 原则》第 211 条第（2）款规定："对无效注册性权利的法院判决仅对该案的当事人有效。"在一般情况下，注册国法院通常对如专利权等类似注册性权利的效力确认案件行使管辖权，因为只有这个国家有权撤销注册。也有一些区域性协定将管辖权限定在注册国，有些国家甚至规定效力性争议属于专属管辖。这些国家因考虑到侵权诉讼可以快速解决或和解，愿意将侵权诉讼和效力行政诉讼分开进行。尽管如此，《ALI 原则》并不完全禁止对外国注册性权利事项进行裁决，因为将效力行政诉讼从侵权诉讼中分离出来，可能引起实质性后果。分项裁决可能阻碍法院听取与本案有关的所有证据，并妨碍法院利用其对某项技术的理解而认定权利的范围，分离式的效力和侵权诉讼还可能增加双方当事人的诉讼成本。在涉及多国权利的情况下，《ALI 原则》允许裁决，但规定其效力仅限于参与诉讼的当事方。②

《ALI 原则》第 213 条第（2）款同时规定："注册国法院对宣告注册性权利无效诉讼享有专属管辖权。"

5. 简化诉讼

《ALI 原则》提供两种简化跨国知识产权诉讼的方法，即合作与合并。《ALI 原则》第 221 条规定，最先受案法院可以根据相同交易、事件或系列交易的当事人的及时请求或依职权行使协调权，将案件通过合作和合并的方式协调到恰当的管辖法院。在数个法院均有管辖权时，《ALI 原则》赋

---

① 参见何艳：《知识产权国际私法保护规则的新发展——〈知识产权：跨国纠纷管辖权、法律选择和判决原则〉述评及启示》，载《法商研究》2009 年第 1 期，第 115 页。

② Intellectual Property: Principles Governing Jurisdiction, Choice of Law, and Judgments in Transnational Disputes, as adopted and promulgated by the American Law Institute at San Francisco, California, May 14, 2007, American Law Institute Publishers, 2008, pages 76 – 77.

予原告较为自由的法院选择权。简化诉讼决定由最先受案法院依一方当事人请求或者依职权作出。当受案法院决定采用协调权时，其他待决法院应当中止审理并等待受案法院的协调决定。若各法院决定进行合作判决的，待决法院应与最先受案法院和其他待决法院进行协商，联合决定各自的审理范围与审理期限。若各法院决定进行合并判决，其他法院应当中止诉讼。

《ALI 原则》第 213 条第（4）款规定了一种推定最初受案法院优先的例外情形，即在被控侵权人提起无效宣告诉讼时，最先受案法院不得依据第 221 条的规定行使简化诉讼的协调权。

（三）法律适用

《ALI 原则》是国际上努力在知识产权法律适用方面达成共识的第一个机构性成果。它本着继续尊重知识产权地域性和各国国内文化及产业政策并有利于国际商业发展为目标，制定适用解决国际知识产权争端需要的原则与方法。尽管属地原则仍然适用于大多数情况，如存续、侵权、效力、期限、属性和救济措施等，《ALI 原则》还是从严格的属地原则出发，在各国法院已有判例的基础上提出了一些建设性建议：首先，《ALI 原则》允许当事人在某些方面选择准据法；① 其次，《ALI 原则》指定单一法律来确定某些权利的初始所有权，例如版权无需注册即可产生；② 最后，《ALI 原则》也规定了当侵权无处不在且明显具有跨国因素时，某些特定情况可能与某个国家或某些国家联系更紧密时的处理方法。③ 此外，为了提高裁决的效率，《ALI 原则》允许当事人在损害请求的范围内放弃某些请求。④

---

① 《ALI 原则》第 302 条。
② 《ALI 原则》第 313 条。
③ 《ALI 原则》第 321 条。
④ Intellectual Property: Principles Governing Jurisdiction, Choice of Law, and Judgments in Transnational Disputes, as adopted and promulgated by the American Law Institute at San Francisco, California, May 14, 2007, American Law Institute Publishers, 2008, page 118.

《ALI 原则》中有关法律适用的规定是相对有限的。随着跨国知识产权诉讼的发展，虽然在法律适用问题上有可能适当减少属地原则的限制，但是在现阶段，《ALI 原则》意在努力建立一个广泛而开放式的法律架构，而不是过早地制定一套具体而完整的规则。此外，由于适用于全球，该原则尽量避免了采用被特定国家熟悉而在其他国家并不采用的术语。①

《ALI 原则》基于各类权利的共性和差异性，将知识产权划分为注册性和非注册性两大类权利。《ALI 原则》第 301 条除了在整体上对两大类权利作了原则性规定外，还对各类权利中具有代表意义的权利进行了具体性规定。《ALI 原则》旨在以此提供较为明确的准据法指引。② 该原则第 301 条规定："注册性权利的存续、效力、期限、侵权和救济措施，适用注册国法律；其他知识产权适用被请求保护国法律；无论引起损害结果发生在何地，因不正当竞争行为引起的非合同责任，适用已经造成或可能造成直接的和实质性损害结果地的法律。"对于注册性权利和非注册性权利的效力和存续、性质、范围、期限，转让、许可协议登记的形式要件等内容，当事人是不能协议选择准据法的。③ 由此可以看出，国家对知识产权的某些权利事项是排除意思自治原则适用的。

参照知识产权的权利特性和并顺应其发展趋势，为了最大程度地体现公平，《ALI 原则》采用"分割论"，即分别对不同的法律关系适用不同的准据法。具体而言，《ALI 原则》针对知识产权的所有权、合同和侵权等事项，分别规定适用不同的冲突规范。尽管这种法律选择方法使得法律选择的工作变得更加繁琐，却可以最大限度地保护权利人的利益。④

---

① Intellectual Property: Principles Governing Jurisdiction, Choice of Law, and Judgments in Transnational Disputes, as adopted and promulgated by the American Law Institute at San Francisco, California, May 14, 2007, American Law Institute Publishers, 2008, page 118.

② 参见何艳：《知识产权国际私法保护规则的新发展——〈知识产权：跨国纠纷管辖权、法律选择和判决原则〉述评及启示》，载《法商研究》2009 年第 1 期，第 116 页。

③ 《ALI 原则》第 302 条。

④ 参见何艳：《知识产权国际私法保护规则的新发展——〈知识产权：跨国纠纷管辖权、法律选择和判决原则〉述评及启示》，载《法商研究》2009 年第 1 期，第 116 页。

《ALI 原则》未设置雇佣关系下法律适用的特别规定，但同时指出，若当事人之间存在合同或者其他法律关系，合同或其他法律关系的准据法适用于知识产权的初始所有权问题。

（四）外国判决的承认与执行

外国判决的承认与执行是《ALI 原则》的最后部分，此部分设有两个章节：第一章规定了获胜方向他国法院申请承认与执行一国法院根据《ALI 原则》作出的判决，或一方当事人向他国法院申请依据该判决阻止他国法院管辖的情形；第二章扩大了执行法院对补救措施的灵活性选择。[①] 正如外国法院判决的执行通常与执行国内判决一样，是需要国内法解决的问题，《ALI 原则》也同样适用国内法院判决的承认与执行问题。这些规则的制定，意在鼓励与被告住所地法院和判决作出地法院有紧密联系的法院能够支持已决判决，它同样适用于受理法院和执行法院位于同一国不同法域的情形。[②]

在外国判决的承认问题上，《ALI 原则》并未局限于金钱类判决。从总体上看，无论是金钱类或非金钱类判决，或强制执行类措施的承认与执行，只要符合该原则规定条件，《ALI 原则》都予以支持，而且其理由更加丰富和具体。被请求承认与执行外国法院判决的法院，既可以对外国判决的实体和程序事项进行审查，也可对管辖权和法律适用、判决的终局性和公共秩序问题进行核实。其中，有学者认为，虽然实体审查等同于重新审理，但在是否作出执行决定问题上，却有助于为执行法院提供判断依据和解释，也有利于判决的最终顺利执行。但是，这种规定也为被请求法院

[①] Intellectual Property: Principles Governing Jurisdiction, Choice of Law, and Judgments in Transnational Disputes, as adopted and promulgated by the American Law Institute at San Francisco, California, May 14, 2007, American Law Institute Publishers, 2008, pages 165 – 166.

[②] Intellectual Property: Principles Governing Jurisdiction, Choice of Law, and Judgments in Transnational Disputes, as adopted and promulgated by the American Law Institute at San Francisco, California, May 14, 2007, American Law Institute Publishers, 2008, pages 165.

拒绝承认与执行外国法院判决提供了理由。

当然，《ALI 原则》也授予执行法院对于判决法院的制衡权力，该原则承认知识产权特殊进口的价值以及知识产权对于文化、健康、福利的影响。因此，执行法院有权改变判决中的救济方式使其更符合当地的需要。执行法院也可以拒绝执行与当地法律不相符的非补偿性判决，以及根据判决法院本国条件作出的过度赔偿判决，还可以拒绝执行尚有争议与安全、健康及文化政策有关的禁令性救济。①

二、日韩共同提案——《知识产权国际私法原则》

受欧洲和美国民间立法活动的影响，2010 年 10 月 14 日，韩国和日本两国国际私法学会学者共同颁布了《知识产权国际私法原则》（以下简称日韩共同提案）。该提案适用于侵权和合同纠纷的跨国争议、知识产权的存在、效力等，② 旨在对跨国知识产权诉讼中所涉及的外国判决承认与执行、法律适用和管辖等方面，提供一套适合东亚各国的示范法，从而缩减东亚各国在跨国知识产权诉讼中可能存在的法律冲突。③

日韩共同提案涵盖的知识财产较为广泛，是"指发明、方法发明、植物新品种、外观设计、作品及其他由人的创造性活动而产生的无形财产，商标、商号及其他用于商业活动的商品或服务的无形财产，及与此类似的其他无形财产"。④ 知识产权则指"授予由人的智慧活动而产生的无形财产的权利"。⑤ 日韩共同提案之所以分别定义知识财产和知识产权的概念，主要是有意识地区别可以成为权利对象的财产和权利本身。考虑到对于什么样的知识财产授予什么样的权利因国而异，故韩日两国学者认为没有必要

---

① 参见杨长海：《知识产权冲突法研究之历史现状及其造法方式》，载《政法学刊》2011 年第 6 期，第 155 页。

② 《知识产权国际私法原则》第 101 条第 2 款。

③ 参见朱伟东：《韩、日〈知识产权国际私法原则〉述评——兼与〈ALI 原则〉、〈CLIP 原则〉比较》，载《国际经济法学刊》2012 年第 3 期，第 220 页。

④ 《知识产权国际私法原则》第 102 条第（1）款。

⑤ 《知识产权国际私法原则》第 102 条第（2）款。

在国际私法原则中对其进行狭义的限定。

（一）管辖权

1. 一般管辖

日韩共同提案在第二章第一节规定了跨国知识产权诉讼的一般管辖权规则。具体而言，分为下述四种情形：（1）被告提起的与知识产权相关诉讼由被告经常居所地法院管辖；① （2）被告营业所所在国法院，对与该营业所业务相关的案件具有管辖权；② （3）侵权案件由侵权行为地法院管辖；如果侵权行为分布于多个国家，那么主要侵权行为地法院享有管辖权；如果侵权行为是针对特定国家的，那么特定国法院对其境内发生的损害享有管辖权；③ （4）合同约定的知识产权实施地法院对知识产权的转让或实施产生的合同纠纷享有管辖权；纠纷产生于多个国家的，各国仅对在其境内实施的纠纷享有管辖权。④

2. 协议管辖

日韩共同提案规定，当事人可以书面形式协议约定管辖法院，但除先决问题以外，该法院选择条款不适用于登记类知识产权的登记、授予、效力、放弃和撤销的纠纷。⑤ 同时，该条规定了协议管辖的一般性有效要件：（1）是与知识产权特定法律关系的诉讼管辖协议；（2）协议应为书面形式；（3）是关于特定国家有无管辖权的协议。

3. 推定管辖

日韩共同提案规定，被告在依据本原则不具有管辖权的法院出庭应诉，未对管辖权提出异议且进行实体答辩的，视为该法院具有管辖权。⑥

---

① 《知识产权国际私法原则》第 201 条。
② 《知识产权国际私法原则》第 202 条。
③ 《知识产权国际私法原则》第 203 条。
④ 《知识产权国际私法原则》第 204 条。
⑤ 《知识产权国际私法原则》第 205 条。
⑥ 《知识产权国际私法原则》第 206 条。

4. 合并管辖

日韩共同提案规定了两类合并管辖：客体合并管辖和主体合并管辖。客观合并管辖是指：具有多个请求的当事人可以在对一个请求具有管辖权的法院，对与该请求密切相关的其他请求提起诉讼。① 主观合并管辖是指：对多个被告的请求，可以在其中一个被告的经常居所地国法院，对在该国没有经常居所地的其他被告提起诉讼，但只限于对前者的请求和对后者的请求之间具有密切联系，并有必要避免出现相矛盾的判断。②

5. 专属管辖

日韩共同提案规定，登记国法院对登记类知识产权的登记、授予、效力、放弃和撤销等纠纷享有专属管辖，明确排除了协议管辖对此类事项的管辖权。③ 当登记类知识产权的授予、有效性等问题，在知识产权合同纠纷或侵权纠纷中以先决问题作为判断请求正当与否的前提而被争议时，因协议管辖的效力只涉及当事人之间，所以可以作为协议管辖的对象。

（二）法律适用

日韩共同提案规定的知识产权法律适用的一般原则为：与知识产权的成立、有效性、权利的内容、终止等知识产权自身相关的问题，以及知识产权的侵权及救济方法等均适用保护国法，即要求给予保护的国家的法；④ 因不正当竞争行为而产生的非合同义务，适用由该行为引起的或可能引起的有直接性和实质性损害的国家的法律；⑤ 当事人可以对全部或部分争议随时协商并协议选择准据法，但与知识产权的成立、有效性、终止等知识产权自身问题有关及其前述事项的转让可能性有关的协议，仅在当事人之间有效。⑥

---

① 《知识产权国际私法原则》第 207 条第（1）款。
② 《知识产权国际私法原则》第 208 条。
③ 《知识产权国际私法原则》第 209 条。
④ 《知识产权国际私法原则》第 301 条和第 304 条第（1）款。
⑤ 《知识产权国际私法原则》第 304 条第（3）款。
⑥ 《知识产权国际私法原则》第 302 条。

　　日韩共同提案增加了对领土外行为的侵权认定的内容，具体来讲，适用保护国法认定知识产权侵权的法院，对于教唆或帮助直接侵权行为以及为前述行为进行实质性准备的行为，即使该等准备活动的全部或部分行为不是在保护国之内开展的，只要该行为是面向保护国且有可能在保护国产生直接的实质性损害，在该范围内认定侵权。①

　　日韩共同提案亦对通过互联网等多媒体或类似手段进行侵权的情形作出了特别规定。发生于不特定且多个国家的知识产权侵权纠纷，适用最密切联系国家法。法院运用最密切联系规则时应考虑的因素包括：（1）侵权人的经常居所；（2）引发侵权的主要行为地、侵权面向国和侵权行为主要结果地；（3）权利人的主要利害关系中心地。②

　　日韩共同提案进一步规定，当事人在知识产权的转让或实施许可合同中没有选择准据法的，同样适用最密切联系地法。此时，法院在确定最密切联系地时应考虑的具体因素有：（1）被许可的权利是否具有独占性；（2）知识产权的当事人经常居住地与主要实施地之间的关系；（3）实施知识产权时应承担的明示性或暗示性义务。如果法院对前述因素综合考虑后认为，被许可人或者受让人的经常居住地与案件联系更为密切的，应当适用被许可人或者受让人的经常居住地法律。如果知识产权合同的当事人同时存在侵害该知识产权行为的，其知识产权侵权行为同样适用该合同关系的准据法。③

（三）外国法院判决的承认与执行

　　日韩共同提案规定，存在下列情形之一的，外国判决不予承认或执行：（1）裁判机关依据本规定不享有管辖权的；（2）诉讼程序违法致使被告被合理及时通知的；（3）裁判内容违反受理国公共秩序的；（3）对于同一当事人之间就同一诉讼标的物的案件与受理国先前裁判相冲突的。外国

---

① 《知识产权国际私法原则》第 305 条。
② 《知识产权国际私法原则》第 306 条。
③ 《知识产权国际私法原则》第 307 条。

判决的承认与执行，不得审查裁判的正当性。①

对于超出损害填补范围的损害赔偿，日韩共同提案规定，命令惩罚性损害赔偿或超出实际损害的外国裁判，在该范围内不予承认或执行。②

三、欧盟《CLIP 原则》

欧洲马克斯普朗克知识产权冲突法研究小组，③成立于 2004 年，是由一批研究知识产权国际私法问题的学者组成的专家组。他们定期举行会议，讨论知识产权、国际私法和管辖权问题。该专家组分别于 2009 年 4 月 8 日、2009 年 6 月 6 日、2010 年 9 月 1 日和 2011 年 3 月 11 日先后拟定了四稿《知识产权冲突法原则》草案，试图向欧洲和各国立法者提供与知识产权有关的外国判决承认与执行、适用法律、管辖权等内容的独立性意见，同时弥补海牙国际私法会议"判决公约"项目中有关知识产权国际管辖权问题的空白。2011 年 12 月 1 日，《知识产权冲突法原则》（以下简称《CLIP 原则》）获得通过。④

作为未来改革的建议，《CLIP 原则》试图通过限制带有公法色彩的知识产权的专属管辖权来推动跨国知识产权诉讼。⑤《CLIP 原则》共有 4 部分 73 条。第一部分为目的和范围，第二部分为管辖权，第三部分为法律适用，第四部分为外国法院判决的承认与执行。该原则第一条前言部分指出，该原则可用于诠释和填补国内法和国际法，包括经济一体化区域组织内的法律。法院和仲裁机构在处理跨国知识产权案件时也可以参考这些原则规定。《CLIP 原则》第 1. 101 条规定："原则的适用范围包括：（1）原则不适用于纯粹的国内案件。（2）本原则所称知识产权，系指著作权，邻

---

① 《知识产权国际私法原则》第 401 条和第 406 条。

② 《知识产权国际私法原则》第 407 条。

③ The European Max Planck Group on Conflict of Laws in Intellectual Property.

④ 参见 http：//www. cl - ip. eu/＿ www/en/pub/home. html, 2015 年 12 月最后访问。

⑤ Edited by Jurgen Basedow, Toshiyuki Kono and Axel Metzger: Intellectual Property in the Global Arena, Jurisdiction, Applicable Law, and the Recognition of Judgments in Europe, Japan and the US, Mohr Siebeck Tubingen, 2010, page 57.

接权，专利权，商标权，工业品外观设计权和其他类似的排他性权利。
(3) 未披露信息、地理标志或其他类似形式的保护；因知识产权侵权而产生的其他索赔性诉求、基于同一事实而产生的与知识产权有关的不正当竞争纠纷等可比照适用。(4) 在符合国内程序法的情况下，应当事人的及时请求或者依职权决定是否适用本原则。"

（一）管辖权

《CLIP 原则》非常类似于布鲁塞尔体系，将跨国知识产权的管辖权分为一般管辖、专属管辖、特殊管辖和协议管辖。同时，《CLIP 原则》对于合并管辖多被告案件、临时性保护措施的管辖和诉讼程序的协调等也作出了相应具体性规定。

1. 一般管辖

《CLIP 原则》遵循原告就被告的一般性管辖权原则。该原则第 2. 101 条规定："（原告）可以在被告的惯常居所地法院提起诉讼。"在管辖权问题上，《CLIP 原则》并没有采用"住所"这个标准，而是采用了国际私法理论中常用的"惯常居所"这一概念，这符合国际通行的立法和实践。《CLIP 原则》在第 2. 601 条对自然人和法人的惯常居所作了进一步明确规定，此做法与《ALI 原则》类似。

2. 特殊管辖

《CLIP 原则》将与合同有关的知识产权诉讼和知识产权侵权诉讼列为特殊管辖范畴。

《CLIP 原则》第 2. 201 条规定："对与合同义务有关的知识产权纠纷，原告可以在合同义务履行地国法院提起诉讼；除非当事人另有约定，如果转让或许可某项知识产权是合同的主要目的，合同义务履行地系指权利许可地或权利转让地。权利许可地或转让地法院仅对在该国转让和许可该项权利拥有管辖权。"《CLIP 原则》第 2. 201 第（3）款又规定："只要不违反第 2. 202 条有关侵权诉讼的规定，因当事人之间的合同关系而产生的侵权纠纷，对合同争议有管辖权的法院对该侵权诉讼亦有管辖权。"

《CLIP 原则》第 2. 202 和第 2. 203 条第（1）款规定，对于知识产权侵权纠纷，除非被控侵权人并未在该国从事过或继续实施侵权行为，且其行为不能被合理认定是针对该国的，则侵权行为发生地或可能发生地国法院有管辖权。对于知识产权侵权纠纷，享有管辖权的法院仅对其国内已经发生或将来可能发生的侵权行为享有管辖权。《CLIP 原则》第 2.203 条第 (2) 款进一步规定，如果当事人的侵权行为是通过互联网等普适媒体实施的，对该侵权行为具有管辖权的法院在满足以下条件时，对在他国发生或可能发生的侵权行为也具有管辖权：(1) 侵权行为对侵权人惯常居所地国没有实质性影响；(2) 加剧侵权的主要行为发生在法院所在国内；或者侵权行为给法院地所在国造成的损害是主要的。从以上规定可以看出，对于网络知识产权侵权行为，《CLIP 原则》规定主要侵权行为地国法院对所有侵权诉讼拥有管辖权。

3. 协议管辖

《CLIP 原则》允许当事人协议约定管辖法院。第 2.301 条规定，如果当事人通过协议约定一国法院对因某项特定法律关系产生或可能产生的争议具有管辖权，除非当事人明确限制该法院的管辖权，则该法院有权审理因该特定法律关系产生的所有合同和非合同以及其他的诉讼。除非当事人另有约定，所约定的法院具有专属管辖权。前述法院选择协议的有效性，应根据被选法院所在国的国内法来判断，① 且不得违反《CLIP 原则》第 2.401 有关专属管辖的规定。②

《CLIP 原则》还明确规定了法院选择协议条款独立于其他合同条款，不因合同其他条款无效而无效。③

4. 合并管辖

《CLIP 原则》第 2.206 规定，在有多个被告时，只要诉求紧密相关且适宜合并审理，原告可以在任一被告惯常居所地法院提起诉讼，以避免因在不同被告所在地起诉而可能出现不同判决的风险。

---

① 《CLIP 原则》第 2.301 条第 (2) 款。
② 《CLIP 原则》第 2.301 条第 (4) 款。
③ 《CLIP 原则》第 2.301 条第 (5) 款。

5. 专属管辖

《CLIP 原则》第 2. 401 条第 (1) 款规定，基于注册而受到保护的专利、商标、工业设计或其他知识产权的授予、登记、有效性、放弃或撤销有关的纠纷，由权利注册国或依据国际条约规定视为已注册国家的法院具有专属管辖权。

《CLIP 原则》第 2. 401 条第 (2) 款规定，上述第 (1) 款不适用于非在主诉或反诉中产生的涉及效力或注册的纠纷。前述判决不影响权利的有效性或注册，且不能对抗第三人。

《CLIP 原则》第 2. 402 条规定，如果某一缔约国受理了依照第 2. 401 条规定属于另一缔约国法院有专属管辖权的案件，则该法院应依职权宣布其无管辖权。

(二) 法律适用

1. 一般原则

基于知识产权的特点，《CLIP 原则》确立了知识产权法律适用的三项原则，分别是法院地法原则、被请求保护地法原则和当事人意思自治原则。① 具体来讲，法院地法律适用于知识产权的程序性事项，如获取证据等；被请求保护地法律适用于知识产权的存续、效力、登记、范围、内容、期限、终止以及与此有关的其他事项；当事人可以协议选择知识产权许可、转让、职务作品、委托作品、救济措施以及知识产权担保合同适用的法律。《CLIP 原则》随后又具体对个别问题作了例外规定。

2. 知识产权所有权的法律适用

《CLIP 原则》第 3. 201 条规定，知识产权所有权的原始取得，包括著作权作品的作者身份权和因注册取得的其他知识产权权益，适用被请求保护国法律。若当事人之间存在合同关系，如雇佣或研发合同关系，注册性知识产权的权利归属适用相关合同适用的准据法。② 前述规定同样适用于

---

① 《CLIP 原则》第 3. 301 条、第 3. 102 条、第 3. 103 条。

② 《CLIP 原则》第 3. 201 条第 (3) 款。

共有权原始权利的归属。①

3. 知识产权合同的法律适用

《CLIP 原则》采用了当事人意思自治和最密切联系原则相结合的做法，对知识产权许可、转让以及其他与知识产权有关的合同的法律适用作出了安排。

《CLIP 原则》第 3.501 条规定，当事人可以在任何时间协议约定知识产权许可、转让以及其他与知识产权有关的合同所适用的法律，而这种约定必须是明示性的，或者可以明确从合同条款或当事人的行为中判断出来。如果当事各方同意选择某国法院拥有审理由合同引起的或可能产生的争议的管辖权，则应推定法院地法为合同的准据法。当事人可以自由选择适用合同全部或部分的法律，此规定将管辖权协议推定视为法律适用选择协议。虽然有利于法院确定所应适用的准据法，但法院地法律并不一定就是当事人所希望选择的适用法律。当事人没有选择的，《CLIP 原则》规定合同所适用的法律，是与合同最密切联系的国家的法律。原则采用了国际私法中常用的"特征性履行方法"，并以列举的方式规定了确定最密切联系地时应考虑的不同因素。② 如果不能根据特征性履行方法作出判断，根据具体情况，《CLIP 原则》规定了在哪些情形下，被许可人或受让人的惯常居住地可以视为最密切联系地，试图在二者之间寻求一种平衡，兼顾二者的利益。③

4. 知识产权侵权和救济的法律适用

《CLIP 原则》将被请求保护地法律，作为知识产权侵权和救济法律适用的一般规则。④ 对知识产权网络环境下的侵权纠纷，法院可以适用与纠纷具有最密切联系地国家的法律。⑤ 对于包括禁令、损害赔偿以及其他救济措施的知识产权侵权救济，《CLIP 原则》采用当事人意思自治原则，允

---

① 《CLIP 原则》第 3.401 条第（1）款。
② 《CLIP 原则》第 3.502 条第（1）（2）款。
③ 《CLIP 原则》第 3.502 条第（3）款。
④ 《CLIP 原则》第 3.601 条第（1）款。
⑤ 《CLIP 原则》第 3.603 条。

许当事人选择侵权救济所适用的法律。①

（三）外国法院判决的承认与执行

《CLIP 原则》所称判决，是指任何国家法院或法庭作出的判令，包括判决、裁定、命令、执行令、临时性措施以及与费用有关的决定。② 法院认可的和解协议，在符合原则规定的情况下，可参照判决的承认与执行的同等条件得到承认与执行。③

《CLIP 原则》采用了有利于判决承认与执行的原则。第 4.103 条规定："本原则规定不应限制适用被请求承认与执行国参加或缔结的与判决的承认与执行有关的双边或多边条约，也不应剥夺任何利益相关方依据本国法律或参加条约所享有的请求承认与执行判决权利的范围和方式，包括该国加入的区域性一体化组织规则。"

《CLIP 原则》还列举了被请求国法院对外国判决予以承认或拒绝的情形，具体包括：外国法院不享有适当的管辖权；④ 承认与执行外国判决违反本国公共政策；⑤ 诉讼程序违反合理正当性；⑥ 本国对同一案件尚未审结，存在未决的情形；⑦ 以及不同国家间就同一案件作出的判决出现冲突的情形等。⑧

《CLIP 原则》规定，外国法院判决的承认与执行应从程序上进行审查，而不对其实质内容进行审查。此种规定与国际上只审查程序、不审查实体的司法实践相一致，并有利于外国判决的及时承认与执行。

---

① 《CLIP 原则》第 3.606 条。

② 《CLIP 原则》第 4.101 条。

③ 《CLIP 原则》第 4.801 条。

④ 《CLIP 原则》第 4.201 条。

⑤ 《CLIP 原则》第 4.401 条。

⑥ 《CLIP 原则》第 4.201 条。

⑦ 《CLIP 原则》第 4.501 条第（2）款。

⑧ 《CLIP 原则》第 4.601 条、第 4.701 条。

小　结

在国际层面上进行的与知识产权有关的国际私法工作，是从管辖权问题入手的。《布鲁塞尔公约》作为欧盟国际私法规则融合过程中的一部重要公约，对于统一欧盟各国的直接国际管辖权规则起了关键作用。《布鲁塞尔条例》进一步确认了直接国际管辖权制度，并从一般民商事领域延伸到特殊民商事领域，确定管辖权用连接点也呈现多样化，管辖权规则的立法形式实现了由公约向条例的转变，并具有了直接适用的法律效力。2005年《选择法院协议公约》成为第一个全球性管辖权和判决公约，虽然涉及知识产权的内容较少，但也反映了当前情况下各国在管辖权和判决的承认与执行规则上的妥协与统一，不能不说是一个很大的进步。

在法律适用方面，欧洲共同体先后通过《罗马公约》《罗马条例Ⅰ》和《罗马条例Ⅱ》完成了欧盟成员国之间在合同和非合同领域的债权关系的法律适用统一，增强了适用法律的确定性和对诉讼结果的可预见性，促进了相关法律关系主体之间利益关系的平衡和判决的自由流动。

除了欧盟成员国的直接立法和国际条约之外，其他国家对跨国争议的管辖、法律适用和外国判决的承认与执行等内容的民间立法研究也相当活跃，美国推出了《ALI 原则》、日本和韩国共同公布了日韩共同提案，德国发表有《CLIP 原则》。三个原则均是在吸收当前各国国内法、国际条约和各国法律学者建议的基础上，经过多次修改完成的，代表了美国、亚洲以及欧洲地区在知识产权国际私法领域的探索和研究，对世界各国在知识产权国际私法立法方面有着示范性指引作用。

从三个原则规定的内容上看，《CLIP 原则》的规定最为详细和具体，日韩共同提案的规定最为简单。三个原则在知识产权侵权行为的法律适用上，均以保护国法律为一般原则，辅以当事人意思自治原则，并与最密切联系原则相结合来评定其应适用的法律。不同之处在于：《ALI 原则》更偏向于保护知识产权被许可人和转让人的利益；日韩共同提案则偏重于对知识产权被许可人和受让人的利益的保护；《CLIP 原则》则兼顾两者的利益，试图寻求一种平衡。《ALI 原则》和《CLIP 原则》分别体现了普通法系国家和大陆法系国家对待跨国知识产权诉讼的态度，而日韩共同提案则是在借鉴二者的基础上，主要借鉴《CLIP 原则》制定的。《ALI 原则》是关于知识产权纠纷的管辖权、法律选择和判决的承认与执行问题的建议性法案，虽不具有强制性，但它可以为各国法官审理跨国知识产权案件提供方向，引导法院及立法者们更好地解决涉及知识产权的管辖权、法律选择和判决的承认与执行问题。日韩共同提案的目的是为东亚国家提供一套知识产权跨国诉讼立法的范本。

第三章　涉外知识产权纠纷的管辖

在国际私法问题中，管辖权是指一国国内法院对某个具有涉外因素案件的审理权限，也是一国国家主权在司法领域的体现。国际管辖权冲突则指与某一国际民商事争议有联系的不同国家的法院就某一法律关系的管辖权规定相冲突的情形。知识产权法律关系不仅包括不同国家间的法人、自然人、其他组织参与的与知识产权有关的法律关系，还包括不同国家的主管机关的注册与管理等公权行为。从一定意义上说，丧失了司法管辖权就在一定程度上丧失了国家主权，因此，管辖权是法院处理涉外知识产权案件时首先要考虑的问题之一。由于管辖权涉及国家司法主权，各国都格外重视知识产权案件的管辖权问题，均意识到强调管辖权的行使有助于本国国家与公民利益的保护。

由于知识产权的地域性特征，各国法院一般都以专属管辖来受理或以不方便法院原则来拒绝受理涉外知识产权纠纷案件。知识产权管辖权冲突的现象的发生主要源于各国都积极主张对知识产权纠纷享有管辖权，以便有效地保护本国国家和国民的利益。

就国际民商事案件的一般管辖制度而言，大陆法系国家通常采用的制度，包括属人管辖、属地管辖、协议管辖、专属管辖等。在知识产权领域，与一般民商事诉讼案件不同的是，一国对于侵犯知识产权的诉讼，往往采取拒绝管辖的态度，在确定知识产权纠纷管辖权的时候，往往呈现出消极态度。历史上跨国知识产权案件经历了一个从内国管辖到域外管辖的过程，由于知识产权地域性特点，一国常常拒绝管辖外国知识产权纠纷，究其原因是该外国知识产权未经其本国法律授权，也不愿意介入发生在国外的知识产权纠纷。通常，对于侵权本国知识产权的案件，大陆法系国家采取由本国法院专属管辖，英美法系国家的法院则使用不方便法院原则拒绝行使管辖权并主张由权利注册地法院专属管辖，以维护知识产权的地域性。

在知识产权纠纷中，大多数国家经常采用属地原则为一般管辖权依据，知识产权合同类纠纷可以适用协议管辖。对于知识产权的成立、归属和效力性纠纷，大都适用专属管辖的规定；而英美法系国家主要采用有效原则、自愿接受管辖原则和最低限度联系原则等管辖权制度。

知识产权纠纷案件可以分为侵权纠纷、合同纠纷与权属纠纷（主要包含成立、效力和所有权纠纷）。在各自的纠纷范围内，其适用的管辖权制度既有不同，又有一定关联性。对于某一个具体的涉外知识产权案件而言：首先，法院需要确定其是否拥有管辖权，是否会继续审理涉案问题；其次，即使有管辖权，法院也可能决定是否会拒绝管辖，其中，有可能司法裁量权，如著名的不方便管辖原则；最后，对于涉外知识产权管辖权是否有限制？下面试图对各国和国际上在跨国知识产权案件国际私法管辖权上的规定以及司法实践进行详细的剖析。

第一节　跨国知识产权本体关系的管辖权

一、与管辖权有关的知识产权分类

（一）注册类和非注册类知识产权

从第一章中有关知识产权的范围和特点可以看出，知识产权产生和取得方式必须依照专门的法律授予或确认：或需要权利人向国家知识产权主管机关提出申请，经过登记或注册审查后方可得到授权；或依据法律规定自动获得国家的保护。如专利和商标是典型的需要通过注册才能获得授权保护的一类知识产权，而著作权则是依法获得自动保护的另一类知识产权的代表。

将登记或注册作为有效要件的知识产权与不以登记或注册作为有效要件的知识产权相区别，有利于探讨和研究涉外知识产权国际私法问题中包含的管辖权、法律适用的制定和判断标准。为方便起见，笔者将登记或注册作为成立要件的专利、商标等工业知识产权统一划归注册类知识产权；将依法获得自动保护，且登记或注册并非为其成立要件的商业秘密与著作权等划归非注册类知识产权。

知识产权注册与否直接影响各国法院管辖权的行使。例如：美国法院在审理涉及多国知识产权诉讼案件时，如果与外国政府登记的行政权力相冲突，则不能行使管辖权；在欧盟，《布鲁塞尔公约》第 16 条第 (4) 款①规定，必须注册或备案的权利的注册和效力诉讼由注册地法院专属管辖；2005 年海牙《选择法院协议公约》明确规定注册类的知识产权不在本公约的适用范围内。

（二）知识产权注册行为的性质

注册类知识产权的申请，是由各国家主管知识产权的机关审查和批准，主管机关的审查和批准是基于国家主权行为行使的行政管理行为。②注册类知识产权的成立和有效，是一国知识产权主管机关批准申请予以注册的法律结果，注册行为本身必然涉及国家行政权力。因此，笔者认为，知识产权的注册行为具有明显的公权力因素。根据国家主权原则，外国的司法机关无权对内国公法行为进行司法审查。如果一国法院不顾知识产权已在他国注册的事实，贸然行使管辖权，实际有侵犯注册国主权之嫌。

注册类知识产权成立与否不仅仅涉及申请人的权益，而且关系到国家的社会公共利益，即以智力成果的社会化为手段促进国家科学技术的发展。注册类知识产权的成立和有效是一主权国家主管机关行使管理权力和平衡一国社会公共利益的结果。

---

① 与《布鲁塞尔条例》第 22 条第 (4) 款相同。
② Jenard Report，[1979] OJ C59, p. 36.

二、注册类知识产权效力纠纷的管辖权

成立与效力是解决知识产权客体的智力成果是否具备各知识产权实体法所规定的实质性或形式性要件。如：申请授予专利权的发明是否具备新颖性、创造性和实用性；申请授予商标权的标识是否具备识别商品或服务来源的显著性特征；取得著作权的作品是否具有独创性；专利和商标是否经过知识产权主管机关核准注册。知识产权的成立和效力纠纷，主要属于哪些权利需要注册、在注册过程中或核准注册后知识产权主管机关的注册审查决定受到挑战的纠纷。

与注册类知识产权权属有关的纠纷一般包括三类诉讼：一是与撤销注册类知识产权有关的诉讼，即任意第三人向注册机关申请撤销已注册的知识产权的诉讼；二是与知识产权侵权有关的诉讼，此类诉讼是侵权人在侵权案件中以权利无效为抗辩事由而提起反诉或另行提起诉讼；三是与知识产权归属有关的诉讼，指一项权利被授予或产生后，当事人之间就谁应当是真正的权利人而发生权利归属的争议。

（一）传统理论

传统理论一般认为，考虑到知识产权地域性特征，应由申请注册国（或登记国）法院对注册类知识产权的成立与效力纠纷行使专属管辖。此外，从方便诉讼和适当实现正义的利益角度考虑，申请注册国法院对注册类知识产权的成立和效力纠纷行使管辖权也较为恰当，适用本国法也最熟练。①

（二）《布鲁塞尔公约》体系相关规定及判例实践

《布鲁塞尔公约》是世界上最早涉及知识产权国际私法问题，特别是涉外知识产权管辖权问题的国际性文献。公约第 16 条规定了 5 类事项由特定法院专属管辖，其中第 4 款规定，有关专利、商标或其他需要注册的类

---

① 参见徐祥：《国际私法中的知识产权问题研究》，武汉大学 2007 年博士学位论文。

似权利的注册和效力诉讼由注册地缔约国法院管辖。①这是《布鲁塞尔公约》中唯一一条专门处理知识产权案件管辖权的规定。2002 年生效的《布鲁塞尔条例》取代《布鲁塞尔公约》后，依然保留了《布鲁塞尔公约》第 16 条第（4）款中对专利、商标等注册类权利的专属管辖。②

1. 条款适用范围

《布鲁塞尔公约》第 16 条第（4）款的适用范围限定于知识产权的注册或备案地位于欧洲共同体和欧洲自由贸易联盟缔约国内。

有关报告与研究表明，公约第 16 条第（4）款的适用范围，旨在既包含经过政府机关审批的知识产权，也包含事先未经过政府机关审批的知识产权。公约通过明确规定可适用于涉及特定内国法所允许的有关知识产权注册或者效力的前期程序的诉讼，从而拓展了其适用的范围。这是考虑到，根据大多数国家如德国以及英国的法律，一个专利授予须经过一个在先的审查程序。根据 Schlosser 报告的解释，设置这样的内国法目的，是为了减少事先授予专利但随后遭遇对授予的正确性异议的风险。③

2. 对"注册和效力"诉讼的理解

欧洲法院在 Duijnstee v. Goderbauer④ 案中，对"注册或效力"的含义作了具体解释。该案件是欧洲法院关于适用《布鲁塞尔公约》第 16 条第

---

① 《布鲁塞尔公约》第 16 条第（4）款规定"有关专利、商标、设计或必需备案或注册的其他类似权利的注册或效力的诉讼，专属业已申请备案或注册或已经备案或注册，或按照国际公约视为已经备案或注册的缔约国法院。"Article 16 (4) in proceedings concerned with the registration or validity of patents, trademarks, designs, or other similar rights required to be deposited or registered, the courts of the Contracting State in which the deposit or registration has been applied for, has taken place or is under the terms of an international convention deemed to have taken place.

② Article 22 (4) in proceedings with the registration or validity of patents, trade marks, designs or other similar rights required to be deposited or registered, the courts of the Member State in which the deposit or registration has been applied for, has taken place or I under the terms of a Community instrument or an international convention deemed to have taken place.

③ 参见杨长海：《知识产权冲突法论》，厦门大学出版社 2011 年版，第 172 页。

④ See Duijnstee v. Goderbauer [1983] ECR 3663.

(4) 款的指导性案例，具有特别指导性意义。该案是关于解散一个登记地在荷兰的公司中的比利时清算人 Duijinstee 与在职期间作出一项专利发明的前荷兰雇员 Goderbauer 之间的纠纷。公司在荷兰申请专利时已将专利申请人变更为自己。Dujinstee 向荷兰法院申请中间禁令（Interlocutory Injunction），要求 Goderbauer 将包含荷兰和 5 个布鲁塞尔缔约国在内的 22 项专利申请或已授予专利转让给 Dujinstee。荷兰法院驳回了 Dujinstee 的禁令申请。Goderbauer 再次向荷兰法院提出申请，主张其对荷兰和国外的专利权享有留置权，Dujinstee 以申请中间禁令相同的条件提出抗辩和反诉，荷兰法院驳回了两方的诉讼请求及反诉请求。案件上诉至荷兰最高法院，法院根据第 16 条第 (4) 款有关专属管辖权的规定认定对该事项无管辖权。"有关专利注册或效力的诉讼"（proceedings concerned with registration and validity）的问题后被提交至欧洲法院。

欧洲法院认为，"有关专利注册或效力的诉讼"有独立的共同体含义（independent community meaning），不包括已申请或被授予专利的受雇发明人与雇主之间基于雇佣合同产生的专利发明权纠纷，理由是：第一，从公约第 16 条第 (4) 款的目的看，本案的判决结果完全依赖于谁享有专利权的问题，这由当事方既存的法律关系基础决定，而本案对专利在不同国家注册的合法性和效力均无异议。因此，专利申请地或专利授予地的缔约国并不具有专属管辖权。第二，《欧洲专利公约》① 和 《欧洲共同体专利公约》② 对专利权属争议（特别是雇员发明专利）的管辖权与专利注册或效力争议的管辖权作了明确区分。如果适用第 16 条第 (4) 款，在荷兰和其他五个缔约国将存在对不同专利所有权的多个独立诉讼。第 16 条第 (4) 款并不妨碍荷兰法院对因在其他缔约国内获取的专利引起的纠纷行使管辖权，这有助于合并在一缔约国内的诉讼。但在被告不同意转让专利的情况下，判决的最终履行将难以实现。因此，最终仍将导致原告在每个缔约国内单独提起诉讼。

---

① European Patent Convention.
② Community Patent Convention.

　　依据欧洲法院对相关判例作出的解释，《布鲁塞尔公约》第 16 条第
（4）款仅限于专利等注册类或备案类知识产权的"有关注册和效力的诉
讼"。该表述包含两个范畴的诉讼：一是关于注册或备案类知识产权的注
册诉讼案件；二是关于注册或备案类知识产权的效力诉讼案件。根据 Dui-
jnstee v. Goderbauer 案判决，有关注册的诉讼是指注册合法性问题的诉讼。
欧洲法院在主文表述中列举了两类与此有关的诉讼：一类是存在错误的专
利案件或者由于抢注而引起的优先权纠纷，另一类是申请人的注册申请因
专利缺乏创造性被拒绝而引起的与注册机关之间的申请类纠纷。有关效力
的诉讼，Rozes 法官认为包含因专利效力问题而申请撤销的诉讼。

　　欧洲法院在 Duijnstee v. Goderbauer 案件中这样论证公约第 16 条第
（4）款的特别条款："授予专利备案或者注册国法院专属管辖权有助于案
件的裁决，因为这些法院属于与案件争议有密切联系的地方。"①

　　3. 注册类知识产权的注册和效力诉讼管辖权分配原则与当事人住所
无关

　　《布鲁塞尔公约》第 16 条规定的管辖权分配原则与当事人住所无关，
该条的适用不要求被告在缔约国内有住所。第 16 条是对公约第 2 条关于被
告有住所的缔约国法院享有管辖权的例外。②《布鲁塞尔公约》第 16 条第
（4）款是排他性的，根据此规定获得管辖权的国家以外其他缔约国法院均
不享有管辖权。该条款与公约第 16 条规定的其他几个方面一样，不仅把专
属管辖权分配给某个缔约国法院，同时限制了其他缔约国法院对案件的审
理。当一缔约国法院受理了应由其他缔约国法院专属管辖的纠纷时，该缔
约国法院应根据公约第 19 条的规定依职权宣布对该案件无管辖权。③ 从欧
洲法院对 Duijnstee v. Goderbauer 一案所作出的判决可以看出，公约第 16

---

①　See Duijnstee v. Goderbauer [1983] ECR 3663.

②　Article 2 Subject to the provision of this Convention, persons domiciled in a Contrac-
ting State shall, whatever their nationality, be sued in the courts of that State.

③　Article 19 Where a court of a Contracting State is seised of a claim which is principal-
ly concerned with a matter over which the courts of another Contracting State have exclusive ju-
risdiction by virtue of Article 16, it shall declare of its own motion that it has no jurisdiction.

条第（4）款和第19条属于强制性规则，要求缔约国法院无须考虑本国程序规定以及被告采取的何种措施的情况下适用。

对于涉及注册类知识产权的注册和效力的平行诉讼，公约第23条规定，当拥有多个专属管辖法院时，应由最先受理案件进行行使管辖权，其他专属法院应放弃管辖。①在多个缔约国法院均享有专属管辖的情况下，此条的规定有利于解决缔约国法院之间争抢专属管辖权的情形。

4. 确定管辖权的连接因素

《布鲁塞尔公约》第16条第（4）款规定了三种分配管辖权的连接因素：第一种是注册或备案申请地缔约国，如申请人对专利局以缺乏创造性为由拒绝授予专利权的决定向法院提出诉讼；第二种是已注册和备案地缔约国，如他人对已授予专利提起宣告无效程序，进而对专利部门的审查决定提起诉讼；第三种是按照国际公约视为已经注册或备案地国，如权利人在初始申请国获得注册，该初始申请国同时又是《马德里协定》缔约国，则视为在所有公约缔约国也获得了注册。②

此外，根据工业设计注册制度下的《马德里议定书》和国际商标注册体系下的《马德里协定》的相关规定，所有经过日内瓦国际局备案的商标，同样受到《马德里议定书》或《马德里协定》缔约国的保护，而不必在每一缔约国再行备案。因此，根据《布鲁塞尔公约》第16条第（4）款的规定，所有《马德里议定书》或《马德里协定》的缔约国对在国际局备案的商标享有专属管辖。欧洲学者的研究进一步表明，《布鲁塞尔公约》第16条第（4）款在欧洲专利的适用上存在类似的问题。③

第16条第（4）款中规定的三种连接因素是针对不同情形的变通适用，不存在两种方法同时适用的情形。其适用的结果是，只有一个缔约国

---

① 《布鲁塞尔公约》第23条规定："属于数个法院拥有专属管辖权的诉讼，首先受诉法院以外的法院应放弃管辖权，让首先受诉的法院进行审理"。Article 23 Where actions come within the exclusive jurisdiction of several courts, any court other than the court first seised shall decline jurisdiction in favour of that court.

② See Jenard Report［1979］, p. 36.

③ 参见杨长海：《知识产权冲突法论》，厦门大学出版社2011年版，第172页。

法院最终具有专属管辖权。① 如有数个法院均享有专属管辖权，则适用《布鲁塞尔公约》第23条的规定，由首先受诉的法院管辖，其他法院应当拒绝管辖。

5. 总体评价

欧洲法院认为《布鲁塞尔公约》第16条第（4）款包含两个方面：第一，出于对国家主权的考虑，授予专利或商标需要国家公权力的介入，是国家行使以领土为限的国家主权的过程表现，即使实施承担不会影响到授权国家的主权，这些权利的授予不能由其他国家法院来代替和承担；第二，把公约第16条的五个主要方面作为一个整体来看待。公约第16条从整体上是为了平衡行政执法中的相关利益，所有五个主要方面涉及特别困难与复杂的事务，因而需要有管辖权的法院对相关国内法特别熟悉。应该把管辖权分配给适用其法律的国家。②因此，基于方便诉讼的考虑，这一思路同样适用于第（4）款。③

（三）2005年海牙《选择法院协议公约》

经美国提议，就民商事管辖权和相互承认与执行判决，海牙国际私法会议从1992年开始讨论制定一项全球性的公约，并于1999年通过了《民商事管辖权及外国判决公约》草案。由于各谈判国家对草案绝大部分内容分歧严重且难以妥协，后部分专家另辟蹊径，转为以1999年公约某些条款为核心，立足商业环境下的法院选择协议，建议重新起草公约，得到国际私法会议采纳。包括中国在内的专家形成工作组，将"排他性选择法院协议"作为唯一依据重新起草公约，几经修改后，终于在2005年6月30日的海牙国际私法会议第20届外交大会上获得通过，定名为《选择法院协

---

① 参见杨长海：《知识产权冲突法论》，厦门大学出版社2011年版，第173页。

② See Advocate General Lenz in Case 220/84 As – Autoteile Service GmbH v. Malhe [1985] ECR 2267, p. 2271. See also Case 73/77 Sanders v. van der Putte [1977] ECR 2383.

③ 参见杨长海：《知识产权冲突法论》，厦门大学出版社2011年版，第172页。

议公约》（Convention on Choice of Court Agreement）。①

　　在 2005 年海牙《选择法院协议公约》谈判中，各国代表试图以知识产权是否需要注册作为能否纳入公约的理由。作为知识产权大国，美国代表团主张纳入公约调整范围的知识产权事项越多越好，要求所有著作权及邻接权事项以及与违反合同有关的知识产权侵权诉讼均适用公约。中国对是否将知识产权纳入公约这一问题同样非常关注，主张除根据转让或使用知识产权的合同进行的诉讼外，其他所有知识产权事项均应排除在外，或者排除包括著作权及邻接权在内的所有知识产权的效力问题，排除包括著作权及邻接权在内的所有知识产权的侵权问题，但对于知识产权的侵权是可以根据转让或使用该权利的合同提起诉讼的情形除外。② 作为第一个全球生效的管辖权和判决公约，2005 年海牙《选择法院协议公约》最终确定，将登记或注册的知识产权的有效性问题排除在公约适用范围之外，无需注册的版权和邻接权可以适用公约。因此，注册与否对 2005 年海牙《选择法院协议公约》的适用有着直接影响。

　　欧盟和美国的立法与司法实践表明，注册类知识产权涉及注册国主管机关的审查与批准，若一国法院对他国已注册知识产权的有效性事项进行司法审查本身就侵犯了注册国的国家主权和行政权力。因此，知识产权注册与否是造成一国司法权力与他国行政权力发生冲突的重要因素。当前，无论是美国还是欧盟，在对知识产权纠纷的管辖权问题上都或多或少地呈现扩大的趋势。因此，越来越多的国家主张对版权以及无须注册的知识产权的有效性问题享有管辖权，当前反映在实践中最明显的就是版权及其相关邻接权。版权适用自动保护原则，其有效性判断不会有过多出入。2005 年海牙《选择法院协议公约》最终也没有将其他无须登记的知识产权的效力问题纳入其调整范围。③

---

　　① 参见 https：//www.hcch.net/en/instruments/conventions/full - text/？cid = 98，2016 年 2 月 4 日最后访问。

　　② 参见钱峰：《论外国法院民商事判决的承认与执行》，对外经济贸易大学 2007 年博士学位论文。

　　③ 参见杨长海：《知识产权冲突法论》，厦门大学出版社 2011 年版，第 191 页。

（四）美国《ALI 原则》

在管辖权问题上，《ALI 原则》没有像对待法律适用问题一样，将知识产权划分为注册类和非注册类权利。这与当前国际实践中的普遍做法有很大不同。

1. 《ALI 原则》未禁止对外国注册性权利事项进行裁决

与欧盟区域性公约及部分国家将注册类知识产权有效性纠纷专属管辖的做法略有不同，《ALI 原则》未对专属管辖权进行限定。《ALI 原则》第211 条第（2）款规定："有关法院作出的针对注册性权利无效的判决仅对该案当事人有效。"这样规定的原因主要在于，一方面是起草者注意到，被诉侵权人常常在注册类知识产权的侵权诉讼中针对案涉权利提出无效抗辩或反诉，而且此类抗辩或反诉通常是侵权诉讼的先决问题。如果采纳注册类权利效力案件由注册国法院专属管辖的做法，容易引发被诉侵权人挑选法院的情况，因为注册类权利的效力是有时效性的，《ALI 原则》认为，专属管辖的规定不利于权利人对相关权利的有效行使，更不利于诉讼的有效进行。另一方面，起草者认为分离式的效力和侵权诉讼还可能增加双方当事人的诉讼成本。①

2. 注册国法院对宣告注册性权利无效诉讼享有专属管辖权

《ALI 原则》并不禁止内国法院对外国知识产权的裁判，但对此作了特别规定。为了防止他国法院宣告本国注册权利无效而影响注册权利本身的行使，《ALI 原则》第 213 条第（2）款规定："注册国法院对宣告注册性权利无效诉讼享有专属管辖权。"也就是说，只能由注册国相关机构作出具有普遍效力的宣告无效。如专利注册国法院对在该国内注册的专利的无效宣告诉讼享有专属管辖权。

然而，《ALI 原则》第 213 条第（3）款对涉及多国权利的情况采用了

---

① Intellectual Property: Principles Governing Jurisdiction, Choice of Law, and Judgments in Transnational Disputes, as adopted and promulgated by the American Law Institute at San Francisco, California, May 14, 2007, American Law Institute Publishers, 2008, pages 76 –77.

与第 211 条相同的便捷处理方法，允许宣告注册类权利无效诉讼在被告住所地国进行，但规定判决的效力仅限于诉讼的当事人之间。①这样规定的好处在于，针对在多个国家注册的同一注册类权利，如果原告对被告提起侵权诉讼，当被告对案涉权利提出无效抗辩时，要求被告在每一个注册国提出无效宣告的请求，不仅会大大降低纠纷解决的效率，还将使被告处于不利地位。从这个角度来看，这项规定有一定的合理性。

3. 侵权案件中涉及注册性权利效力先决问题的处理

根据《ALI 原则》的规定，注册国法院对于在侵权纠纷中提出的宣告注册权利无效的抗辩或反诉不具有专属管辖权。只要是根据《ALI 原则》享有管辖权的法院，均可以审理知识产权侵权案件中涉及抗辩或反诉的问题，但该法院作出的涉及注册性权利无效的判决仅对当事人有效。②《ALI 原则》报告人认为，尽管很多国家将注册类权利效力的案件规定由注册国法院专属管辖，《ALI 原则》并没有完全排除对外国注册性权利事项进行裁判的情形，因为将效力行政诉讼从侵权诉讼中分离出来可能引起实质性后果，分开裁决可能不利于法院对本案所有证据的完整审查，也不利于法院通过对技术使用情况的理解而认定权利的范围，分离式的效力和侵权诉讼还可能增加双方当事人的诉讼成本和降低纠纷解决的效率。③ 通常，由于注册类知识产权是一国国家主权的象征，因此各国一般对在侵权诉讼中提出的无效宣告诉讼规定由注册所在地国家专属管辖，但《ALI 原则》并未规定此类纠纷适用专属管辖，而是规定宣告他国注册权利无效的判决仅

---

① Intellectual Property: Principles Governing Jurisdiction, Choice of Law, and Judgments in Transnational Disputes, as adopted and promulgated by the American Law Institute at San Francisco, California, May 14, 2007, American Law Institute Publishers, 2008, pages 84.

② Article 211 (2) of Intellectual Property: Principles Governing Jurisdiction, Choice of Law, and Judgments in Transnational Disputes, as adopted and promulgated by the American Law Institute at San Francisco, California, May 14, 2007.

③ Intellectual Property: Principles Governing Jurisdiction, Choice of Law, and Judgments in Transnational Disputes, as adopted and promulgated by the American Law Institute at San Francisco, California, May 14, 2007, American Law Institute Publishers, 2008, page 77.

在本案当事人之间有效。①《ALI 原则》试图利用这一方法，解决由侵权或合同诉讼中作为抗辩或反诉提出的无效性问题。这一规则显示了一种妥协：一方面，这样做有助于提高司法审判效率，另一方面，一般国家通常不愿意对外国的行政行为作事后评判。这一方法的最大优点是可以避免多重诉讼，因为一旦有实质联系管辖区域的法院宣布某个专利无效，专利权人将不能轻易地针对任何其他一方实施该项权利或该权利并列的权利。②

（五）日韩共同提案——《知识产权国际私法原则》

日韩共同提案的《知识产权国际私法原则》（以下简称日韩共同提案）第 102 条第（3）款规定："登记知识产权是指为使其成立而需要登记或注册的知识产权。其他知识产权成为非登记知识产权。"此款将登记等作为有效性要件的知识产权称为"登记知识产权"，区别于其他知识产权。日韩共同提案起草人认为，对登记或注册作为成立要件的专利等工业知识产权，和由作品创作而授予权利的著作权分别规定，有利于明确准据法和国际裁判管辖权的判断标准。商标权、外观设计通常被认为是登记知识产权，对于美国的州法认为不需要登记的商标权、在 EU 等不需要登记的外观设计权等，可以解释为是非登记知识产权。

本条关于登记知识产权的区别，对于美国知识产权法的解释适用特别具有意义。因为《ALI 原则》第 101 条规定了同样的区别，但在美国以登记作为有效性要件的知识产权被视为是"国家行为"，国家行为的决定不能由外国法院推翻。③ 尽管美国法院有这样的传统，《ALI 原则》还是将登记知识产权也列入原则适用范围之内。因为他们认为，依据《ALI 原则》，对于登记知识产权的专属性，可以由法院间的合作来处理。例如，确认请

---

① Article 413（2）of Intellectual Property: Principles Governing Jurisdiction, Choice of Law, and Judgments in Transnational Disputes, as adopted and promulgated by the American Law Institute at San Francisco, California, May 14, 2007.

② 参见杨长海：《知识产权冲突法论》，厦门大学出版社 2011 年版，第 192 - 193 页。

③ 《ALI 原则》第 102 条注释 C。

求案件的处理仅限于登记国，① 案件合并的必要性和程序的停止，② 先诉法院的调整权限，③ 及其他法院的合作义务④等。即使有与美国一样认为登记知识产权的授予或成立与国家行为相关的国家，日韩共同提案在第209 条规定了关于登记知识产权的登记有效性等的专属管辖，而且知识产权是私人财产权，所以令其成立或授予服从于本国际私法原则，也无不妥。

关于知识产权的登记、有效性等诉讼的专属国际裁判管辖权，日韩共同提案第 209 条规定："（1）关于登记知识产权的授予、登记、有效性、放弃或取消的诉讼，该知识产权登记国法院具有专属国际裁判管辖权。（2）登记知识产权的授予、登记、有效性、放弃或取消作为先决问题时，不适用前款规定。法院对此作出的判断在后诉中没有法律约束力。"

日韩共同提案第 209 条第（1）款明确规定了知识产权的登记国对于知识产权的有效性、登记、授予、放弃或取消等事项享有专属国际裁判管辖权。对于承认登记知识产权的授予、登记等的登记国法院的专属裁判管辖权本身不应有异议。不过，对于如何表述作为专属管辖对象的诉讼，尚有讨论的余地。日本《修改民事诉讼法及民事保全法的一部分的法律（案）》第 3 条之 5 的第（3）款表述为"存在与否或效力的诉讼"，透明化法案第 103 条第（1）款表述为"存在、登记、有效性或归属的诉讼"。日韩共同提案考虑到 2009 年的韩国案第 10 条简略表述为"成立、有效性纠纷"，并解释为在一般规定的第 2 条第（9）款中定义的知识产权的"权利的授予、登记、有效性、放弃或取消的纠纷"；《CLIP 原则》第 2. 401 条规定为"授予、登记、有效性或取消"（grant, registration, validity, abandonment or revocation），最终确定了上述的规定内容。

日韩共同提案第 209 条第（2）款第 1 句明确规定了第（1）款规定的内容作为先决问题时，不适用第（1）款。同时该款第 2 句明确规定了关

① 《ALI 原则》第 213 条及第 413 条。
② 《ALI 原则》第 222 条第（4）款。
③ 《ALI 原则》第 221 条。
④ 《ALI 原则》第 223 条。

于先决问题的法院判断不约束后诉。透明化案第 103 条第（3）款规定关于先决问题的法院判断"只对诉讼当事人有效"。但是，即使只限于诉讼当事人之间，也应该优先对于这些问题具有专属裁判管辖权国法院的判断，所以明确规定了先决问题的法院不约束后诉。

（六）欧盟《CLIP 原则》

《CLIP 原则》作为欧洲的知识产权冲突规则方案，其立法理念和立法框架深受欧盟相关立法和实践的影响。在对于注册类知识产权的登记和有效性产生的争议中，《CLIP 原则》继续沿用《布鲁塞尔条例》的做法，规定由登记国对此类争议进行专属管辖。《CLIP 原则》第 2.401 条第（1）款规定，基于注册而受到保护的专利、商标、工业设计或其他知识产权的授予、登记、有效性、放弃或撤销有关的纠纷，由权利注册国或依据国际条约的规定视为已注册国家的法院具有专属管辖权。但是，《CLIP 原则》第 2.401 条第（2）款规定，上述第（1）款不适用于并非在主诉或反诉中产生的涉及效力或注册的纠纷。前述判决不影响权利的有效性或注册，且不能对抗第三人。

前述（1）（2）款的规定非常类似于《ALI 原则》的做法，均是将单纯涉及注册类知识产权效力的诉讼规定为由注册国法院专属管辖，而对于侵权或合同案件中涉及效力或注册的先决性问题可由受理法院直接审理，但其判决的效力仅及于诉讼当事方之间。实践中，对于注册类知识产权的有效性问题是由受理侵权的法院先行中止诉讼，等待登记国法院专属管辖，还是由受理侵权的法院一并审理，各国做法并不一致。比如，欧洲法院在 2006 年的 GAT v. Luk 案中主张，专利有效性的问题应由登记国法院专属管辖，而不论是专利侵权诉讼还是专利有效性诉讼。

《CLIP 原则》第 2.402 条规定，如果某一缔约国受理了依照第 2.401 条规定属于另一缔约国法院有专属管辖权的案件，则该法院应依职权宣布其无管辖权。

三、非注册类知识产权效力纠纷的管辖权

（一）传统理论

在欧洲，版权或者其他无须注册的权利的效力问题属于一般管辖规则的调整范畴。一般管辖权规则适用于专属管辖的注册类知识产权的产生与效力事项以外的情形。所以，版权等无须注册的权利的产生与效力问题排除在《布鲁塞尔公约》第16条第（4）款的调整范围之外。

（二）2005年海牙《选择法院协议公约》

知识产权问题是海牙《选择法院协议公约》谈判中最为棘手的问题之一。各国谈判代表们曾列举不同的知识产权，试图以基于知识产权是否需要注册作为是否纳入公约范围的标准。

《选择法院协议公约》第2条规定了公约适用事项的排除情形，其中包括版权和邻接权之外其他知识产权的有效性。言外之意就是，与版权及邻接权有效性有关的诉讼被完全保留在公约的适用范围之内。因此，2005年海牙《选择法院协议公约》适用于版权及邻接权的效力管辖问题。

（三）其他民间立法的规定

《ALI原则》、日韩共同提案的《知识产权的国际私法原则》和《CLIP原则》对于版权或者其他无须注册类知识产权效力问题的规定大体一致，属于一般管辖规则的范畴，没有什么特殊的规则。

四、知识产权所有权的管辖权

对于知识产权的所有权纠纷，主要涉及三个层面的问题：第一层面主要涉及知识产权的权属，包括知识产权的原始所有权问题。就注册类权利而言，是指谁有权享有该项权利；对于非注册类权利而言，涉及确定谁是权利产生之后的初始所有权人。第二层面是各国制定法律对于所有权自动转移加以规定。第三层面是知识产权所有权通过合同的转让。本节主要讨

论前两个层面的问题，第三个层面的问题将在知识产权合同的管辖权章节进行详细讨论。

（一）知识产权所有权管辖权问题的产生

世界上大多数国家对于专利权授予均采用先申请原则。通常情况下，发明人即是专利申请人也是专利权所有人。但是，如果申请者不是发明人，而是掌握了该发明的其他人，就有可能产生所有权争议。发生较多的是在雇主和受雇人之间，因雇佣合同产生的知识产权纠纷中，其关键问题是涉案发明是在雇佣过程中还是在其业务时间完成的。由雇员完成的版权作品也会出现同样的问题。此外，在知识产权确立以后的权利转让过程中，也可能在转让人和受让人之间就知识产权所有权产生争议。

随着科学技术的发展，很多复杂的研究计划通常都是由一个国际研究小组完成的，每一个国家的研究小组在本国申请获得一系列专利，就这些专利究竟应该由谁享有和申请的问题也可能产生争议。

知识产权所有权所以成为知识产权冲突法领域关注的一个问题，原因在于在此问题存在专属管辖与普通管辖的争论。有人认为，知识产权的产生与初始所有人之间有着十分紧密的联系，因此有关知识产权产生的管辖规则也应该适用于所有权问题。这意味着多数情况下，知识产权所有权的管辖应适用专属管辖权规则。然而，另有学者的观点以及相关判例表明，有关知识产权产生的专属管辖规则适用于所有权问题并不十分合适。①

（二）特殊管辖权规则

《欧洲专利公约》附件《关于管辖权和承认授予欧洲专利权决定的议定书》（以下简称《议定书》）② 规定了处理欧洲专利授予权的特殊管辖权

---

① 参见杨长海：《知识产权冲突法论》，厦门大学出版社2011年版，第249页。

② Protocol on Jurisdiction and the Recognition of Decisions in Respect of the Right to the Grant of a European Patent 1973.

规则。①同时，也要兼顾《布鲁塞尔条例》第22条第（4）款和《卢加诺公约》所规定的特别管辖权规则。一般认为，知识产权的创造至少与第一个所有者之间存在着紧密联系，所以，关于创造这种权利的管辖规则也应适用于所有权问题。在许多情况下，这意味着适用《布鲁塞尔条例》第22条第（4）款和《卢加诺公约》。但是，这些规定不适用于所有权问题，而适用于授予知识产权权利的问题。针对权利授予和所有权存在两种特殊的管辖规则，在不属于这两项特别规则的情况下，必须遵循《布鲁塞尔条例》和《卢加诺公约》中普遍管辖权规则以及英国的传统管辖权规则。

《欧洲专利公约》第60条规定了发明人或所有权继承人有权被授予专利的规则，EPO将假定申请人是发明人。当申请人不是发明人或对此存有争议时就会产生问题。《欧洲专利公约》第61条提供了一种针对作出原始申请人不是发明人的决定时的解决办法，但是该解决办法指向《议定书》应遵循的程序。

《议定书》第1条规定，缔约国法院根据本议定书第2-6条规定，对申请者在欧洲专利申请中指定的一项或多项缔约国欧洲专利授予权诉讼享有管辖权。

在 Kakkar and Others v. Szelke and Others ②一案中，英国大学两个合作发明的医学研究团队之间发生了争执。原告为合作研究团队的三名成员和支持他们工作的一家英国慈善信托的受托人，被告是合作研究团队的另外三名成员和两家瑞典公司。三名个人被告就发明提交了欧洲专利申请后，将专利申请权转让给了第五被告。第五被告是记录在案的欧洲专利申请人。原告起诉要求宣布第五被告为其自身和慈善信托而持有欧洲专利申请。

英国上诉法院认为，本案重要的是专利权本身，而不是被命名为受让人的权利。应该考察权利要求中产生的问题的实质，而不是授予专利的程

---

① G Tritton, Intellectual Property in Europe (3rd edn, 2008) pp 1154 and 1222 - 1224.

② [1989] 1 FSR 225.

序，主要关乎谁是发明的真正所有者的问题。该案结果是英国法院对所案涉诉请没有管辖权，该案应该在瑞典法院进行审判。

《议定书》第1条第（1）款没有规定申请人或声称拥有欧洲专利权的一方居住在缔约国。根据申请人和要求授予权利的一方居住的地方，《议定书》规定了不同的管辖权基础。《议定书》第2－6条规定了5条不同的管辖权规则，它们使用了3个不同的连接因素：申请者住所或主要营业地、欧洲专利授予权请求方住所或主要营业地、受雇人主要工作所在地国家。此外，当事方协议选择的缔约国法院有管辖权。还有，在特定情况下，德国法院享有专属管辖权。①

这5个不同的管辖权规则分别为：（1）在符合第4条和第5条的情况下，如果欧洲专利申请人在其中一个缔约国内有居住地或主要营业地，则应在该缔约国法院提起诉讼；②（2）如果欧洲专利申请人的居住地或主要营业地在缔约国之外，并且如果声称拥有欧洲专利授予权的一方在其中一个缔约国内有其居住地或主要营业地，后一国法院应有专属管辖权；③（3）如果欧洲专利申请的是雇员发明，雇员主要受雇的缔约国法院对雇员与雇主之间的诉讼拥有专属管辖权；④（4）如果关于授予欧洲专利权利的争端当事方以书面或书面确认的方式，协议选择某法院或特定缔约国法院应就这一争端作出决定，该协议法院应有专属管辖权；⑤（5）如果以上任何情形都不存在，则德国联邦法院享有专属管辖权。⑥

（三）一般管辖权规则

《议定书》和《布鲁塞尔条例》第22条第（4）款以及《卢加诺公

---

① JJ Fawcett, P Torremans, Intellectual Property and Private International Law, 2nd Edition, Oxford University Press, 2010, p 61.
② 《议定书》第2条。
③ 《议定书》第3条。
④ 《议定书》第4条。
⑤ 《议定书》第5条。
⑥ 《议定书》第6条。

约》公约之外与权利授予和所有权有关的管辖权适用一般管辖权规则。Je-
nard 报告明确指出，不属于《布鲁塞尔公约》第 16 条第（4）款［即
《布鲁塞尔条例》第 22 条第（4）款］的知识产权案件遵循《布鲁塞尔公
约》的正常规则。例如，如果因非欧洲专利的美国专利或法国专利引起的
所有权问题，由于该权利在《关于承认的议定书》调整范围之外，将不适
用《布鲁塞尔条例》第 22 条第（4）款和《卢加诺公约》。

在知识产权的所有权涉及合同事项时，通常会出现两种情况属于《布
鲁塞尔条例》第 5 条第（1）款的范围。第一种情况是知识产权的转让，
所有权问题因合同的规定而产生，第 5 条第（1）款将管辖权分配给"有
关义务履行地法院"。第二种情况是雇主和雇员之间对发明所有权有争议，
而争端涉及他们在该发明中根据雇佣合同产生的各自权利，这也是在 Dui-
jnstee v. Goderbauer 案件中出现的情况。许多雇佣合同包含有关知识产权所
有权的条款。

在与权利授权有关的案件中，当事人事先可能已经产生或可能产生特
定法律争议的管辖法院达成一致意见，从而触发《布鲁塞尔条例》第 23
条的适用。这也是在 Duijnstee v. Goderbauer 案中所发生的事，雇主和雇员
之间就发明所有权问题存在争议。

欧洲法院在 Duijnstee v. Goderbauer 一案中已经证实，《布鲁塞尔公约》
第 16 条第（4）款的调整范围并不涵盖涉及雇员发明的专利权纠纷。欧洲
法院在判决中认为，谁拥有这个专利需要根据当事人之间的法律关系来决
定。此案既不是专利有效性纠纷也不是多国登记的合法性纠纷，因此，没
有特别理由把专属管辖授予专利申请或者授予的缔约国法院。此外，《欧
洲专利公约》与《共同体专利公约》都明显区分了涉及专利权，尤其是涉
及雇员发明专利的管辖权与涉及专利登记与效力纠纷管辖权之间的差异。
对于专利纠纷来说，《布鲁塞尔公约》第 16 条第（4）款只限于涉及专利
的效力、存续与终止，或者作为存放在先结果主张优先权的诉讼。因此，
根据欧洲法院的解释，公约第 16 条第（4）款有关专属管辖内容并不适用
于雇主与雇员之间有关的知识产权权属纠纷。

在权利授予和所有权纠纷中，Owusu v. Jackson①案的影响与知识产权的创立和有效性的情况是相同的。因此，如果将相同的案情应用于所有权争议中，即日本原告在英国就日本专利所有权起诉居住在英国的被告，英国法院将以不方便原则为由，停止英国的诉讼程序，因为英国法院认为日本法院将是明显更适合的法院。

《布鲁塞尔条例》和《卢加诺公约》对涉及外国知识产权权属关系案件的管辖权没有规定标的限制，这一点与英国管辖权传统规则不一致。同时，条例对在另一缔约国注册或备案的权利的所有权案件的管辖权也未规定标的限制。

（四）英国传统管辖权规则

英国传统的管辖权规则适用于在《议定书》和《布鲁塞尔条例》第22条第（4）款、《卢加诺公约》均不适用的情形。这种情况会比较罕见。例如，两个美国公司在英国就专利所有权提出争议。因为不是欧洲专利，因此《议定书》和《布鲁塞尔条例》第22条第（4）款均不适用，也不适用于《布鲁塞尔条例》或《卢加诺条约》的任何一般性管辖权规则。英国传统的管辖权规则主要包括：在管辖区域内外进行有效送达、不方便原则以及对管辖权的限制。

在英国适用方便法院标准与知识产权被授予权和权属关系时，GAF案②很能说明问题。该案是两家美国公司之间关于英国专利所有权的争议。该案例中，专利是英国专利，英国法律将适用于权利的所有权问题，这些都是与英国有紧密关系的连接因素。然而，英国上诉法院还是认为英国法院无管辖权，美国法院更适当，除非原告能够证明在某些情况下，由于程序正义等原因英国法院不应停止诉讼程序。

相比之下，在 XN Corporation Limited v. Point of Sale Limited ③案中，涉

---

① ［2005］QB 801.

② ［1975］1 Lloyd's Rep 601.

③ ［2001］IL Pr 35.

及英国原告和在英国有分支机构的以色列被告之间就软件版权所有权的争议，尽管在以色列的相同当事方之间有侵犯版权的平行诉讼，英国法院仍驳回了要求停止澄清软件名称的诉讼请求。支持英国继续审理该案的关键性因素是原告为一家英国公司，其试图在英国市场上销售软件，而且申请了加快审理程序。

在限制外国程序方面，在 TS Production LLC v. Drew Pictures Pty Ltd ① 案中，澳大利亚有一个关于澳大利亚电影和书籍版权所有权的诉讼，与此同时，在美国有一个美国版权所有权的诉讼。尽管两案件中只有部分存在重叠，但是，至少在争议事实部分是一样的。澳大利亚联邦法院全权法院拒绝停止澳大利亚的诉讼程序，并适用与英国大体一致的限制外国诉讼程序的规则，②授予禁止原告在美国进行诉讼的禁令，直到澳大利亚法院解决了争议的事实为止。

在有关知识产权权属关系管辖权的标的限制方面，Rey v. Lecouturier③ 案确认了有关外国知识产权的效力、侵权和成立等案件的管辖权标的限制，适用于外国知识产权的所有权争议。然而，与上述案件不同的属人管辖案 R Griggs Group Ltd v. Evans（No 2）④ 案，第二被告主张第一被告已经将外国版权转让给自己。原告称，他们是所有版权标识的所有人，并向法院提出要求第二被告将外国版权的所有权转让给原告的请求。法官批准了该项请求，并拒绝 Tyburn Productions Ltd v. Conan Doyle ⑤确定的限制规则延伸适用到本案。法官表示，从表面上看，该项请求并不违反礼让说。在这种情况下授予转让避免了原告必须在世界各地享有版权的各个国家对第二被告单独提起诉讼。上诉法院在 Lucasfilm Ltd v. Ainsworth 案⑥中确认了

①　[2008] FCAFC 194, Full Court of the Federal Court of Australia.

②　CSR Limited v. Cigna Insurance Australia Limited (1997) 189 CLR 345, HC of Australia.

③　[1908] 2 Ch 715.

④　[2004] EWHC 1088 (Ch) at [138], [2005] Ch 153.

⑤　[1991] Ch 75.

⑥　[2009] EWCA Civ 1328 at [163], [2010] FSR 10.

上述判决的正确性，并同时认为，英国法院对于英国法要求对一方履行某行为时一直有属人管辖权。

根据英国传统管辖权规则，在涉及国家专利的权利授权和所有权的纠纷中，国家豁免原则将不适用。

英国传统管辖权规则在有关知识产权被授予权和所有权案件中的适用，招致的根本性批评在英国获取管辖权是不合理的，传统英国管辖权规则在权利效力和成立纠纷的适用中也存在同样的批评。首先，对管辖权有不当的标的限制扩展到有关权利授予和所有权案件中。其次，涉及英国权利的授予或所有权本身，并没有给予英国法院特殊的管辖权规则。①

第二节 知识产权合同关系管辖权冲突

一、知识产权合同

知识产权权利人有自由利用知识产权的权利，其利用的方式主要以与利用权利的一方缔结知识产权利用合同体现出来。在现实生活中，利用知识产权权利的合同形式可以多种多样。

与知识产权国际私法问题有关的知识产权合同，主要是指知识产权许可协议和转让协议。此外，还有分销协议、合营协议、特许权协议等，它们大多可归于许可协议（License）或转让协议（Assignment）。许可合同是一种授权被许可人从事某种行为权利的合同。例如，专利许可合同授予被许可人生产某种专利产品的权利，小说作者允许他人将小说改编为剧本等。许可合同通常受到地域范围与时间的限制。类似授权在一个国家内使用五年的授权条款在许可合同中司空见惯。转让合同一般指权利的转让，通常涉及知识产权所有权转让，可以是全部的也可以是部分的。转让合同也可以是受地域限制和时间限制的。

---

① JJ Fawcett, P Torremans, Intellectual Property and Private International Law, 2nd Edition, Oxford University Press, 2010, p 76.

国际知识产权合同的法律特点主要有：（1）合同主体一般为住所或营业所位于不同国家的当事人；（2）合同的标的表现为人类智力劳动成果的无形财产权，即专利、商标或专有技术等；（3）知识产权合同具有期限性，这是由合同标的知识产权的有效期限、各国法律对国际许可合同期限的限制以及当事人的需求决定的；（4）知识产权合同效力的地域性，这是有合同标的的知识产权的地域性、竞争的需求决定的。以上这些特点决定了知识产权合同管辖权问题，与普通合同相比是一个独特的问题。①

二、知识产权合同管辖问题的产生

由于许多国际许可合同或转让合同是在不同国家当事人之间达成的，当事人来自不同的国家，自然容易引发管辖权问题。例如，美国许可人可以授予中国被许可人在中国生产专利产品的许可，或者日本作家可以根据他的小说向美国制作公司转让制作电视节目的权利。如果这两个合同均被违反，如中国被许可人没有支付约定的许可费，或者转让人将同样的权利又转让给了另外一家制作公司。在此种情形下，判断哪家法院享有管辖权是一个重要问题。是许可人所在地国法院，还是被许可人所在地国法院，抑或是合同履行地法国院具有管辖权？

知识产权的跨国使用可能产生复杂的合同模式，技术转让合同可能更加复杂，因此一般合同的履行会面临管辖权的问题。由于复杂的系列合同引发的纠纷会引起复杂管辖权的问题，而且还常常涉及多被告。注册类的权利，如专利和商标均需要在当地注册。实践中还可能出现外国原始权利人授权当地子公司拥有和管理当地知识产权的情况，由当地的子公司与当地的被许可人签订许可合同，因通常子公司并不拥有大量资产，如果当地被许可人试图将外国权利人和当地子公司一同作为被告起诉时，管辖权问题将如何解决？

可见，因为合同是由不同国家的当事方签订的，选择的连接点和各国

---

① JJ Fawcett, P Torremans, Intellectual Property and Private International Law, 2nd Edition, Oxford University Press, 2010, p 138.

法律规定又不一致，而且每一方都有可能出现违约，跨国知识产权许可和转让合同纠纷很容易引发国际管辖权冲突。确定最适格的法院处理发生的纠纷是知识产权冲突法的重要"职责"。①

三、知识产权合同的一般管辖

（一）欧盟的立法及实践

欧盟并未对知识产权合同管辖权问题作出特殊规定，而是适用一般合同管辖权规则。比如在《布鲁塞尔条例》与《卢加诺公约》中并未针对知识产权合同作出特别的管辖规定。这说明知识产权合同的管辖规则与一般合同的管辖规则并无根本区别，而一般合同的管辖规则主要见之于 EC／EFTA 规则和传统的英国的管辖权规则。

1. 管辖基础

《布鲁塞尔条例》② 和《卢加诺公约》③ 第 2 条允许原告在被告住所地缔约国提起诉讼，而不论被告所属国籍如何。有关知识产权合同案件可以适用这个条款。当原告在被告住所地以外的缔约国法院提起诉讼时，最重要的规定是《布鲁塞尔条例》第 5 条第（1）款，第（5）款和第 6 条。

2.《布鲁塞尔条例》第 5 条第（1）款

《布鲁塞尔条例》第 5 条第（1）款款是专门规定合同管辖权的条款："在缔约国有住所的人，可在其他缔约国被诉，与合同有关的事项由争议义务履行地法院管辖。"④

欧洲法院对于此条款中"与合同有关的事项"（matters relating to a contract）给出了统一的解释，⑤指明"与合同有关的事项"包含有：双方

---

① 参见杨长海：《知识产权冲突法论》，厦门大学出版社 2011 年版，第 233 页。

② Brussels I Regulation.

③ Lugano Convention.

④ 《布鲁塞尔条例》第 5 条第（1）款（a）项。

⑤ See Jakob Handte & Co GmbH v. Traitements Mecano – Chimiques des Surfaces SA (TMCS) [1992] ECR I – 3967.

之间的合同关系；可识别的合同义务和履约义务；自行承担的义务，以及可识别的履行地。①根据有关案例，与"合同有关的事项"可以包括基于未履行终止合同的合理通知义务，而对非法终止行为诉请索赔。②在作为诉求基础的合同存在争议的情况下，原告可以援引该管辖权条款。③

英国上议院大多数法官认为，根据双方随后接受的合同支付的款项归于无效的索赔不属于第5条调整的范围，因为这项索赔是基于不当得利，而不是一项特定的合同义务。④

同时，欧洲法院在 de Bloos v. Bouyer 案中认为，"争议义务"（the obligation in question）不是指合同项下的任何义务，而是指涉及诉讼基础的合同义务，即那些因被告不履行而使原告权益受影响的合同义务。⑤诉讼所依据的多项义务在不同国家履行时，主要义务履行地是法官确定管辖权首要考虑的因素。⑥

《布鲁塞尔条例》第5条第（1）款（b）项进一步定义了什么是"义务履行地"。货物销售合同中的"义务履行地"，是指货物交付地或应当交付地，服务合同中的"义务履行地"，是指服务提供地或应当提供地。欧洲法院并未对"义务履行地"（the place of performance）作出统一解释，而是主张由各国法院依照本国的冲突法规则确定争议所适用的法律，然后根据该法律确定争议的义务履行地。⑦

那么知识产权许可合同和转让合同与货物销售合同或服务合同是何关系呢？

---

① JJ Fawcett and JM Carruthers, Cheshire, North and Fawcett: Private International Law (Cheshire, North and Fawcett) (14t edn, 2008) pp 229 – 233.

② Case 9/87 SPRL Arcado v. SA Haviland [1998] ECR 1539.

③ See Case 38/81 Effer v. Kantner [1982] ECR 825.

④ Kleinwort Benson Ltd v. Glasgow City Council [1997] 3 WLR 923.

⑤ Case 14/76 De Bloos SPRL v. Bouyer [1976] ECR 1497.

⑥ Case 266/85 Shenavai v. Kreischer [1987] ECR 239.

⑦ 参见肖永平：《欧盟统一国际私法研究》，武汉大学出版社2002年版，第98 – 99页。

3. 管辖权在知识产权合同的具体应用

（1）许可合同

关于构成与合同有关的事项，必须有一方自愿对另一方承担的义务。欧洲法院认为，知识产权权利人授予使用该权利作为报酬的合同，不属于《布鲁塞尔条例》第5条第（1）款（b）项意义上的服务合同。①该案涉及一项许可协议，这是欧洲法院明确指向的协议，该协议的特性是知识产权权利人授予使用该权利作为报酬。欧洲法院认为，服务的概念至少意味着提供服务的一方执行特定的活动以换取报酬。在此协议中，权利人收取权利的唯一义务不是被许可人对权利的使用提出质疑，权利人在授权使用权利中没有履行任何服务，仅仅允许被许可人自由利用许可的权利。被许可人是否有义务使用该项许可并不重要。

假设英国被许可人未向法国许可人支付许可费，法国许可人可以根据《布鲁塞尔条例》第5条第（1）款的规定，在法国起诉英国被许可人，也可以根据《布鲁塞尔条例》第2条的规定在英国起诉英国被许可人。欧洲法院在相关判例中对此专门作出解释。在 Rank Film Distributors v. Lanterna Editrice Srl② 案中，原告将在意大利和其他地域一项利用某些电影的独家性权利授权给第一被告，付款方式为分期付款，其中由银行作担保的第三期款项未予支付。原告起诉一家接管原始被许可人权利的意大利公司和一家意大利银行。法院根据合同解释最后认为，第三笔分期付款应在伦敦进行支付。因此，依据《布鲁塞尔条例》第5条第（1）款的规定，英国享有管辖权。

此外，也有许可人违反合同义务致使被许可人未获授权，遭到被许可人起诉的情况。如在 Olympia Productions Ltd v. Cameron Mackintosh（Overseas）Ltd, Cameron Mackintosh Ltd③ 案中，原告声称其独家拥有在爱尔兰演出音乐剧 "Les Miserables" 的权利。原告试图在爱尔兰起诉三名英国被告

---

① Falco Privatstiftung and Thomas Rabitsch v. Gisela Weller – Lindhorst Case C – 533/07 [2009] ECDR 14.

② [1992] IL Pr 58.

③ [1992] ILRM 204.

履行合同。Costello 法官认为，构成原告索赔的基础义务是授予演出的知识产权权利，这项义务将通过在英国，而不是在爱尔兰，执行有效的法律文件来履行，根据《布鲁塞尔条例》第 5 条第（1）款规定，爱尔兰法院无管辖权，原告必须依据《布鲁塞尔条例》第 2 条规定在英国起诉。

授权许可独占性权利的许可人有义务不再将同一权利许可给第三人。然而，确定否定性义务的履行地在实践中绝非易事。"奥林匹亚"案说明许可人居住地和签发许可文件地为义务履行地。因此，如果爱尔兰原告认为无法执行其在英国授权在爱尔兰演出的独占性权利无法获得执行，原告就不能以《布鲁塞尔条例》第 5 条第（1）款为由在爱尔兰起诉英国的被告。与此相反，Medway Packaging Ltd v. Meurer Maschinen GmbH & Co KG①一案表明，排他性销售协议的否定性义务履行地不得为一个以上。可见，在此情况下，合同的义务履行地首先是许可方居住国，其次是发行协议覆盖的国家以及经销商的居住国。

（2）转让合同

在关于许可协议的 Falco 案中，法院的裁决没有涉及转让问题。但是，此案采用的原则同样适用于转让问题。那意味着，转让合同也不应被视为《布鲁塞尔条例》第 5 条第（1）款（b）项下服务合同。提供服务的一方必须进行特定的活动以换取报酬。转让方并没有做什么"活动"（activity）。如果授权他人使用知识产权不能构成"活动"，那么很难看出授予权利本身如何能够满足"活动"。实际上，通过转让，权利人在"活动"方面似乎比在许可协议中做的更少，而且只是一个一次性交易。

在转让合同中，作为受让方的主要义务是向转让方支付对价。通常，履行这项义务的地点将是转让方居住地。这意味着，如果受让方没有付款，转让方将能够根据《布鲁塞尔条例》第 5 条第（1）款的规定在本国起诉，或者根据《布鲁塞尔条例》第 2 条的规定，在受让方居住国起诉。简而言之，这种情况类似被许可人没有支付费用的情况。且与许可协议一样，基于义务的性质，在确定义务履行的地点方面可能存在一些问题。

---

① ［1990］2 Lloyd's Rep 112.

在转让合同中，转让方的义务为转让所有权。以"奥林匹亚"案的逻辑类推，履行转让义务地是签发转让文件所在地，即转让方居住地。①结果是，抱怨该权利尚未转让的受让方，将不能凭借《布鲁塞尔条例》第 5 条第（1）款规定，在转让方居住地以外的成员国起诉。

转让方可能有义务变更登记簿中的名称，该义务的履行地无疑将是权利登记地。因此，如果英国公司将法国专利转让给德国公司，但没有变更注册簿的名称，德国公司可以在法国提起诉讼，要求其变更名称。虽然任何一方都不来自法国。但是，因为这涉及一项法国专利，《布鲁塞尔条例》第 5 条第（1）款将管辖权分配给了适当的法院。然而，有些义务却很难确定履行地。例如，转让方可能违反保证该权利有效的义务，或保证该权利可以被许可的义务。那么义务履行地指何处呢？这项保证义务与转让义务有密切相关，在转让方签署转让文件时一并作出，因此，义务履行地应被视为签署文件地，即转让方居住地。这在 Crucial Music Corporation v. Klondyke Management AG 案中得到了证实，原告在英国起诉，指控被告违反转让知识产权具有特定许可级别的保证义务。法院认为，伦敦注册的公司在转让其拥有的知识产权的时间和地点需要遵守保证义务，该案足可以认定与保证有关的义务履行地应在伦敦。

4.《布鲁塞尔条例》第 22 条第（4）款

（1）一般规定

在本章第一节中，笔者分析过《布鲁塞尔条例》第 22 条第（4）款授予成员国法院针对注册类知识产权的注册和效力程序享有专属管辖权。此条从表面上看与知识产权合同纠纷并无关系。如前所述，巴黎法院在 SA des Etablissements Salik et SA Diffusal v. SA J Esterel ②案中认定，与商标协议的效力或争议无关仅违反许可协议的诉讼不适用《布鲁塞尔公约》第 16 条第（4）款［即《布鲁塞尔条例》第 22 条第（4）款］。

---

① See Crucial Music Corporation v. Klondyke Management AG［2007］EWHC 1782（Ch），［2007］IL Pr 54.

② Revie Critique de Droit International Prive, 1982, p 135; D Series I－16, 4－B2.

（2）无效抗辩

从前述 Salik 案中可以看出，《布鲁塞尔条例》第22条第（4）款并不适用于单纯的违约之诉。但是，第22条第（4）款可能适用于对协议的效力或知识产权效力存在的争议。被告在知识产权合同案件中对权利无效提出抗辩的情况屡见不鲜。如在 JA Motte v. Tecno SpA ①案中，法国注册专利权人的原告在意大利针对一家意大利公司被告提起诉讼，要求被告支付原告在意大利的独占许可使用费，被告意大利公司以原告的专利缺乏新颖性为由主张专利无效，进而主张独占许可协议无效，原告主张许可费的请求也应当被驳回。法院最终以意大利法院没有审查宣告权利无效的管辖权为由驳回了原告的诉讼请求。根据《布鲁塞尔条例》第22条第（4）款的规定，只有法国法院对专利的效力问题享有管辖权。欧洲法院在 GAT v. LuK ②案中也采纳了同样的观点。

（3）负面宣告

权利的有效性可以通过非负债的主张来提出。因此，可以基于专利无效而宣布无责任支付许可使用费来提起诉讼。根据 GAT v. LuK 案，同样的原则适用于在侵权诉讼中以无效宣告提出抗辩。将此种推理应用于许可使用费索赔诉讼中，此时对主张非负债有管辖权的法院应中止诉讼，直到对效力问题有管辖权的法院对权利的效力问题作出认定时为止。同样的道理亦适用于在诉讼中对方反诉权利无效程序中。

5. 知识产权合同效力对管辖权的影响

知识产权合同的有效性问题可以多种不同的方式出现。申请人可以主张合同无效。或者根据合同应付的许可费可能因合同无效而无需支付。《布鲁塞尔条例》或《卢加诺公约》中没有针对处理知识产权合同效力或合同其他方面的任何特殊规则。因此，成员国法院对一问题不存在排他性管辖权问题。

---

① Rivista di Diritto Intermazionale Privato e Processuale 1981, p913; D Series I – 16. 4 – B3.

② Case C –4/03 Gesellschaft fur Antriebstechmik mbH & Co KG（GAT）v. Lamellen und Kupplungshau Beteiligungs KG（LuK）［2006］ECR I – 6509.

大致相同的原理同样适用于损害赔偿性诉讼，即主张合同无效又适用损害赔偿性诉讼。特别是损害赔偿诉讼中对合同的存在与否或效力问题的争议的管辖问题，可以《布鲁塞尔条例》第 5 条第（1）款为由主张管辖权。①如果法院对许可费争议予以管辖，当事人又对合同存在与否提出质疑，则法院当然对该合同的存在与否或合同的效力问题拥有管辖权。②

技术转让合同应遵守相同的管辖权规则。只是这种合同通常包含与知识产权有关的内容可能使事情变得稍微复杂些。因此，在实践中辨别各种要素和连接因素将更加困难。

6. 反垄断问题

与知识产权有关的合同可以包括限制竞争的专有条款和其他条款。上文概述的管辖规则，显然不会阻止竞争法当局依据竞争法规则进行执法。与竞争法有关的管辖权规定也不属于合同性质。

（二）美国《ALI 原则》

针对知识产权合同诉讼，《ALI 原则》总的指导思想是，以被告居所地国法院管辖为基本原则。③《ALI 原则》还规定，当事人之间订立的解决知识产权纠纷的有效选择法院协议具有排他性，④即对于知识产权合同诉讼，首推协议管辖原则。⑤

然而，《ALI 原则》第 205 条为适用知识产权合同案件的特别规定："在原告指控被告违反知识产权转让或许可合同争议案件中，原告可以在合同实施地国，也就是知识产权的使用地国提起诉讼。如果原告仅基于本条款的管辖依据提起诉讼，该诉讼的范围只及于由知识产权使用地国法律规定的且与合同有关的知识产权。"其中，"for exploitation in that state"系指合同实施地，但仅限于该合同实施地国范围内。所以，美国的合同管辖

---

① Case 38/81 Effer v. Kantner［1982］ECR 825.
② Karlung v. Svensk Vagguide Comertex AB［1999］IL Pr 298.
③ 《ALI 原则》第 201 条。
④ 《ALI 原则》第 202 条。
⑤ 《ALI 原则》第 201 条第（1）款。

也主要以合同履行地为判断依据，但对合同履行地的范围进行了限制。

对于知识产权合同管辖权的确定，《ALI 原则》并不考虑知识产权合同义务，而是以原告诉请的争议是否为合同问题作为管辖权的审查依据。如果诉请争议为合同问题，《ALI 原则》规定，对该诉讼行使管辖权的合适地点是与知识产权争议具有关联关系的国家。《ALI 原则》报告人认为，此条款的创设，有助于当事人依据本条款的规定，在更具专业性的法院地国提起诉讼，也有利于法院及时获知关于知识产权使用范围的相关证据。此条款的另一优势反映在涉及一般消费合同纠纷中，依据本条款规定，成果使用地法院也将享有管辖权，便于消费者诉讼，有利于保护消费者权益。①因为使用地通常也是消费者所在地，所以，使用地法院属于有适当管辖权的法院。

布鲁塞尔公约体系与《海牙公约》一样均未针对知识产权合同纠纷作出特别的管辖规定，对于合同义务履行地点不明确的问题均无法解决。《ALI 原则》第 205 条采取不同于《布鲁塞尔公约》第 5 条第（1）款中有关主债务履行国享有管辖权的规定，很好地解决了合同义务履行地不明确的困扰，这样的规定应当是合同管辖规则中的一项实质性改进。但是，《ALI 原则》第 205 条也可能招致实践中多家法院都具有管辖权的情况发生。如果知识产权合同的履行覆盖多个国家，则多个履行地国家的法院对该合同有关的诉讼都享有管辖权，这意味着原告均可以在这些国家的法院提起诉讼。根据第 221 条至第 223 条的规定，《ALI 原则》期望通过各国法院之间合作判决的方式解决多国同时管辖的问题。但是，《ALI 原则》创设的法院协商制度也存在重大缺陷，《ALI 原则》并没有将协商的时间加以限定，可能导致实践中出现拖延或久谈不决的现象。此外，由于没有设置对协商过程中出现争议的争端解决机构，合作判决的结果可能并非令人满意，也可能存在无法达成合作判决的情况。②

---

① 参见杨长海：《跨国知识产权合同纠纷司法管辖权规则的变革》，载《法制与经济》2012 年第 11 期，第 14 页。

② 参见杨长海：《知识产权冲突法论》，厦门大学出版社 2011 年版，第 241－243 页。

四、知识产权合同的协议管辖

由于选择法院协议能较为充分体现当事人意思自治原则，这一制度得到了国际社会的普遍认可。

（一）欧盟的立法和实践

1.《布鲁塞尔条例》第 23 条

当事人可能已经在合同中约定有管辖权条款，并同意成员国某个或某几个法院享有管辖权，以解决因特定法律关系而产生的争议。此时，《布鲁塞尔条例》第 23 条有关协议管辖的规定显得尤为重要。

适用《布鲁塞尔条例》第 23 条必须满足某些形式要求。根据第 23 条授予英国法院专属管辖权条款如同赋予英国法院管辖权。但是，这种赋予的管辖权是非排他性的，它不能阻止其他成员国法院行使管辖权。在被许可人已经获得了覆盖多个国家或地区许可的情况下，专属管辖权条款可以保护许可人免受被许可人在几个国家起诉的风险。①另一方面，它强制许可人（和被许可人）在一个国家起诉，即使他们可能更喜欢在被告拥有财产的其他国家起诉。

2. 点击协议

许可合同经常通过互联网在两个企业之间达成。例如，客户在网上购买软件时点击许可协议。客户必须在下载软件之前接受协议，这便形成了许可协议。日后可能会出现与本许可协议相关的争议。例如，被许可人签订购买了单一使用许可的协议，但随后将软件用于其他计算机。因为较难被发现，技术原因意味着这种情况很少会出现。但是可能出现在被许可人获得 CD 光盘而获得许可的情况下，许可人希望以被许可人违反许可协议提起诉讼。假设双方之间的在线合同包含专属管辖权条款，那么前述情况是否受第 23 条的调整？

点击协议中的管辖权条款可以构成第 23 条项下的管辖权协议。第 23

---

① Lefever，(1998) 132 SJ 980.

条第（2）款规定："任何提供该协定持久记录的电子通讯，应当为书面形式。"这是《布鲁塞尔条例》引入的新条款，涉及通过电子手段缔结的合同。该条要求协议需要以书面形式或能以书面形式证明，但是这并不导致在屏幕上通过可访问的形式缔结的管辖协议当然无效。①

3. 拒绝管辖

在国际民商事诉讼中，一国或其国内不同法院认为案件应当由另一国或其国内不同法域法院审理的，受诉法院可能基于不方便原则而驳回管辖权。不方便原则是指一个享有管辖权的法院如果认为另一法院对该案件的管辖更为适宜的，可利用自由裁量权作出中止或拒绝管辖的决定。②

英国上议院 1984 年的 The Abidin Daver ③案，使不方便法院原则在英国法律体系中根植下来，并在 The Spiliada 案中对不方便法院原则作出了进一步归纳和提炼。④Goff 法官认为："以不方便法院为由作出中止审理的命令必须符合以下条件：有一个可替代的法院；该法院享有管辖权；该法院对案件本身而言属于更合适的法院；由该法院审理更有利于实现公正。"⑤

根据 Owusu v. Jackson ⑥案的效应，知识产权合同的管辖权规则与知识产权的成立和效力，以及授予和权属的管辖权规则是相同的。假设日本原告以违反涉及日本专利的许可协议为由在英国起诉居住在英国的被告，即使非欧盟成员国的日本法院有管辖权，英国法院也无权基于不方便原则停止管辖英国的诉讼。由此可以得出的结论是，如果日本的法院是明显适当的法院，英国法院就将停止管辖。

---

① See JJ Fawcett, J Harris, and M Bridge, International Sale of Goods in the Conflict of Laws (2005) paras 10.37 – 10.38.

② 参见宋建立：《国际民商事诉讼管辖权冲突的协调与解决》，法律出版社 2009 年版，第 135 页。

③ [1984] 1 All E. R. 470 (H. L.).

④ 参见宋建立：《国际民商事诉讼管辖权冲突的协调与解决》，法律出版社 2009 版，第 136 – 137 页。

⑤ The Spiliada Maritime Corp. v. Cansulex Ltd., [1986] 3 All E. R. 843, 853 – 854.

⑥ [2005] QB 801.

与知识产权有关的合同中通常包含根据《布鲁塞尔条例》第 23 条由成员国法院享有管辖权的条款。英国法院在与此类合同有关的诉讼中的管辖权，通常基于协议而不是《布鲁塞尔条例》第 2 条规定来接受管辖。尽管如此，英国法院认为，Owusu 案原则仍然适用于此种情况，即英国法院将依据不方便原则，而不是管辖权协议（包括非排他性管辖权协议）拒绝和停止管辖。

（二）2005 年《选择法院协议公约》

2005 年海牙《选择法院协议公约》在前言中指明了制定该公约的原因和目的，包括保持商业交易的稳定性和保证当事人之间选择法院协议的有效性和确定性是未来强化国际合作的保障，国际社会迫切需要调整由这种协议引起诉讼的判决的承认与执行的国际法律制度。公约第 1 条第 1 款也明确规定了公约适用范围，即适用于排他性选择法院协议。

2005 年《选择法院协议公约》第 3 条"排他性选择法院协议"规定："（a）排他性选择法院协议是指两个或两个以上的当事人依据（c）款的要求订立的，为解决因特定法律关系已经产生或以后可能产生的纠纷，约定由缔约国的某个或某几个特定法院排他性管辖的协议；（b）前述管辖协议具有排他性，但明确声明非排他性选择法院协议除外；（c）排他性的选择法院协议必须以书面的形式订立，或者以将来能够使用、参考的其他通讯方式订立；（d）与合同的其他条款不同的是，排他性选择法院协议作为合同的组成部分具有独立性，即排他性选择法院协议的效力不因合同的无效而无效。"①

公约第 22 条规定，除了明确声明是非排他性选择法院协议外，该公约适用于排他性选择法院协议。公约所指的排他性选择法院协议具有以下特征：第一，必须是当事人之间通过协商一致订立的协议。判断该协议的有效性通常是依据被选择法院地国的法律，其中包括冲突规范。但在一些情况下，当事人的行为能力也可由其他法律作出判断。第二，协议的形式要

①　参见宋建立：《涉外商事审判原理与实务》，法律出版社 2006 年版，第 171 页。

件以书面形式为主，或者是以后能够援引、利用的方式。第三，选择法院协议约定的法院具有排他性，明确声明非排他性协议的除外。第四，协议中约定的法院必须是缔约国某一法院或几个特定法院。第五，协议订立的目的是为解决因特定法律关系已经产生或以后可能产生的纠纷。这里规定得很明确，即可以在纠纷产生以后订立选择法院协议，也可以在纠纷发生之前订立选择法院协议。选择法院协议并不完全限定于合同领域，也可能包括其他领域，比如由侵权引起的侵权诉讼。

（三）美国《ALI 原则》

《ALI 原则》第 202 条明确规定当事人对已经产生或以后可能产生的纠纷，可以通过协议的方式选择合适的法院予以解决，该管辖协议具有排他性，除非当事人另有约定。除被选择法院必须根据被选法院本地法律对纠纷内容有对物管辖权的规定外，《ALI 原则》的适用范围没有规定排除适用的事项，这点与《选择法院协议公约》不同，从而赋予当事人相当广泛的法院选择权。知识产权侵权甚至连知识产权的效力问题（需注册的知识产权除外）都在选择法院的管辖范围之内，知识产权合同自然不在话下。

在网络环境下，通过电子协议的方式确定管辖法院的做法存在诸多问题，最主要的是电子协议往往由服务商单方面提供，有可能导致选择法院的滥用。

为适应网络知识产权交易的特点，电子合同中非协商性的选择法院格式条款（如打包 shrinkwrap，或点击 click on）受《ALI 原则》的保护。《ALI 原则》创制了单方指定法院的标准：该指定法院只有符合第 202 条第（3）款所要求的标准才具有合理性。《ALI 原则》认为，统一规定选择法院条款可最大限度地消除原告选购法院的可能性。更重要的是，列出单方选择法院标准可以影响当事人的行为及其提供条款的内容。预置合同条款一方当事人如想要选择的法院获得认可，须选择便于对方当事人并且与争端有联系的法院。因此，《ALI 原则》第 202 条第（3）款附加了大众市场协议有效性审查标准，法院综合考虑下列因素：双方当事人的资源、地点与利益，合同非拟定方的资源与技能；合同签订时协议的可获得性；协议是否可向诉讼参与人和法院公开；与当事人双方或纠纷的关联国家的利益；远程判决的可行性；指定法院所在国是否存在解决此类纠纷的专门法院，以及指定法院所在国是否有审理案件的专业人员等因素。《ALI 原则》报告人认为，所有这些因素可使大众市场协议格式化或规范化，从而最大限度地减少单方面选购法院的机会。①

第三节　知识产权侵权的管辖权

如上所述，知识产权是依据各国国内知识产权法的规定被授予或存在的，各国相互独立。随着国际交往不断深入与国际贸易的扩大，知识产权的国际利用也来越广泛，知识产权侵权案件也越来越普遍。

一、知识产权侵权

知识产权一经国家机关授权或产生即受法律保护，由于作为知识产权客体的精神产品的无形性，知识产权专有性保护的范围只在法律限定的范围内有效。知识产权权利人可在限定的保护范围内行使各种专有权利，超出这个范围，无权排斥他人进行合法使用。

知识产权侵权一般指行为人的行为客观上侵害他人知识产权的财产权或人身权，应承担民事责任的行为。与一般侵权行为相比，侵犯知识产权的行为有如下独有的基本特征：知识产权侵权行为主要表现为剽窃、仿冒、篡改作者或权利人的思想内容或思想表现形式；知识产权的侵权行为往往有相当程度的"技术含量"；侵权行为具有广泛性；侵害类型呈现多样性等。②

侵犯知识产权的构成与一般侵权行为的构成要件大致相同。但是停止侵害的责任形式并不要求有损害事实的存在，甚至不管行为人主观上是否有过错。只要侵权行为正在或者有证据表明即将发生，权利人就可主张停

---

① 参见杨长海：《知识产权冲突法论》，厦门大学出版社 2011 年版，第 247 页。
② 参见吴汉东：《知识产权法》（第三版），北京大学出版社 2011 年版，第 20 页。

止侵害。

二、知识产权侵权与管辖权冲突的产生

国际性知识产权公约的订立，为知识产权的国际利用和开发提供了可能，而知识产权的跨国侵权也在所难免。因此，知识产权的国际使用是导致侵权案件管辖权问题产生的根源。不同的国际知识产权侵权案件可能带来不同情况的管辖权问题。[①]

在大多数情况下，知识产权合同中通常包含法院选择条款。假如许可人指控被许可人行为超过合同上的授权，不仅违反了合同义务，而且构成对许可人知识产权的侵犯，进而要求被许可人对侵权进行赔偿，那么许可人是否可以在合同中选定的法院提起侵权诉讼呢？

在知识产权纠纷中，侵权类纠纷占比最大、处理难度最高。由于各国立法规定的侵权责任认定标准存在差异，因此合理的管辖权规定对于权利人合法权益的维护尤为重要。

由侵权行为地法院管辖的基本原则已成为国际社会的共识，知识产权侵权案件的管辖规则也不例外。知识产权侵权案件主要有两大特点：一是侵权内容的便利性和无形性；二是随着新型知识产权侵权形式的出现，传统的侵权管辖规定已不能适应科技发展带来的变化和知识产权国际保护的需要，亟需创制新的知识产权侵权管辖规则。

三、知识产权侵权管辖的一般理论与实践

知识产权所具有的地域性、专属管辖性以及复杂性和国际合作性，使得知识产权侵权管辖理论呈现纷繁复杂、莫衷一是的特点。这种复杂性的一个重要表现是：对于知识产权侵权的审判管辖是否必须赋予法院专属管辖权问题。对于知识产权侵权管辖的理论分歧，可归纳为专属管辖赞成说与专属管辖反对说。

专属管辖赞成说的实质是行使排他性管辖权。其理论基础为：首先，

---

① 参见杨长海：《知识产权冲突法论》，厦门大学出版社 2011 年版，第 195 页。

知识产权的地域性决定了必须赋予法院专属管辖；其次，侵权案件的特点决定了法院专属管辖的必要性。该学说将知识产权侵权与知识产权效力两个问题相结合，赋予对知识产权有效性具有专属管辖权法院以侵权管辖权。

专属管辖反对说的实质，则是运用冲突法一般原理来诠释跨国知识产权侵权案件的管辖权。第一，该学说认为赋予专利等知识产权注册地国家专属管辖权有违冲突法的基本原则，即侵权之诉的管辖必须是源于一种有意义的连接因素。这种有意义的连接点包括被告住所地、侵权行为发生地或侵权行为结果地。第二，国民待遇原则已突破著作权的地域性，使得著作权能在一定条件下和一定范围内具有域外效力，涉外著作权的法律适用也呈现出新的发展态势。第三，平行的国际知识产权侵权具有相同的诉因。专属管辖则往往导致诉讼扩大化，因为知识产权通常会在一个以上国家注册，若发生纠纷，权利人就可能在所有注册国提起诉讼，导致权利人诉累，有损权利人利益。第四，专属管辖权与专利权纠纷可仲裁性相矛盾。

比较以上两种学说，可以发现专属管辖反对说在现代国际知识产权侵权管辖中的若干优势。专属管辖赞成说不论在理论上还是在国际司法实践中都值得商榷。首先，它把知识产权的地域性片面地理解为领土范围，强调立法管辖权与司法管辖权的绝对统一，强化主权概念。其次，主张对知识产权有效性行使专属管辖权的法院，同样对侵权拥有专属管辖的观点也是存在争议的。专属管辖自身含有难以克服的内在矛盾，使各国司法管辖权之间发生巨大冲突。归根结底，由于现代科技通讯的突破性变化和维护本国利益的需要，各国难以在司法实践中坚持其立法权与司法权的绝对统一。在跨国知识产权侵权管辖问题上需要司法管辖权的国际协调和努力。

笔者认为，把知识产权侵权绝对等同于一般民事权利的侵权是不可取的。知识产权侵权方式在实质上与一般民事侵权的侵权方式有很大不同。忽视知识产权侵权的特点而适用一般国际民商事诉讼，或以一般冲突法原理解决涉外知识产权侵权案件的管辖权是很难行得通的。针对知识产权侵权的特点，传统民商事侵权管辖规则适用于知识产权侵权时应作适当的调整。①

四、协调知识产权侵权管辖的国际立法

（一）布鲁塞尔公约体系

《布鲁塞尔条例》中未对知识产权侵权管辖作出特别规定。广义地说，只要是民商事纠纷，且被告居住在欧盟成员国内，就属于《布鲁塞尔条例》管辖权规则的调整范围。基于第22条第（4）款的规定，知识产权事项显然包含在《布鲁塞尔条例》的调整范围。即使没有该条规定，知识产权侵权作为民事侵权之一也可以涵盖在《布鲁塞尔条例》中有关侵权部分的调整范围。知识产权侵权作为一项民商事纠纷，可以适用《布鲁塞尔条例》第5条（3）款和第6条第（1）款已经得到许多成员国法院的确认。② Roche Nederland BV v. Primus③一案证实第6条第（1）款可以适用于侵权案件。英国法院也在一起涉及涉嫌商标侵权案中再次确认了知识产权侵权属于《布鲁塞尔公约》调整范围内的民商事事项。④

此外，关于欧洲委员会提出的知识产权诉讼必须由欧洲法院而不是国家级别的法院审理，⑤其符合《欧洲共同体条约》中关于欧盟的非合同责任的规定，但这并不影响《布鲁塞尔条例》有关管辖权的规则结论。⑥

1. 管辖

虽然在侵权诉讼中对知识产权的效力有争议，知识侵权并不在《布鲁塞尔条例》第22条第（4）款的专属管辖权范围内。因此，有必要分析

---

① 参见杨长海：《知识产权冲突法论》，厦门大学出版社2011年版，第197-200页。

② Pearce v. Ove Arup Partnership Ltd and Others [1997] Ch 293；[2000] Ch 403, CA.

③ Case C-539/03 [2006] ECR I-6535.

④ R v. Harrow Crown Court and Another, ex p UNIC Centre SARL [2000] 1 WLR 2112.

⑤ Kearns v. European Commission [2006] 1 ILRM 496.

⑥ Article 235 and 288 of the EC Treaty.

《布鲁塞尔条例》《卢加诺公约》中的其他条款是否提供了管辖权的基础。尽管没有知识产权侵权管辖的特别规定，但依然可以从一般侵权案件中获得一些普遍适用的管辖权规则。

（1）普遍管辖

《布鲁塞尔条例》第2条允许原告在被告住所地缔约国提起诉讼，而不论被告所属国籍如何。有关知识产权合同案件可以适用这个条款。该条款的指导思想是，被告通常应在其居住国被诉。如果原告想根据第2条的管辖权条款在英国法院被诉，他必须有充分的证据表明被告居住在英国。显然，《布鲁塞尔条例》第2条可以适用于知识产权侵权案件，[1]该条款是一种基础性的民商事管辖权条款。

与《布鲁塞尔条例》第5条和第6条的特别管辖规定相比较，原告依据第2条在侵权诉讼中主张管辖权有一个主要好处，就是该条款可以使一个成员国法院合并管辖在其他不同成员国的平行侵权诉讼，但合并所诉讼的前提是实施侵权行为的被告是同一的。该条在解决涉及多个成员国的诉讼中发挥了重要作用，并在 Shevill and Others v. Presse Alliance SA[2] 案中得到了验证。该案例涉及多国侵犯名誉权诉讼。法官指出：首先，"被告居住国法院具有无限的管辖权，因为它可以将发生于其他成员国的平行诉讼合并审理。"[3]其次，"以第2条为由进行的管辖属于程序性管辖，无须涉及案件实体权利。因为在一些国家，实体权利审查是管辖权的一个必经程序。"

当然，使用《布鲁塞尔条例》第2条也存在明显的缺点：首先，无论是何种争议，原告不能在其居住国，而必须在被告居住国提起诉讼；其次，即使侵权只发生在一个成员国内，当有多名被告居住在不同的成员国时，原告自然希望将居住在不同成员国的多名被告一并提起诉讼。如果希望在一个成员国法院针对所有被告提起单一诉讼，原告必须遵循《布鲁塞

---

[1]　See Fort Dodge Animal Health Ltd and Others v. Akzo Nobel NY and Another [1998] FSR 222, CA.

[2]　Case C-68/93 [1995] 2 WLR 499, [1995] ECR I-415.

[3]　Ibid at 522, 524.

尔条例》中的其他规定。①由于第 2 条的优缺点明显，原告可以根据具体情形选择适用。

（2）特殊管辖

《布鲁塞尔条例》第 5 条和第 6 条是特别管辖权条款，其特别之处在于允许侵权案件在被告居住国以外的成员国法院进行审理。该特别管辖的根据是，侵权争议与被告居住国以外的成员国法院之间存在着特别密切的联系因素。基于司法的健全和诉讼程序效率的考虑，将管辖权归属于这些法院是合理的。②

①基本要求。无论是根据第 5 条还是第 6 条特别管辖权规定，法院接受管辖的前提是原告必须满足根据英国法律确认的基本要求，即原告的案件必须存在实质性争议。③这个基本要求并非《布鲁塞尔条例》规定的，而是起源于传统的英国管辖权规则，即英国现行的《民事诉讼程序规则》中有关送达起诉状申请中的相关规定。这一基本要求已在《布鲁塞尔公约》的不同背景下得到应用。由于相关英国成文法中对责任承担的地域性限制导致很难确立法律责任，该基本要求因而在知识产权侵权案件中显得特别重要。

②责任的确定。不同的法律会导致不同的法律责任。当适用法律为英国法时，原告必须证明被告实施了侵权行为。英国法下的专利侵权要求侵权行为必须发生在英国。在国外实施专利侵权行为无法满足英国专利法关于责任的要求，因此，也无法根据《布鲁塞尔公约》第 5 条和第 6 条的规定享有管辖权。④根据 1988 年《著作权、外观设计和专利法》第 16 第（1）款的规定，若需构成著作权侵权，被告实施的受著作权法限制的行为也必

---

① Article 6 (1) of the Brussels I Regulation and Lugano Convention.

② Case C – 220/88 Dumez France and Tracoba v. Hessische Landesbank (Helaba) and Others [1990] ECR I – 49 at 79 – 80.

③ ABKCO Music & Records Inc v. Music Collection International Ltd and Another [1995] RPC 657.

④ Kalman and Another v. PCL Packaging (UK) Ltd [1982] FSR 406.

须在英国境内进行。①商标侵权的地域限制性规定与前述专利和著作权的规定一致。在英国引入法定侵权法规则，意味着原告在英国提起的侵权诉讼中能够根据构成侵权行为的国外法律确立赔偿责任。知识产权侵权案件则需要侵权发生地法律来确定侵权的赔偿责任。

此外，如果在英国提起侵权诉讼，原告还必须满足《布鲁塞尔条例》第5条规定的条件，这对原告是一个标准更高的举证责任。第5条第（3）款规定，在有关侵权和不法行为的事项上，在成员国居住的人可以在侵权损害发生地或可能发生地法院被提起诉讼。侵犯知识产权的行为在普通法下属于侵权行为的一种，属于第5条第（3）款规定的范围。②被告对侵权事实的否认，并不能由此剥夺一国法院根据第5条第（3）款享有的管辖权。③第5条第（3）款增加了"侵权损害可能发生地"的引用明确了第5条第（3）款涵盖防止威胁侵权的行为。④

《布鲁塞尔条例》第6条第（1）款和第6条第（2）款分别涉及多被告案件和第三方诉讼。

简单地说，在多被告案件中，第6条第（1）款允许在任一被告居住国提起诉讼，以避免由于各个单独诉讼而产生不同判决的风险，前提条件是与权利要求密切相关。该条款是《布鲁塞尔条例》和《卢加诺公约》中专门针对多被告诉讼的唯一条款。这种诉讼在侵权案件中很常见。第6条第（1）款为多被告侵权诉讼提供了有益的管辖权基础。⑤第6条第（2）款则规定："在原诉讼的法院受理的担保或保证诉讼中，或在任何第三

---

① ABKCO Music & Records Inc v. Music Collection International Ltd and Another [1995] RPC 657.

② House of Spring Gardens Ltd v. Waite [1991] 1 QB 241 at 253（copyrights）; Molnlycke AB and Another v. Proctor & Gamble Ltd and Others [1992] 1 WLR 1112 at 1117（patents）.

③ AG Darmon in Case C 68/93 Shevill and Others v. Presse Alliance [1995] 2 WLR 499 at 529.

④ Case C - 167/00 Verein Fur Konsumenteminformation v. K H Henkel [2002] ECDR 479; Bonnier Media Ltd v. Smith 2003 SC 36, [2002] ETMR 86.

⑤ See Pearce v. Ove Arup Partnership Ltd and Others [2000] Ch 403, CA.

诉讼中，在成员国居住的人也可以第三方身份被提起诉讼，除非提起这些诉讼仅仅是为了将其从有管辖权的法院中解脱出来。"需要关注的问题是，居住在另一成员国内的第三方以第 6 条第（2）款规定的管辖权为依据，在侵权诉讼开始后，企图以第三方身份加入原诉讼，要求对原诉讼中产生的费用或损害进行赔偿时应如何处理。这是在 Waterford Wedgwood PLC v. David Nagli Ltd ①案中出现的情况，因为商标侵权和仿冒的主诉程序已经不复存在。在爱尔兰定居的第三方不能加入诉讼，也没有可能依据第 5 条第（3）款的规定对该第三方提起诉讼。

（3）专属管辖

《布鲁塞尔条例》（《卢加诺公约》）第 22 条第（1）款中有关"涉及不动产的诉讼，财产所在成员国的法院拥有专属管辖权"的规定不适用于侵权诉讼。②这出于两个原因：首先，被侵犯的知识产权不应属于《布鲁塞尔条例》（《卢加诺公约》）中规定的不动产；其次，即使不能接受上述观点，也不能认为侵权诉讼以不动产的物权为目标。③

《布鲁塞尔条例》第 22 条第（4）款规定："在与商标、专利、外观设计或其他需要备案或注册的类似权利的有效性有关的诉讼，备案或注册的成员国法院拥有专属管辖权。"但《布鲁塞尔条例》第 22 条第（4）款不适用于知识产权侵权诉讼。因此，英国法院不能仅仅凭借英国注册的知识产权被侵犯，就基于这一条款对侵权行为中行使管辖权。但是，在外国注册的知识产权被侵犯，外国成员国法院对涉案知识产权的有效性享有专属管辖权的情况下，英国法院的管辖权并不因此而被排除。

《布鲁塞尔条例》第 23 条规定，在符合一定形式要求的情况下，居住在一个或多个成员国的当事人，可以协议选择成员国的法院对产生的争议享有管辖权，该管辖权是专属的。在极少数情况下，根据《布鲁塞尔条例》第 23 条达成的管辖权选择协议可能在侵权案件中发挥作用。在爱尔

① ［1999］IL Pr 9.

② See Jooris［1996］3 EIPR 127, at 137 – 139.

③ See Pearce v. Ove Arup Partnership Ltd and Others［1997］Ch 293 at302.

兰高等法院判决的 Ryanair ltd v. Bravofly and Another① 案中，原告 Ryanair 指控被告 Bravofly 和另一家提供技术服务的公司侵犯其著作权、数据库权利和商标等知识产权。原告诉称被告使用软件从原告的网站提取航班信息，在被告自己的网站上提供该信息以方便航班搜索和预订服务。原告的网站条款规定，与使用原告网站有关的所有争议均受英国法院专属管辖。原、被告对案涉争议属于该选择管辖条款的范围内不持异议。爱尔兰高等法院根据《布鲁塞尔条例》第 23 条的规定，最终认定对该案没有管辖权。第二被告对包含专属管辖权条款的原告网站上协议的存在提出异议。但是，这个案件并不意味着即使协议中包含有协议管辖条款时第 23 条就不适用，关键在于该管辖协议是否符合第 23 条规定的条件。

实践中对被许可人的侵权诉讼是很普遍的。许可协议的本质是授权本属于侵权行为的许可，超过该许可范围的任何内容即构成侵权。在欧盟，违反合同可以是一个诉由，但在大多数情况下，侵权诉讼是更常见的解决方案。但是，没有任何障碍阻碍合同的选择管辖权条款足以涵盖侵权行为。即使仅作为一个附带性问题，这毕竟更是一个合同违约角度的争议。② 这类案件需要首先确定许可的确切范围，从而确定合同的确切范围，进而确定是否存在侵权。

《布鲁塞尔条例》第 24 条规定："被告接受应诉的成员国法院应有管辖权。"这种管辖权的基础也可以运用在知识产权侵权诉讼案件中。实践中此条款不会遇到特别问题，在此不再赘述。

2. 挑选法院

挑选法院在知识产权案件中并不罕见。它是指国际民商事诉讼的当事人，为了获得法律上的好处或利益选择一个对他有利的国家的法院起诉。挑选法院获得的好处或利益是在其他有管辖权的法院享受不到的。③

---

① ［2009］IEHC，［2009］IL Pr 41.

② Landsgericht Dusseldorf，judgment of 10 January 1999（4O 114/98）［1999］8 - 9 GRUR Int 772.

③ Cordoba Shipping Co.，Ltd v. National State Bank，Elizabeth，new Jersey（The Albaforth）［1984］2 Lloyd's Rep 91 at 97，CA.

（1）法院选择

知识侵权案件往往涉及许多被告。在多被告案件中，原告选择法院的范围将进一步扩大。如果管辖权是基于《布鲁塞尔条例》第6条第（1）款，而且有两名被告，则原告可以选择两个被告所在成员国的任一成员国法院起诉被告。如果其中一个被告居住在两个成员国，另一个被告定居在第三成员国，原告就可以有三个法院供选择。然而，Roche案为了防止在侵犯欧洲专利的不同国家使用第6条第（1）款和平行诉讼，大大地减少了这种选购法院规定的范围。

除了《布鲁塞尔条例》使用第6条第（1）款，原告在侵权案件中还可以使用第5条第（3）款。该条授予原告更广泛的法院选择权利。作为在被告居住国提起诉讼的替代性方案，原告也可以在侵权行为发生地成员国法院提起诉讼，这使备选法院增加至少两个。当然，如果被告居住在两个不同的成员国，将会至少增加三个备选法院。如果损害发生在第四个成员国，原告还可以依据第2条选择四个法院中的一个，或是依据第5条第（3）款选择另外两个法院。当原告从这些法院中进行选择时，没有必要担心在其他成员国的任何判决的执行问题。根据《布鲁塞尔条例》的相关规定，在成员国内获得的任何判决将在其他成员国中得到自动或半自动的承认与执行。有关判决的承认与执行详见本书第五章。

但是，原告不能自动地在权利成立国法院提起侵权诉讼。这与《布鲁塞尔条例》第22条第（4）款规定的"注册类权利的注册或效力问题由注册的成员国法院专属管辖"不同。对《布鲁塞尔条例》侵权诉讼的管辖问题有不同的处理。只有在偶然的情况下可以在权利成立国法院提起侵权诉讼，而同时满足《布鲁塞尔条例》第2条、第5条第（3）款或第6条第（1）款。

（2）挑选法院的好处

通过选购法院在其他成员国而不是另一成员国提起侵权诉讼，可能带来个人的程序性上和实体性上的好处。在欧洲，国际专利诉讼通常发生在德国、英国、意大利、法国、瑞士和荷兰。①

对个人而言,在居住国提起诉讼对原告的好处自是不言而喻的。

在程序上,因为知识产权侵权的技术复杂性,获得和保存证据在诉讼过程中往往起到至关重要的作用。其中很关键性的一步,就是在庭审之前的证据采集,这也许是普通法系国家和大陆法系国家在程序规则方面的最大不同。在普通法国家可以通过庭前采证程序,如一方能够检查文件和相关记录,或通过与另一方雇员进行谈话并使其能够在诉讼进行时收集与案件有关的很多证据,②而这些在大陆法系国家如德国则无法做到。搜索和扣押令或其他类似强制措施在英国、法国和意大利可行,但是通常在德国、奥地利或荷兰却做不到。③在知识产权侵权诉讼中,是否能获得禁令是选择法院地点的一个重要考虑因素。作为一个简易性程序,荷兰的 Kort – geding 程序因其高效性可使当事人快速获得禁令而备受原告的青睐。④德国也是一个可以获得快速禁令的国家。⑤

在实体上,选购法院主要有三点好处:首先,也是最明显的是,依据某成员国法律可能存在侵权行为,而依据其他成员国法律则不构成侵权;其次,各成员国法下提供的救济方法和惩罚措施也有实质性不同;最后,如果适用的是当地法律,则避免了必须证明外国法律的麻烦。这在实践中也是很微妙的。

虽然在侵权案件中仍有机会在欧盟内部进行法院挑选,但近年来这些机会在逐渐减小。由于 Roche 案件遵循的管辖权规则改变,同时结合《罗马公约 II》中的侵权适用法律规则,欧盟内关于《知识产权执行指令》取消了某些程序上的优势,结束了选购法院在实体法上的优势。

---

① Noet (1997) 68 Managing Intellectual Property 16.

② WD Park and SJH Cromie, International Commercial Litigation (2nd edn, 1997) pp 142 – 154 (England), 105 – 112 (Australia), 122 – 128 (Canada), 233 – 240 (US).

③ Voet (1997) 68 Managing Intellectual Property 16; Adams [1995] 10 EIPR 497 at 501.

④ AG Leger in Roche at [97] of his opinion.

⑤ Voet (1997) 68 Managing Intellectual Property 16.

3. 侵权与效力的关系

知识产权的效力问题往往会在侵权诉讼中同时出现。实践中，侵权案件大多涉及效力问题，在此种情况下，应当考虑两个问题：首先，哪个法院有权审理效力事项，是对侵权具有管辖权的成员国法院，还是对效力问题享有管辖权的成员国法院？其次，效力问题对知识产权侵权的管辖有何影响？

对于某些纯粹涉及知识产权效力问题的案件，例如撤销专利的请求，《布鲁塞尔条例》第 22 条第（4）款将予以适用，即注册地或备案地法院对外观设计、专利、商标或其他类似已在欧共体国家注册或备案的权利的效力享有专属管辖权。《布鲁塞尔条例》的其他条款涉及纯侵权问题，而不涉及知识产权效力的问题。《布鲁塞尔条例》明确区分侵权和效力问题，并为每个问题制定了单独的管辖权适用规则。[1]

关于具有侵权管辖权的成员国法院是否也可以审理知识产权效力问题的答案，可参见权威案例 GAT v. Luk。[2]在此案决定之前，不同成员国的法院没有对这个问题提供统一的答案。德国公司原告 GAT 起诉另一家德国公司被告 Luk，声称它没有侵害被告的法国专利。原告的主张包含两部分：首先主张其产品没有侵犯被告的专利权；此次，被告的专利是无效的。德国杜塞尔多夫地区法院认为其具有管辖权，可以审理根据《布鲁塞尔公约》第 2 条提起的侵权之诉，该条不因无效抗辩而使该法院无管辖权，该法院也有权裁决无效事项。二审的杜塞尔多夫地区高等法院向欧洲法院提出了关于《布鲁塞尔公约》第 16 条第（4）款范围的问题。欧洲法院认为这个问题的本质，是"该规则是否涉及与专利的注册或有效性有关的所有程序，即不论该问题是通过诉讼提出还是以反对提出抗辩，以及其申请仅限于通过诉讼提出专利注册或有效性问题的案件"。欧洲法院对《布鲁塞尔公约》第 16 条第（4）款的范围给予了扩大性解释，认为第 16 条第

---

[1] Plastrus Kreativ AB v. Minnesota Mining and Manufacturing Co [1995] RPC 438.

[2] Case C－4/03 Gesellschaft fur Antriebstechmil mbH & Co KG（GAT）v. Lamellen und Kupplungsbau Beteiligungs KG（LuK）[2006] ECR I－6509.

（4）款中规定的专属管辖规则涉及与专利的注册或效力有关的所有程序，不论该问题是以诉讼或以反对形式提出。GAT 判决至少意味着注册地成员国就无效问题拥有专属管辖权，侵权管辖法院无权审理无效问题。

欧洲法院在 GAT 案中的推理是，《布鲁塞尔公约》第 16 条第（4）款根据其目标和在公约的立场加以解释。首先，允许法院处理侵权行为或确认没有侵权，以间接方式确定所涉专利的无效性将破坏该条第 16 条第（4）款的约束性质；其次，原告不应简单地通过提起某种诉讼而规避第 16 条第（4）款中的强制性规则，这将产生扩大管辖的效果，并将破坏《布鲁塞尔公约》管辖权规则的可预测性；①最后，允许除授权专利的国家以外的国家法院间接认定专利的效力问题会增加冲突判决的风险。

GAT 判决作出后也遭到了很多批评。首先，它会给平行权利的复杂性案例带来不良影响。② GAT 案是一个涉及两个法国专利的简单案例，并不涉及两个或多个成员国的平行权利。但是在实践中，典型的侵权/效力案件往往涉及多项欧洲专利。如果将 GAT 案的判决适用到这些案件中，其结果将会出现多个不同成员国的审理效力问题，真正的风险可能是出现多个不同法院的判决结果，法律的确定性将完全丧失。首席律师 Geelhoed 先生在 GAT 案中认为：“不得不承认，从司法和司法经济的组织的角度看，GAT 判决的解决方案是不理想的。”

其次，GAT 案将允许被告通过主张无效抗辩而在效力问题上挑选法院。如果提出无效抗辩的效果是阻止具有侵权管辖权的法院审理效力问题，挑选法院的可能性就变得更高。一旦决定具有侵权管辖权的法院不能推翻效力问题，将不可避免地意味着效力问题将会影响侵权行为。

此外，也不排除各方当事人滥用 GAT 案判决的可能。即使没有任何论据支持，仅凭提出无效抗辩观点就足以触发专属管辖机制。令人遗憾的是，欧洲法院并没有在此问题上作出认定。不妨说，处理侵权行为的国家

---

① Roche at 28.

② Torremans［2007］EIPR 195；［2008］Tijdschrift voor International Privaatrecht 65；and Heinze and Roffael［2006］10 GRUR Int 787 at 792.

的法院，应当保留在当事人恶意提出无效抗辩而不存在任何成功可能的情况下驳回无效辩护的选择权。①

在欧盟，效力问题可以通过以下四种不同方式提出：确认不侵权诉讼；抗辩不侵权；反诉及单独的撤销程序。那么，提出效力问题的方式是否适用于 GAT 案件确定的管辖权原则呢？GAT 案本身涉及两种与效力问题有关的提出方式，确认不侵权诉讼和抗辩不侵权。显然，这两种方式在 GAT 案均不影响管辖权的变化，GAT 案希望阻止具有侵权管辖权的法院间接地确定专利的有效性问题。GAT 案确定的管辖权原则，同样适用于通过反诉方式对效力问题提出质疑的案件，这在 Knorr－Bremse Systems for Commercial Vehicles Ltd v. Haldex Brake Products GmbH ②案中得到了确认。在该案中，被告在英国法院提出的不侵权诉讼中提出抗辩后，原告就有关欧洲专利中英国专利的效力问题提出了反诉。在对效力问题涉及单独的撤销程序的方式下，如果效力问题仅仅是在注册地成员国被提出，该此种方式完全不影响管辖权规则；如果单独的撤销程序与含效力问题的侵权诉讼同时在两个不同的国家同时发生，根据 GAT 案确定的原则，则具有侵权管辖权的法院不得审理效力问题；如果涉及效力的撤销程序发生在无效抗辩的侵权诉讼之前时，GAT 案原则同样适用于此情形。③

4. 临时性措施的管辖权问题

《布鲁塞尔条例》第31条规定："可以向成员国法院申请根据该国法律可能提供的临时性保护措施，即使根据本条规则的规定，另一成员国的法院对于案件实体问题具有管辖权。"④根据上述规定，即使成员国法院对争议的实质内容没有管辖权，当事人也可以向该成员国的法院提出申请，要求提供该成员国法律允许的临时性措施。在成员国法院已经或可能开始

---

① Heinze and Roffael [2006] 10 GTUR Int 787 at 796 and AG Geelhoed opinion in GAT at [46].

② [2008] EWHC 156 (Pat), [2008] IL Pr 26.

③ JJ Fawcett, P Torremans, Intellectual Property and Private International Law, 2nd Edition, Oxford University Press, 2010, p 352.

④ 同 2007 年《卢加诺公约》第31条和《布鲁塞尔公约》第24条。

对案件提起诉讼的事实，并不剥夺另一成员国法院根据第 31 条的规定行使管辖权。①当然，如果法院根据《布鲁塞尔条例》第 2 条和第 5 条至第 24 条对案件的实体问题具有管辖权，它也有权命令任何必要的临时性或保护性措施。②

（1）荷兰的 Kort – geding 程序

在荷兰，临时性命令是通过 Kort – geding 程序授予的。③ 欧洲法院在 Hans – Hermann Mietz v. Intership Yachting Sneek BV ④一案中这样描述该程序的特点："考虑到当事人在所有情况下的利益，它允许并授予需要立即采取的紧急性措施。"⑤近年来，荷兰法院在跨境禁令侵权案件中的 Kort – geding 管辖权是基于《布鲁塞尔公约》第 2 条、第 5 条第（3）款和第 6 条第（1）款行使的。

对于居住在欧共体以外的被告，管辖权是基于国家管辖权规则 [荷兰民事诉讼法第 126 条第（1）款] 而存在的。⑥值得注意的是，即使被告居住在欧盟成员国内，Kort – geding 程序管辖权并不依赖于《布鲁塞尔条例》。第 31 条是一项管辖权规则，其允许诉诸国家的管辖权规则。⑦

第 31 条中的临时措施是否能得到授予在下列情况下最为明显：对争议的实质没有管辖权的荷兰法院，基于该条对于管辖权的规定使用本国规则颁布临时禁令。它只有在授予第 31 条所指的临时措施时方可使用。这不仅仅是荷兰法院所关心的问题，关于某一临时性命令是否属于第 31 条的问题，还可能在承认与执行该命令的阶段出现。⑧

---

①　Case C – 391/95 Van Uden Maritime BV (Trading as Van Uden African Line) v. Kommanditgesellschaft in Firma Deco – Line [1999] QB 1225 at [29].

②　Ibid at [19].

③　Article 289 (1) Dutch Code of Civil Procedure. 该程序仅限于获得临时性命令。

④　Case C – 99/96 [1999] ECR I – 2277.

⑤　Ibid at [34].

⑥　See Chiron Corpn v. Akzo Pharma – Organon Technika – UBI, The Hague District Court, 22 July 1994, 1994 IER, No 24, 150.

⑦　See Van Uden case, above, at [42].

⑧　See Hans – Hermann Mietz v. intership Yachting Sneek BV [1999] ECR I – 12277.

　　荷兰已经普遍认同，使用 Kort－gebing 程序授予临时禁令属于第 31 条规定的范围。这已经在 Van Uden Maritime BV v. Kommanditgesellschaft in Firma Deco－Line ①和欧洲法院的 Hans－Hermann Mietz v. Internship Yachting Sneek BV ②案中得到确认。

　　（2）临时性措施在侵权案中的应用

　　作为一种正常的补救性措施，根据第 31 条授予强制令在侵权案件中特别有帮助。它允许缺乏管辖权的成员国法院，在另一成员国对实质性争议作出裁定之前，给予禁止侵权的禁令性救济，以防止侵权。

　　临时性措施可以使用在下列情形：①防止发生侵犯知识产权的威胁性行为。例如，居住在法国的被告威胁在英国侵犯专利。英国法院基于第 5 条第（3）款对实质争议具有管辖权，且该项规定可以作为任何临时措施判决的依据。作为替代方案，法国法院根据《布鲁塞尔条例》第 2 条也对实质争议具有管辖权。为支持法国诉讼，临时性强制措施可以从英国法院获得，以防止在英国发生威胁侵权的行为。②在受案法院对侵权诉讼无管辖权，而一方在侵权案中对在另一成员国注册的权利提出了无效抗辩。在 Coin Controls Ltd v. Suzo International（UK）Ltd and Others ③案中，英国法官接受了《布鲁塞尔公约》第 24 条所赋予的权力非常广泛的观点，认为英国法院可以颁发临时命令。尽管自己对侵权诉讼的实体问题不具有管辖权，但仍可以采用临时性措施。第 31 条在这种情况下将继续发挥作用。

　　（3）跨国禁令

　　跨国禁令是针对在国外侵犯外国知识产权的一种保护措施。④这种禁令对知识产权侵权案件的原告特别有用，因为它可以合并诉讼，并可以迅速让对方知道原告的立场。原告还可以针对跨境的非法侵权行为，在不同的

---

① Case C－391/95［1999］QB 1225，［1998］ECR I－7091.
② Case C－99/96［1999］ECR I－2277.
③ ［1999］Ch 33.
④ Berrams（1995）20 IIC 619；Meibom and Pitz［1997］8 EIPR 469.

国家寻求一系列的禁令。①临时跨国禁令似乎在每个成员国都可以使用，但是，在成员国获得这种禁令不仅取决于具有管辖权的成员国的法院有权授予跨境禁令，还需要符合获得此种禁令的国内法要求。一些成员国比其他成员国更愿意批准这种禁令。

①跨国禁令的管辖权

A. 永久性禁令

如果成员国法院根据《布鲁塞尔条例》第 2 条，第 5 条或第 6 条，对争议的实质问题具有管辖权，它们是否对颁发跨境禁令享有管辖权呢？如前所述，第 2 条允许被告居住国法院对在国外侵犯国外知识产权的侵权行为的实质上拥有管辖权，则该法院对跨境禁令亦享有管辖权。从 Roche 案中可知，第 6 条第（1）款不能用于平行欧洲专利诉讼，不包括平行国家专利，因此跨境禁令无法适用于此种情况。关于第 5 条第（3）款，情况也不太容易确定。在基于第 5 条第（3）款的损害赔偿案中，对该成员国的损害赔偿请求具有管辖权的法院，不应对其他成员国的损害赔偿请求具有管辖权。其结果是，第 5 条第（3）款通常不能用来确定是否准予跨界禁令的管辖权。在 UVG Ambulances Ltd v. Auto Conversion Ltd（Wilker Auto Conversions）② 案中，第 5 条第（3）款规定的管辖权是基于在苏格兰的损害赔偿请求。Lord Drummond 认为，法院只能准许阻止在苏格兰的威胁侵权行为的禁令，而不是在世界范围内的。GAT 判决导致某些成员国法院在对其他成员国的注册权利提出无效抗辩时暂停侵权诉讼，这便产生了更加难以获得永久性或临时性禁令的连锁效应。

B. 临时禁令

如果管辖权是基于《布鲁塞尔条例》第 31 条获得的，③英国和荷兰法院对此情况下是否能够颁发临时性禁令的态度截然不同。

---

①　Interlas v. Lincoln, Supreme Court of the Netherlands, 24 November 1989, 1992 NJ, No 404, 1597.

②　[2000] ECDR 479.

③　参照 1982 年英国《民事司法管辖和判决法案》第 25 条。

a. 荷兰

荷兰海牙上诉法院在 Expandable Grafts Partnership v. Boston Scientific ①
案中认为，根据《布鲁塞尔公约》第 24 条,②临时性措施只能在批准这些
措施的法院成员国领土内实施。③法院由此推理，第 24 条规定的管辖权的
宗旨是，地方法院是能够判断应该批准或拒绝所请求措施的最佳法院。④

欧洲法院在 Van Uden 案中要求，所请求措施的事项与被请求的成员国
法院的司法管辖领域要有"真实联系"。那么是否可以依据第 31 条授予跨
国临时禁令呢？德国的律师坚持认为，"真实联系"要求意味着基于第 31
条的临时禁令永远不可能是跨国的。⑤该观点在 Van Uden 案得到了支持。⑥

b. 英国

在英国，关于临时禁令的规定需要同时参照 1982 年《民事司法管辖
和判决法案》第 25 条和《布鲁塞尔条例》第 31 条。英国对跨国临时禁令
的态度没有像荷兰那样有严格的界限。

在决定是否拒绝给予临时措施时，英国法院应考虑到所请求措施的事
项与被请求成员国的司法管辖领域之间存在着"真实联系"。⑦英国上诉法
院认为，在禁令只针对管辖范围以外的资产的情况下，批准全球性冻结令
是不合适的。⑧在与英国有真正联系的情况下，许多全球性的冻结令都被获
准了。⑨虽然英国的跨国临时禁令并未涉及知识产权案件，但同样的原则适
用于这类案件。

---

① [1990] FSR 352.

② 与《布鲁塞尔条例》第 31 条相同。

③ [1999] FSR 352, at [33].

④ Bernard Denilauler v. Snc Couchet Freres, [1980] ECR 1553 at [16].

⑤ The Hess Report at [838].

⑥ Van Uden, at [47].

⑦ Banco National De Comercio Exterior SNC v. Empresa de Telecommunications De
Cuba SA [2007] EWCA Civ 662 at [29], [2007] IL Pr 51.

⑧ Ibid.

⑨ Ibid at [106], referring to Republic of Haiti v. Duvalier [1990] 1 QB 202 and
Crediz Suisse Fides Trust SA v. Cuoghi [1998] QB 818, CA.

　　无论如何，对"真实联系"要求适用于跨国临时禁令时的不同结果表明，法律对此问题的规定并不明确，此问题应提交欧洲法院予以确认。

　　如果成员国法院基于《布鲁塞尔条例》第 2 条、第 5 条第（3）款或第 6 条第（1）款对实体问题拥有管辖权，原告可以出于紧迫性的考虑而申请非正审禁令。那么，在这种情况下，这些基础性管辖权是否可以提供授予跨国临时禁令的管辖权？是否必须同时满足第 31 条的要求呢？实际上，上述基础性管辖权的规定与临时禁令并无不同。值得强调的是，最近越来越难以获得对实体问题的管辖权，这使得临时禁令包括跨国临时禁令的管辖权也更加难以成立。在 Van Uden 案中，首席律师 Leger 先生认为："如果根据《布鲁塞尔公约》第 5 条第（1）款拥有管辖权，就不需要补充关于临时措施的附加性要求。"这显然意味着，在有基础性管辖权的情况下，跨国临时禁令无需同时满足第 31 条的要求。

　　②给予跨国临时禁令的立场

　　似乎在每个成员国可以获得跨国临时性禁令，但是各国法院在是否愿意批准这种禁令和在需要满足具体要求方面存在差异。下面，笔者将英国法院和荷兰法院的立场进行对比。

　　A. 英国

　　英国法院只有在符合 American Cyanamid v. Ethicon ①案中确定的"方便原则测试法"的情况下才会批准非正审禁令。金钱性赔偿在专利侵权案件中往往是一种比较充分的补救措施。因此，在这种情况下，非正式禁令是相对少见的。因而，在 Fort Dodge ②案中，以临时性禁止令形式阻止答辩人继续在荷兰诉讼程序的请求被法院驳回。英国法院认为，在此期间受到的任何损害均可以通过赔偿获得补偿。另一方面，在英国，非正审禁令在版权侵权案件中相对常见。

　　在涉及知识产权侵权案中，英国法院表现出明显不愿意授予跨国临时

---

①　[1975] AC 375.

②　[1998] FSR 222, CA.

禁令。在 Chiron Corpn and Others v. Organon Teknika Ltd（No 10）① 案中，Aldous 法官提到一个事实，即荷兰法院不仅对荷兰专利颁发了禁令，而且对其他欧洲国家的对应专利颁布了跨国禁令。他表示："我曾经考虑过这个法庭是否适合与荷兰法院一样，但结论是，本法院不可能颁布一项在英国以外有效的禁令。"可见，英国法官对荷兰法院给予在英国有效的禁令持强烈的反对态度。

B. 荷兰

荷兰以使用 Kort - geding 程序在知识产权案件中授予临时跨国禁令而知名。② 如果荷兰法院有管辖权，他们在给予跨国临时禁令方面没有什么限制。③ 荷兰法院给予跨国禁令主要旨在合并为一个成员国内的诉讼，并迅速让双方了解对方立场的愿望。

英国的司法从业人员对于荷兰在此方面的趋势感到惊讶，他们担心荷兰将成为欧洲国际侵权诉讼中心，英国的专利法院将失去业务。此外，他们对荷兰的 Kort - geding 程序中是否能为被告提供足够的时间来回应这一特别问题也表示了担忧。

授予跨国禁令不仅是荷兰是否愿意这样做的问题，而且涉及荷兰法院是否有权这样做的问题。在许多跨国禁令案中，荷兰法院的 Kort - geding 程序管辖权是基于《布鲁塞尔条例》第 6 条第（1）款拥有的。Roche 案之后，荷兰法院不太像以前那样拥有管辖权的情况将不可避免地减少给予的跨国禁令数量。同样，在 GAT 案之后，荷兰法院在成员国对注册权利的效力决定之前将暂停荷兰的侵权诉讼，这也将减少荷兰法院授予跨国禁令的数量。

---

① ［1995］FSR 325.

② Article 289 - 297 Dutch Code of Civil Procedure.

③ Nuyts, Szychowska and Hatzimihail, Cross - Border Litigation in IP/IT Matters in the European Union: The Transformation of the Jurisdictional Lanscape in Nuyts（eds）, International Litigation in Intellectual Property and Information Technology, ch 1, pp 9 - 13.

（二）美国《ALI 原则》

1. 知识产权侵权管辖

关于知识产权侵权的管辖，《ALI 原则》第 201 条规定："无论侵权请求是否发生在该地，被告住所地法院均具有管辖权。自然人的住所是指被惯常性发现或维系其显著专业和个人联系的地方。法人的住所是指其法定所在地，公司注册或成立地，中央行政机构或行政长官办公所在地，或主要营业地。"《ALI 原则》将被告住所地法院视为其中一个管辖法院，但并非首选法院。① 《ALI 原则》第 204 条继续提供了知识产权侵权的特别管辖权依据，即侵权行为地法院也享有管辖权，侵权行为地包括实施地、结果地以及预备地。这一规定与传统知识产权侵权案件的管辖规定并无不同。②报告人认为这样做的优势可以使测试方法不受特殊科技因素，比如网址"交互性"的局限。《ALI 原则》扩大了侵权行为地的范围，增强了对权利人权益的保护。第 204 条适用于所有类型的知识产权侵权。

《ALI 原则》第 204 条第（1）款具体规定："被告可以在已经实质上采取行动或采取实质性准备行为的任何国家被提起侵权之诉。法院的管辖范围扩大到针对在所述国家内的行为所引起的所有伤害性索赔，无论该损害发生在何处。"该条款赋予了中转地法院审理所有由这些活动引起的诉讼请求的管辖权，而不受地域限制。据此，对于非居民被告在法院地国经营网址，并在该网站载有侵权材料，或者拥有进行侵权传播的广播设施，原告可以在该国法院针对这类世界范围内传播侵权行为提起的损害赔偿诉讼。

《ALI 原则》第 204 条第（2）款规定："如果某人的侵权活动指向某国，则该人可以在该国内就其侵权活动导致的侵权索赔被起诉。法院的管辖权延伸到对在该国发生的损害索赔诉讼。"该条款处理非居民被告与法

---

① Intellectual Property: Principles Governing Jurisdiction, Choice of Law, and Judgments in Transnational Disputes, as adopted and promulgated by the American Law Institute at San Francisco, California, May 14, 2007, American Law Institute Publishers, 2008, page 35.

② See above, page 48.

院地国之间联系相对薄弱的诉讼。它涵括非居民被告与受案法院并无经常业务上的交往，却有意从外部将侵权指向法院地国从而引起损害的情形。

《ALI 原则》第 204 条第（3）款规定："不能在 WTO 成员国（地区）中通过适用第 201 -204（1）条就全部领土范围的诉讼请求被起诉的人，可以在该人活动引起侵权的任何国家（地区）被起诉，如果：（a）该人的活动指向该国家（地区），且（b）该人经常性地招揽或与该州联络人、商业或观众保持联系，无论该活动是否导致侵权开始或是进一步侵权行为。法院的管辖范围扩大到由在该国家（地区）以外的行为引起的对国家（地区）内的被控侵权行为，无论损害发生在何处。"该条款针对被告或其业务位于非 WTO 缔约国（地区）情形。这些国家（地区）由于其程序与实体规则与国际标准不一致，可能诱发被告选购法院。《ALI 原则》使用 WTO 成员作为程序与实体公正的象征。因此，如果原告不能依据第 201 条（被告居所）、第 202 条与第 203 条（被告同意）、第 204 条第（1）款（被告促成侵权活动地），将被告起诉到 WTO 成员国（地区）法院，该条款允许原告在被告侵权活动所指向的国家（地区），或与之有经常业务往来的国家（地区）提起诉讼。在此情况下，管辖权的范围延伸至发生在国（地区）外但导致本地侵权的行为所引起的全部诉讼请求，无须考虑损害实际发生地在哪里。

根据报告人解释，《ALI 原则》第 204 条第（3）款旨在回应人们对于被告居所地可能成为被告"信息避难所"的担忧。如果是这样，在一个有权审理全部诉讼请求的被告居所地法院提出诉讼将失去意义，原告因此不得不逐一地诉诸愿意接受其诉讼的国家（地区）法院寻求解决办法。第 204 条第（3）款通过赋予法院对在国（地区）外发生但导致国（地区）内侵权的行为所造成全球范围内的损害管辖权，从而扩张了特别管辖权的范围。然而，第 204 条第（3）款并不赋予法院对任何与侵权行为无关的诉讼请求的管辖权，或者说，它并不赋予法院真正的"一般"管辖权。该条款的实际效果是，即使原告认为被告地法院不是公平法院，他还可以选择在其他地方起诉。值得注意的是，由于该条款扩张了管辖的延伸范围，实际上它增加了被告接受诉讼的义务。①

美国长期以来采用传统的方法对知识产权侵权纠纷进行管辖。在美国 Honeywell Inc v. Metz Apparatewerke② 案中，伊利诺伊州第 7 巡回上诉法院适用长臂管辖原则，在证明侵权行为与法院地存在最低联系的情况下，对该案行使了管辖。

《ALI 原则》对侵权案件的管辖规定较为详细，在对人管辖一章中确立如下原则：在侵权案件中，首先尊重意思自治，允许约定协议管辖；其次确立了被告住所地法院可以管辖侵权案件，但不具有优先性。再次确立了知识产权的管辖权，包括两个选择：一是侵权行为发生地，但是美国规定不仅包括已经实施侵权的行为地，也包括预备侵权的行为地；另一个是侵权结果发生地。这些规定不仅适用于传统的知识产权侵权纠纷，也同样适用于上述的网络侵权案件。

2. 侵权的协议管辖

《ALI 原则》第 202 条调整选择法院协议，原则允许当事人协议选择法院的管辖权。原则中使用的"选择法院"一词与 2005 年海牙《选择法院协议公约》中的选择法院协议的术语相对应。《ALI 原则》第 202 条第（3）款将非协商性法院选择的有效性附在"合理性"审查的范围内。如果作出判决法院的管辖权是基于非协商性法院选择条款，而该法院的指定根据《ALI 原则》第 202 条第（3）款 b 项为不合理指定，那么该法院作出的判决可以被拒绝承认与执行。《ALI 原则》秉持的理念是，所有知识产权诉讼可以在任何国家审理。依据《ALI 原则》第 213 条，专属管辖权仅限制在诉讼客体为专利等注册知识产权的无效宣告诉讼程序。所有其他知识产权包括侵权与有效性问题的诉讼程序，都可经由当事人自行处理并选择法院。《ALI 原则》旨在适用于特定国家选择法院，或选择具体地点或

---

① 参见杨长海：《知识产权冲突法论》，厦门大学出版社 2011 年版，第 206 页。

② 509 F. 2d 1137.

选择具体类型的法院。①

3. 临时措施的管辖

《ALI 原则》强调信息的时间价值以及已掌握知识的无法返还性等方面认证初步救济措施在知识产权纠纷中的重要性。《ALI 原则》第 214 条是临时与保护措施规定。根据该规定，拥有对人管辖权与对物管辖权的法院有权颁布临时或保护措施令；任何知识产权注册国法院有权作出有关该知识产权的临时或保护措施令，但该措施的效力只限于该国领域之内。《ALI 原则》认为，应允许法律使用国内法有关临时禁令的弹性规定，确保知识产权原状在判决未决期间得以维持。这样的救济措施还可用于财产保全，确保判决在将来得到充分执行。②

（三）日韩共同提案

1. 知识产权侵权的管辖

日韩共同提案第 203 条是对知识产权侵权诉讼管辖规则的专门条款，具体为："（1）知识产权侵权行为地国法院享有国际裁判管辖权。损害发生在多个国家的，主要侵权行为地国法院对全部损害请求具有管辖权。（2）侵权行为针对特定国家的，该国法院只对本国发生的损害请求享有管辖权。"

该条首先规定侵权行为地国法院对知识产权侵权诉讼具有管辖权。这里所说的侵权行为地国，既包括侵权行为发生地国，又包括结果发生地国。该条还规定了在多个国家发生损害时的"主要"侵权行为地国法院的集中管辖。主要侵权行为地国，是指侵权行为本质且重要的部分进行地国。韩国方案广泛承认管辖集中，该规定基本采纳了韩国的方案。《CLIP 原则》第 2.203 条第（2）款集中管辖只限于因特网等同时多方位媒体导致的扩散性侵权。日本方面原告的提案也曾只限于"属于同一权利人在多

---

① Intellectual Property: Principles Governing Jurisdiction, Choice of Law, and Judgments in Transnational Disputes, as adopted and promulgated by the American Law Institute at San Francisco, California, May 14, 2007, American Law Institute Publishers, 2008, page 38.

② 参见杨长海：《知识产权冲突法论》，厦门大学出版社 2011 年版，第 221 页。

个国家的知识产权通过因特网等同时多方位媒体同时被侵害的",承认客户合并的集中管辖。①本条不仅限于扩散型的同时多方位侵权,而且是对损害在多个国家发生的情况广泛承认集中管辖。这主要是考虑难以对这样的特别规则明确进行限定。此外,可以通过适用第211条(特殊情况的考虑)对过度管辖问题予以适当限制。这样有利于知识产权的有效行使,但同时要求法院考虑情况时慎重判断,以防止过度集中。

本条同时规定:"被告行为指向特定国家而发生损害的,该国法院对其具有国际裁判管辖权。"本条第(2)款是侵权行为地国的解释性规定,同时效仿欧洲法院的Shevill②判决,只对在该国发生损害的赔偿请求具有国际裁判管辖权,但同时对管辖范围进行了限制。

2. 保全措施的管辖

对于保全措施,日韩共同提案第201条规定:"(1)依据本原则对案件具有国际裁判管辖权的国家、临时扣押物或诉讼标的物所在国的法院,对于知识产权相关的案件的保全措施具有国际管辖权。(2)临时扣押物或诉讼标的物所在国法院,可以采取只在该国领土内才具有效力的保全措施。"该条一方面承认实体管辖法院的保全裁定管辖权,对于其效力承认在外国的承认、执行的可能性,没有规定领土限制。另一方面关于"临时扣押物或诉讼标的物所在国的法院"的保全措施,规定了只在该国领土内有效,限制了领土范围。

对于知识产权本身有必要采取保全措施的,对于非登记知识产权也可能有必要采取同样的保全措施,如果只承认"登记国"的管辖权,则范围过小。因此,扩大了管辖权的范围,规定了被扣押物品所在地国、诉讼标的物所在地国的管辖权。关于知识产权本身的保全措施,可以解释为"诉讼标的物所在国"也是该权利的保护国。即使是实体管辖国以外的国家的保全裁定,其效力在其他国家也有可能被承认。但是,如果认为此类管辖

---

① 参见[日]木棚照一:《关于知识产权的国际私法原则案——日本工作组的准据法部分的提案》,载《企业与法创造》2009年第6卷第2号(总第19号),第245页。

② ECJ 7. 31995, Case C-68/93.

只是暂时性的、对物性的，那么将这样的保全措施的效力限定为属地性的具有合理性。

（四）欧盟《CLIP 原则》

1. 知识产权侵权案件的管辖

《CLIP 原则》第 2.202 和第 2.203 条第（1）款规定："对于知识产权侵权纠纷，除非被控侵权人并未在该国从事过或继续实施侵权行为，且其行为不能被合理认定是针对该国的，则侵权行为发生地或可能发生地国法院有管辖权。在侵权案件中适格法院的管辖范围仅限于本国境内业已发生或可能发生的侵权行为予以管辖。"《CLIP 原则》第 2.203 条第（2）款进一步规定："对于借助互联网等实施的侵权行为，按照前述规定，享有管辖权的法院在满足以下条件时，对在他国发生或可能发生的侵权行为也具有管辖权：（1）侵权行为对侵权人惯常居所地国没有实质性影响，（2）加剧侵权的主要行为发生在法院所在国内；或者侵权行为给法院地所在国造成的损害是主要的。"从以上规定可以看出，对于网络知识产权侵权行为，《CLIP 原则》规定主要侵权行为地国法院对所有侵权诉讼拥有管辖权。

2. 临时性保护措施的管辖

临时性保护措施被广泛应用于知识产权侵权诉讼中。《CLIP 原则》除了将采取临时性保护措施的管辖权赋予对知识产权侵权纠纷具有管辖权的法院外，还同时赋予执行国的法院或被请求进行保护的所在国法院对临时性保护措施也具有管辖权。①

根据《CLIP 原则》的相关规定，临时性保护措施包含要求立即停止侵权的命令、查扣涉嫌侵权物品的命令、保全侵权证据的命令、禁止当事人转移财产的命令、责令当事人提供财产线索的命令。②

五、知识产权侵权与协议管辖之《选择法院协议公约》

一般来讲，如果原告起诉被告侵权，或者是提起宣告性诉讼，要求法

---

① 《CLIP 原则》第 2.501 条第（1）（2）款。
② 《CLIP 原则》第 2.501 条第（3）款。

院判决特定知识产权无效或者被告不是该权利的所有人，当事人之间不可能在争端发生之前即建立合同关系。只有在很少情况下，权利持有人与侵权人在争端发生之后达成管辖法院协议。在绝大多数情况下，只有在当事人之间签订了知识产权合同的情况下才涉及法院选择条款的适用。

在国际社会的努力下，2005 年海牙《选择法院协议公约》专门适用于民商事领域当事人订立的选择法院的协议。公约第 2 条第（2）款把 16 个实体方面的事项排除在其适用范围之外，其中第 2 条 O 项明确处理知识产权侵权问题。该条规定，公约不适用于版权与邻接权以外的知识产权侵权，除非侵权诉讼因违反当事人之间有关这类权利的合同提起，或本可以因违反合同而提起。按照该公约，关于版权和邻接权的侵权案件是适用的，其他知识产权的侵权案件则不适用公约。但有两个例外：一是当事人之间因违反涉及此类知识产权合同而提起的诉讼；二是原本可以因为违反该合同而提起的侵权诉讼。其隐含的意思是，其他知识产权侵权案件是不适用公约的，但是如果该侵权案件是因违反合同或可以因违反合同而提起，则可以将其纳入公约的适用范围内。

小　结

虽然专属管辖容易增加当事人在诉讼中的经济成本和时间成本，但是，当前各国和国际条约仍对知识产权的产生与效力纠纷管辖持保守态度，多将跨国注册类知识产权的产生和效力纠纷规定为专属管辖。这主要是考虑到，如果一个外国司法机关行使管辖权而对在他国注册或登记的知识产权效力进行调查，无疑侵犯了他国的行政或司法主权。这也是布鲁塞尔公约体系、海牙公约和《ALI 原则》对于知识产权的登记与效力问题保留为专属管辖的主要依据。由于版权等不需要登记或备案的权利成立无须国家公权力的介入，国际立法普遍将其纳入一般管辖与协议管辖的范畴。但是，如何处理侵权或合同诉讼过程中就知识产权效力作为抗辩或反诉的先决问题仍是令国际社会棘手的问题，《布鲁塞尔公约》与《卢加诺公约》对于这类问题明显缺乏解决办法，导致实践中仍然存在很多困惑。相对而言，《ALI 原则》排除了登记国法院对此类问题的专属管辖规定，但规定一国法院宣告他国注册的知识产权无效判决仅在案件当事人之间有效。《ALI 原则》的这一变通性规定在一定程度上可以降低当事人的诉讼成本，进一步提高司法效率。①

知识产权的所有权问题与知识产权的成立和效力问题有所区别。专利等注册性知识产权的成立和有效是一主权国家主管机构行使管理权力的结果，也是平衡一国社会公共利益权利所有者利益的结果，它是否成立和有效，直接关系使用知识产权产品的社会公众的利益。因此，不能说一国的知识产权主管机关对知识产权所有权问题的管理知识程序性的注册工作不是行政管理工作。实际上，这种注册工作本身就是行政管理属于工作的一部分。不同的所有人对权利行使的态度是不同的，不能排除某些所有人处于某种考虑主动放弃权利，此外，还有国家注册机构登记的所有人并非该知识产权的真实所有人，他们对知识产权的行使态度也截然不同，这些都影响社会公共利益。而且，知识产权权属关系还受到成立国合理使用、法定许可使用和强制使用等制度的影响，特别是强制许可是由知识产权的主管机关经过审批的，这种审批本身就是一种行政管理活动。因此，知识产权的所有权问题与一国主管机关的行政管理活动密切相关。尽管世界上一些国家的国际私法立法认可了某些与民商事活动相关的行政管理公法规范有域外效力，但是一国法院无论如何不能对另一国行政机关的管理活动作出裁决，这直接侵犯了一主权国家的行政管理权，这样的裁决并不能得到有效的承认与执行。此外，由合作性和雇佣性智力创造活动产生的知识产权权属关系问题，除非各国有关该方面的冲突规则是相同的，对这方面争议行使管辖权的国家不同，其裁决结果也不会相同，这对稳定作为对世权的知识产权来说是致命的打击。因此，对这方面的争议，应由权利主张地国法院首先管辖。即使在合作合同和雇佣合同中对合同的管辖权作了约定，在涉及知识产权权属争议问题时，也应由权利主张国法院对这种协议

---

① 参见杨长海：《知识产权冲突法论》，厦门大学出版社 2011 年版，第 195 页。

管辖的约定进行审查。①

本章第三节认定对知识产权的注册行为是一种国家机关作出的事实行为，它对知识产权的成立和效力，以及权属关系争议的管辖权确定产生影响。应该区别注册性知识产权和非注册性知识产权，以及注册性知识产权的成立和效力及权属关系事项分别确定国家管辖权。对注册性知识产权的成立和效力事项提起诉讼的，由知识产权注册地国法院专属管辖。对注册性知识产权的权属关系事项提起诉讼的，由被告住所地国或知识产权注册地国法院管辖。对非注册性知识产权的成立、权属关系、内容和终止等事项提起诉讼的，由被告住所地国或知识产权被主张保护国法院管辖。②

知识产权合同形式的多样性、义务的复杂性和知识产权利用行为发生的多国性给确定知识产权合同管辖权的联系因素带来了一定的难度。在欧洲，对知识产权合同管辖权问题基本上与一般合同同等对待，不作特别处理。《布鲁塞尔条例》允许原告在被告住所地缔约国提起诉讼，而不论被告所属国籍如何。当原告在被告住所地以外的缔约国法院提起诉讼时，与合同有关的事项由争议义务履行地法院管辖。在许可合同中，知识产权权利人授予使用该权利作为报酬的合同不属于服务合同，因此应由被告住所地缔约国法院管辖。在转让合同中，因为转让方并没有进行"活动"而不属于服务合同。如果受让方没有付款，转让方可在本国或在受让方居住国诉讼。如果转让方违反变更登记义务，该变更义务履行地即权利登记地法院将享有管辖权。如果转让方违反保证义务，则签署文件地即转让方居住地法院拥有管辖权。

根据《布鲁塞尔条例》，当在知识产权合同纠纷中涉及知识产权效力时，对注册类知识产权的效力由权利登记国法院专属管辖。知识产权合同有效性问题可以以多种不同的方式出现，《布鲁塞尔条例》或《卢加诺公约》中并未就知识产权合同效力作出特殊规定。因此，成员国法院对知识

---

① 参见徐祥：《国际私法中的知识产权问题研究》，武汉大学 2007 年博士学位论文。

② 参见徐祥：《国际私法中的知识产权问题研究》，武汉大学 2007 年博士学位论文。

产权合同的有效性不存在排他性管辖权的问题。

《ALI 原则》规定有关知识产权合同诉讼的原告，可以在被告居所地国家法院起诉或由当事人通过协议管辖确定。2005 年《海牙公约》也允许当事人选择解决争议的法院。互联网上的点击协议可以通过在合同中的约定确定管辖。对于一国或其国内不同法院认为案件应当由另一国或其国内不同法域法院审理的，受诉法院可能基于不方便原则而驳回管辖权。

知识产权侵权与其他一般侵权一样，也是行为人侵犯他人财产权与人身权的行为，只不过此处的财产权是无形的。知识产权的国际开发和利用是导致知识产权跨国侵权案件管辖权问题产生的根源。侵权行为地法院管辖是目前普遍接受程度最高的管辖原则。

布鲁塞尔公约体系中没有知识产权侵权管辖的特别规定，难免导致司法实践的困惑。《ALI 原则》中的知识产权侵权管辖条款规范详尽，内容具体。赋予不同种类知识产权侵权的一般管辖权，体现了知识产权侵权管辖问题上的国际趋势。然而，《ALI 原则》赋予的法院管辖权范围比《CLIP 原则》建议案更宽。值得质疑的是，《ALI 原则》中的特别管辖权扩张条款。整体上讲，《ALI 原则》偏重于对原告的保护。相反，《CLIP 原则》通过管辖法院的限制，着重于对被告的保护。

知识产权的非物质性决定它的易传播性，同一知识产品很容易同时在数个地域被利用。相对于其他财产权侵权而言，大规模平行性侵权和共同性侵权成为知识产权侵权的重要类型。对于平行性侵权和共同侵权，在一个法院地合并诉讼将利用重要的资源，包括当事方资源和国际司法资源。对于平行性侵权，一国法院为了通过行使管辖权的方式保护本国知识财产和本国权利人的利益，在不能行使合并管辖的情况下，往往通过将其国内法扩及适用于外国的侵权行为，侵犯了外国对本国知识产权产品利用市场享有的属地立法管辖权。因此，实行合并管辖可以抑制将国内法范围扩及适用于外国侵权的趋势。①

---

① 参见徐祥：《国际私法中的知识产权问题研究》，武汉大学 2007 年博士学位论文。

　　临时措施也叫保护措施，分为多个类别。在知识产权问题中最典型的临时性或保护措施是临时禁令或初步禁令。知识产权诉讼中临时禁令具有与案件事实判决相同的效力。法院可使用这样的禁令阻却被告延续对于特定知识产权的侵权。如果法院禁止被告延续其侵权行为，这样的初步禁令的效力无异于事实判决作出的最后禁令。

　　一国法院对有关知识产权争议的实体内容行使管辖权，不影响另一国法院对与知识产权侵权争议有关的证据和财产采取保全措施和其他临时性措施行使管辖权。被告住所地、所涉证据和财产所在地和知识产品利用地国法院享有采取相关临时性措施的管辖权。

　　正是由于禁令具有以上的特点，决定了在知识产权侵权国际管辖中禁令这一问题需要特别关注。临时保护措施的重要性决定了其在任何国际立法中的地位。这些措施对于知识产权诉讼也是相当重要，所有涉及管辖的国际性公约均不能排除这方面的规定。

第四章　涉外知识产权纠纷的法律适用

法律适用问题作为国际私法的重要领域，也是法院受理案件后必须面对的法律问题。国际私法中的法律适用制度是以地域为标准分配不同国家的管辖范围，将已经发生的涉外民事纠纷运用"分配法"的方法，交由一国法律处理。①历史地看，法律适用制度的发展过程也经历了从冲突正义到兼容实质公平、从单边到双边的过程。②由于知识产权法律关系的涉外性，法律冲突不可避免，正是由于出现了法律冲突，才是法律适用制度形成的根源。因此，法律适用制度是解决法律冲突问题的特有规则。涉外知识产权法律适用是指法院依据冲突规则确定所适用的准据法的过程。

涉外民事法律关系的调整一般分为直接调整和间接调整。直接调整方法，顾名思义就是直接在立法中明确规定当事人之间的实体权利义务关系。间接调整方法，简而言之是指确定权利义务关系的实体法有赖于冲突规范的指引。③对于涉外案件处理，常常会遇到实体法和冲突法的法律适用问题。

长期以来，传统理论过于强调知识产权地域性的特征，认为地域性的存在，使法律冲突问题并不明显，也不存在援引冲突规范的间接调整

---

① 参见韩德培：《国际私法的晚近发展趋势》，载《韩德培文选》，武汉大学出版社 1987 年版，第 8 页。
② 参见宋晓：《当代国际私法的实体取向》，武汉大学出版社 2004 版，第 238 页。
③ 参见陈锦川：《涉外知识产权民事法律关系的调整及法律适用—上篇：理论规范篇》，载《电子知识产权》2005 年第 2 期，第 30－34 页。

方法。

一百多年前，国际间的经贸往来并不发达，知识产权问题并不凸显，鲜有国家对知识产权问题作出立法规定。但进入 19 世纪中叶后，科技飞速发展，国际间经济合作的不断扩大，有关知识产权国际交易的市场日渐活跃，知识产权背后隐藏的巨大商业价值，使各国逐渐意识到知识产权法律制度的重要性。但由于不同国家经济发展阶段的差异性以及法律文化传统不同，决定了各国知识产权立法必然存在差异。如第一章所述，知识产权立法的差异主要源于各国经济和文化甚至历史发展的不同，特别是在有关知识产权权利获取方式、申请程序、保护对象和范围、保护期限，尤其是对涉外知识产权的立法保护规定不一的情况下，势必造成权利请求保护国与起源国之间产生权利保护的法律冲突。对知识产权保护制度的差异性，也一定程度影响了贸易的发展，为谋求深度的国际经济合作，制定国际性知识产权公约，有助于各国知识产权立法的统一与协调，共同努力形成有关知识产权的国际保护体系是各国的良好愿望。

由于知识产权很强的地域性，知识产权领域的冲突规范出现很晚，也就是近一百多年的事情，直到 20 世纪 60 年代，才逐渐进入各国的国际私法立法领域。但知识产权的有效利用能够带来巨大的经济效益，因此，知识产权的保护也是各国立法的重要内容。作为巨大的无形资产，知识产权的法律保护问题备受国际社会关注。知识产权的法律适用问题作为核心问题，愈发受到各国知识产权理论界与实务界的普遍关注。例如，1974 年《阿根廷国际私法草案》第 21 条，1966 年《葡萄牙民法典》第 48 条，1987 年《瑞士联邦国际私法法规》第 110 条，1979 年《匈牙利国际私法草案》第 21 条，1992 年《罗马尼亚国际私法法典》第 61 条，等等。①

国际社会为了解决知识产权法律冲突，一直尝试制定统一的区域性和全球性知识产权法律适用规则，以利于更有效地保护权利人在他国拥有的知识产权。涉外知识产权的法律适用就其本质而言，就是寻求适用哪国法

---

① 参见裴洋：《论其他知识产权的法律适用》，载《武汉理工大学学报（社会科学版）》2008 年第 12 期。

律更有利于保护知识产权权利人的合法权益。国际条约虽然能够在一定程度和范围内避免法律冲突，但并不能取代冲突法，冲突规范仍是涉外知识产权保护中的重要问题。①

与有形财产相比，知识产权作为一种无形财产权，具有无形性、易复制性、地域性和法律确认性等特点。正因为上述特性，涉外知识产权的法律适用也具有了特殊性。笔者尝试结合涉外知识产权的特性，对其法律适用作初步探讨。

第一节　概述

一、知识产权法律适用问题的产生

众所周知，发明可以在多个国家被授予专利权，这通常可以根据《巴黎公约》主张优先权而获得实现。著作权作品亦可以同时进行多国利用。比如，甲壳虫乐队可以在多个国家同时发行他们的唱片。这些行为都有可能触发在每个国家产生不同的知识产权。

不同国家的专利法对生物技术的专利性或是在什么条件下可以授予专利权可能有不同的规定。例如，基于公共政策或其他考虑，中国、美国和大多数欧洲国家都对于哪些发明不能授予专利权而有不同的规定。假设美国专利局已授予转基因动物专利，当美国专利持有人以优先权为由向中国申请同种专利时，中国知识产权局究竟应该适用什么法律来决定是否授予一个平行的美国专利呢？美国法作为原籍国法，中国法作为保护法将会导致不同的结果。又如，与大多数欧洲大陆其他国家相比，英国著作权法对原创性标准要求较低，因为有足够的技能和劳动力参与，原创的电视节目表在英国是可以获得著作权保护的。②但是，电视节目表在中国不一定能获

---

① 参见石巍：《知识产权的法律冲突与法律适用探微》，载《现代法学》1999 年第 5 期。

② *Radio Telefis Eireann and Independent Television Publications Ltd v. EC Commission* [1995] ECR I‑743, [1995] 4 CMLR 718, and [1995] FSR 530.

得著作权保护。这就意味着，在实践中，如果英国的电视节目表要想在中国得到著作权保护，只有适用原始国著作权法才有可能实现。

因雇佣关系产生的权利的所有权问题，在著作权和专利法中规定不一，因此，法律选择的不同也将会导致不同的解决方案。法律适用规则中是否考虑了劳务合同所适用的法律？或者，针对不同的知识产权应该适用不同的保护国法？

从以上一些与知识产权的产生、范围、所有权、效力、期限和终止等问题的法律适用有关的事例可以看出，各国立法规定的差异性，在国际知识产权条约确立的"国民待遇"和"独立保护"原则的情况下，实际认可了各国可以依据各自的法律规范去解决这方面的法律冲突，因此，在权利的原始国与被请求给予属地保护的国家的法律之间发生冲突也是必然的。①

二、涉外知识产权法律适用的主要理论

就目前的理论和实践看，国内外关于知识产权冲突规范的理论众多，其中，主要有以下几种：

（一）来源国法

何谓来源国法，简言之是指涉外知识产权案件应适用知识产权最初取得地或登记国法。比如，著作权适用最初发表地法，商标权与专利权应适用权利登记国法。该主张有利于避免侵权人有机会选择知识产权的准据法，而是智力成果的创造者有权决定知识产权的法律适用。统一适用来源国法能够保障同一知识产权尽管位于不同的国家，但因适用相同的法律而具有相同的效力。对于依照外国法产生的知识产权，该理论还认可了其在内国的效力，实际认可了同一知识产权在不同国家具有相同待遇，这样便于涉外知识产权的跨国保护。但该理论也会导致来源于不同国家的同类知识产权在一国内的不同待遇，可能会与保护国法在保护国取得的知识产权发生冲突。来源国法在早期的国际性公约与各国立法中被采纳，特别是在

①　参见李双元主编：《国际私法》，北京大学出版社1991年版，第223页。

著作权领域。例如，1928 年的《布斯塔曼特法典》（第 105 条和第 108 条）和 1984 年《秘鲁民法典》（第 2093 条）都有关于适用来源国的规定。①

（二）保护国法

保护国法是被请求保护地国法律的简称，也有人称之为"权利主张地法"或"权利请求地法"，均认为被请求保护地国的法律是解决知识产权争议的最合适的法律。

所谓"权利请求地"，顾名思义是指受害权利人寻求法律救济的地方。但如何理解"权利请求地"存在争议，其中容易使人误解的是"权利请求地"与"法院地"的关系，但是"权利请求地"与"法院地"并不等同。"权利请求地"首先应当是"权利受到侵害"的地方。实践中，权利请求地法可能会是注册登记国法、法院地法或侵权行为地法。笔者认为：首先，对权利请求地的正确理解应当同时包括"注册登记地"与"侵权行为地"。对注册类知识产权而言，权利请求保护地即为"注册登记地"，而对非注册类知识产权而言，主要是指侵权行为地与法院地的融合。其次，从不同角度认识同一问题会产生不同的定义，比如，权利请求地侧重于权利人或者权利的角度定义，而侵权行为地则侧重于从侵权人或者侵权行为的角度定义。诚如前述，严格的地域性是知识产权固有属性，无论专利权还是著作权，其都没有突破这种限制。以著作权为例，侵犯著作权的侵权行为是需要根据每一个国家著作权法所规定的有效空间范围各自认定，此时，"权利请求地"也即"侵权行为地"。②

保护国法原则是当今国际社会的主流观点，已为国际公约和多数国家立法所采用。比如，《伯尔尼公约》对保护国法的适用作了明确的规定。③

---

① 参见韩德培主编：《中国国际私法与比较法年刊（1996）》，法律出版社 1996 年版，第 520 页。

② 参见王德辉：《论国际知识产权的法律冲突及其侵权的法律适用》，载《太平洋学报》2006 年第 8 期，第 28 页。

③ 参见 1886 年《保护文学艺术作品伯尔尼公约》第 5 条第 2 款、第 6 条之 2 第 2 款和第 3 款、第 7 条、第 8 条、第 14 条之 2 第 1 项、第 14 条之 2 第 2 款 C 段。

又如，根据瑞士联邦法律的规定，因知识产权问题而产生的纠纷，应当适用被请求保护的国家的法律；①依照匈牙利法律的规定，因著作权问题引发的纠纷，应当适用被请求保护的国家的法律；②根据法国法律的规定，专利保护适用被请求地国法。此外，在一些国家的司法实践中也采纳了保护国法原则。

保护国法原则的优越性有以下几个方面表现：一是有利于国际性知识产权公约的达成共识，也有利于形成国际性的知识产权保护机制，承认知识产权的地域性特征，维护各国的政治经济利益；其次，有利于实现来源不同的知识产权在一国得到同等保护，避免同类行为不同待遇的情形；最后，由于保护国法原则明确了法律适用，避免了适用外国法，有利于减少诉累。

保护国法原则常适用于处理知识产权侵权案件，但如何界定被请求保护国仍争论不止，主要是如何处理侵权行为地国和法院地、原始国与被请求保护国的关系问题。对于侵权行为地与原始国不难确定，因为二者均属于静态的连接点。被请求保护国与法院地则不同，它们均属于动态的连接点。受理诉讼请求的法院即法院地可能会是权利受侵害地国即被请求保护国，也可能不是被请求保护国。

但是，如果所有知识产权案件均由保护地国法律来决定，那么对于没有在保护国取得的权利，就失去了法律保护的依据，反映了保护国法原则固有的不足，容易使侵权行为人利用跨国知识产权保护制度的缺陷选择侵权行为地，从而逃避相应法律责任。③

---

①　1987 年《瑞士联邦国际私法》第 110 条第 1 项规定："知识产权纠纷适用被请求保护地国法。"

②　1979 年《匈牙利国际私法法典》第 3 章规定："著作权纠纷适用被请求保护地国法。"

③　参见冯术杰：《论知识产权冲突规则的拟定——保护国法主义与分割论的结合适用》，载《法学》2005 年第 3 期，第 101－109 页。

（三）意思自治原则

由于技术输出国和输入国的立场不同，知识产权与权利产生地、实施地、侵权行为地或保护国在政治经济利益和法律上紧密相关，意思自治原则在知识产权领域较少运用，但也并不完全排斥。比如，仲裁案件中的当事人协议选择所适用法律的情况较为普遍。而各国立法和司法实践表明，当事人一般对知识产权的效力和侵权争议不做选择或难以达成法律适用的协议。

（四）最密切联系原则

最密切联系原则在国际私法领域是一条重要的冲突规范连接因素。最密切联系原则适用于知识产权领域，同样应当综合考量知识产权法律关系项下的各种因素，如当事人住所地、合同履行地、侵权行为地等，从中寻求和确定与知识产权争议所涉法律关系具有最密切联系的国家的法律，防止适用固定的属地或属人因素带来的弊端。该原则主要运用在与知识产权有关的合同纠纷中，与一般合同法律适用原则相同。如果当事人在知识产权合同中没有协议确定合同适用的准据法，受案法院可以与该合同有最密切联系的国家的法律作为准据法进行审理。目前，最密切联系原则并没有统一而明确的衡量标准。其主要功能在于运用冲突法达到案件处理的公正性，为法官裁量保留适度空间。最密切联系原则常被看作是冲突规范在处理各种法律关系的"兜底性"规则。虽然最密切联系原则已初步运用于知识产权法律适用领域，但法官对于最密切联系因素的界定尚有一定模糊性。

（五）法院地法

简而言之，法院地法规则主张，知识产权纠纷的处理应适用法院地国的法律。一般而言，涉外知识产权法律关系与法院地法并没有必然联系，但在实践中，法院地国与侵权行为地国、合同履行地、权利实施地国或权利保护国往往是一致的。很少有国家立法将法院地法原则作为准据法处理涉外知识产权争议。比如,《瑞士联邦国际私法》(1987)规定,当事人可以就侵权行为发生后约定适用法院地法。①我国《涉外民事关系法律适用法》也有同样的规定,即允许当事人在知识产权侵权行为发生后,通过协议的方式约定适用法院地法。②

(六)行为地法

基于"场所支配行为"这一古老的法律原则,行为地法规则主张,处理因知识产权而引发的纠纷,应当适用知识产权侵权行为地法或知识产权使用地法。也就是说,在当事人没有自行对法律适用进行协议选择的情况下,可以适用侵权行为地法或法院地法。这一原则被一些国家立法所采纳,如1978年《奥地利联邦国际私法法规》。行为地法符合知识产权的地域性原则,但不适用于非使用或未利用的知识产权事项,并且不利于保护那些未在行为地获取权利的外国知识产权。③

三、知识产权法律适用选择方法之分割论

保护国法、来源国法、法院地法、行为地法、意思自治原则和最密切联系原则是目前主要的关于知识产权的冲突规范和法律选择方法。上述原则具有自身的特点和适用对象,对于解决知识产权法律冲突提供了有益的帮助。但知识产权分类较多,如有动植物新品种、原产地标志、商标权、专利权、商业秘密、著作权等,这些权利的构成有其独有的特点,故在法律适用上也应有所区别。而且,知识产权纠纷类型复杂,多数国家在立法上将知识产权纠纷类型区分为侵权纠纷、合同纠纷、确权与效力纠纷三种

---

① 1987年《瑞士联邦国际私法》第110条第2款规定:"就侵权行为引起的请求,当事人得于损害事件发生后的任何时候约定适用法院地法。"

② 《中华人民共和国涉外民事关系法律适用法》第五十条规定:"知识产权的侵权责任,适用被请求保护地法律,当事人也可以在侵权行为发生后协议选择适用法院地法律。"

③ 参见冯术杰:《论知识产权冲突规则的拟定——保护国法主义与分割论的结合适用》,载《法学》2005年第3期,第101–109页。

类型。不可否认的是，面对知识产权纠纷呈现出的复杂性与疑难性，仅靠一种理论根本无法解决知识产权法律适用中出现的所有问题。来源国法、保护国法、意思自治原则、最密切联系原则、法院地法和行为地法在具体实践中均有各自的不足。比如，来源国法对于起源于不同国家的同类知识产权，即使在一国内也容易受到不同的待遇，可能会与在保护国取得的知识产权发生冲突。保护国法为动态连接点，如果受诉法院不是保护国法院，在实践中查明保护国法也并非易事，而且对未在保护国取得的外国知识产权缺乏保护；由于知识产权输出国与输入国、知识产权权利授予国与知识产权保护国的立场不同，当事人意思自治原则在此领域的适用受到限制；最密切联系原则由于本身固有的不足，并未形成统一而明确的衡量标准，法院在实际运用中存在较大模糊性和自由裁量权。法院地法与知识产权法律关系并无必然联系，容易与保护国法混淆，因此，很少有国家将法院地法作为处理知识产权纠纷的准据法。①

此外，国际社会也积极努力通过制定公约的形式确立知识产权国际保护体系，但这种统一实体法的尝试也无法来避免或解决法律冲突。原因在于：一是公约仅能通过为缔约国设定义务来协调各国知识产权立法，公约的效果也只能通过其国内法实施来达到，二是公约往往缺少具体而详细的规定，大多无法作为法律条文予以援引。因此，知识产权国际公约很少被一国法院直接适用。比如，《TRIPs协议》尽管在内容的详细程度上还是对于成员国要求的严格程度上，均超越了其他国际公约的规定，但从一些主要国家的理论和实践来看，大多认为该协议不能被直接适用。相反，对知识产权的国公约的间接适用已成为各国立法和司法实践的主流趋势。②

对此，有学者提出将法律适用方法中"分割论"运用到知识产权领域有助于解决知识产权纠纷中的法律适用问题。分割论主张，对于因知识产权纠纷而产生的所有问题一概适用同一准据法是不合理的做法，而是要具

---

① 参见冯术杰：《"分割论"的合理性及其完善——知识产权冲突规范探微》，载《山东公安专科学校学报》2004年第6期，第37-41页。

② 参见冯术杰：《论知识产权冲突规则的拟定——保护国法主义与分割论的结合适用》，载《法学》2005年第3期，第101-109页。

体问题具体分析，针对法律关系的不同事项，分别适用不同的冲突规范并进一步寻求更为恰当的准据法。目前，这种采用"分割方法"来解决知识产权法律适用问题的做法在各国立法实践中应用越来越普遍。一般来说，权利登记地法，适用于注册类知识产权的取得与效力；转让与许可合同的准据法，适用于知识产权的许可与转让；对于知识产权的保护范围与保护方法以及侵权行为，应当适用被请求保护地的法律。

　　分割论已经得到知识产权国际性公约的认可与许多国家的立法认同。例如，《伯尔尼公约》第 5 条第 2 款对于保护程度和救济方式适用保护国法的规定便是分割论的早期运用。欧共体法院依照欧盟条约第 85 条和第 86 条中相关"竞争规则"的规定，通过典型案例加以区分知识产权的权利行使与知识产权的存在，认定"专利权的存在属于国内法的调整范围，只有权利的使用才属于共同体法的调整范围"，从而确立了欧盟法和成员国法分工适用的原则。美国的 Bridgeman Art Library，Ltd. v. Corel Corporation[1] 案和 Itar–Tass News Agency v. Russian Kurier，Inc. [2] 案论证了分割论在这两起典型判例中的具体适用方法，即版权的存在问题适用来源国法，美国法适用于在其境内发生的侵权和救济措施的认定。《CLIP 原则》《ALI 原则》与日韩共同提案均主张采用分割论方法。这三个民间立法分别针对知识产权转让、共有等不同类型问题，分别创设了不同的法律适用规则，体现了知识产权在法律适用领域的新发展，反映了欧美及亚洲部分国在该领域研究的最新现状。可见，国际社会对"分割论"理论还是备受推崇的。

　　分割论在国内尚未得到人们的普遍赞同。但有个别中国学者提出，知识产权的法律适用应以保护国法为主，兼顾来源国法，并认为，单独采用任何一种方法而否认另一种方式，均不利于知识产权的国际保护。[3]有的国内学者主张，应当根据专利权、著作权与商标权的自身特点，分别确定应当适用的法律规则。[4]

---

[1]　36 F. Supp. 2d 191 (S. D. N. Y. 1999).

[2]　153 F. 3d 82 (2d Cir. 1998).

[3]　参见李振纲：《知识产权与法律冲突》，载《中南财经大学学报》1999 年第 1 期。

[4]　参见肖永平：《国际私法原理》，法律出版社 2007 年版，第 158 页。

笔者认为，通过分割论对知识产权法律冲突进行识别，有助于解决涉外知识产权中的法律冲突问题。识别可分为两步：第一步，依据合同性质划分冲突，分为合同性法律冲突与非合同性法律冲突。一般而言，可将知识产权的转让、使用许可等识别为合同性质，而将知识产权的产生、范围、权利内容、侵权和权利终止等识别为非合同性质。第二步，根据内容可将非合同性的法律冲突判别为财产性和侵权性，这样有助于选择正确的法律适用规则。这一识别方法有助于对知识产权法律关系进行清晰的"分割"。

由于涉外知识产权纠纷的多样性和复杂性，对不同类型纠纷应采用不同法律适用规则，是"分割论"方法的本质要求，也是法律纠纷的性质所决定的。创建和完善各国有关知识产权的冲突法规则，特别是适时采取作为冲突规则有力补充的"分割"方法，对知识产权的侵权与合同、知识产权的权属关系以及知识产权的成立与效力等事项进行区分并分别确定适用不同的准据法。对于因知识产权的成立与效力而产生的纠纷，应当适用保护国法律。对于因知识产权的产生与权属等事项而引发的纠纷，应当适用来源国法律；对于因知识产权的效力、内容、范围以及侵权保护等事项而引发的纠纷，应当适用保护国法律；对于未在保护国取得授权的知识产权，可以考虑有条件地适用来源国法。

笔者建议，对法律冲突的改良应该致力于通过分割的方法整合各层次的连接因素，在增加冲突规范的灵活性和限制法官的任意性之间保持一种平衡。法律适用制度既在总体上具有较强的可预见性，又为个别案件的调整留下了供法官自由裁量的空间。

四、知识产权法律适用规则的表现形式

从有关知识产权法律适用规则的表现形式看，主要有三种：

（一）在民法典中规定有关知识产权的冲突规范

如早期的法国民法典规定，因文化及艺术产权引发的纠纷，应当适用作品首次发表地的法律规定；因工业产权而产生的纠纷，应当适用工业产

权注册地或登记地法律的规定。①

（二）在本国的国际私法典中规定有关知识产权的冲突规范

如 1989 年 1 月生效的《瑞士联邦国际私法》就涉外知识产权的法律适用、管辖权以及外国判决的承认与执行单列一编予以规定。

（三）在地区性或全球性的公约或条约规定有关知识产权的冲突规范

如《巴黎公约》规定了相应的统一冲突规范。《伯尔尼公约》中也有冲突规范的规定，如对于著作权的保护以及救济措施等问题，应当由被请求保护的国家的法律规定。②

五、与法律适用有关的分类

（一）知识产权法律关系分类

从法律冲突的角度来看，对问题首先进行定性是解决问题的一种有效方式。纵观民商事关系法律冲突的发展历史，将民商事法律关系区分为合同义务和非合同义务是一种恰到好处的分类方法。

依据知识产权法律关系的性质不同，可分为知识产权侵权关系、知识产权合同关系以及知识产权本体关系。在具体的法律适用上，与一般民商事合同与侵权的法律适用规则一样，知识产权在合同关系与侵权关系的法律适用上并无太大差异。知识产权本体关系则不同，因其在性质上纯属内国法律关系，与一国的社会公共利益及市场竞争秩序紧密关联，法律适用的规则方面也自然具有其本身的特殊性。

知识产权本体主要包括主体、客体和内容。知识产权的主体，是指享

① 1804 年《法国民法典》第 2305 条规定："文化及艺术产权由作品的首次发表地法规定，工业产权由注册或登记地法规定。"

② 《伯尔尼公约》第 5 条第 2 款指明："给予作者权保护的程度及救济的手段应专门由请求保护国的法律规定。"

有知识产权的人，一般包括公民、法人或其他组织。①在满足一定条件的情况下，外国人和无国籍人也可成为知识产权的主体。知识产权的客体，是指知识产权所保护的对象，是人类长期以来在经济、文化、科技等领域所创造的智力成果。②知识产权的内容，是指知识产权权利人对其智力成果进行享有、使用、支配与保护的行为方式。因此，知识产权本体关系包括了主体、内容与客体的法律关系，涉及了知识产权的成立、效力、保护期限与保护内容、权利归属、终止等问题。

知识产权本体法律关系与知识产权的产生、效力、范围以及终止等问题密切相关，与知识产权合同关系和侵权关系可能涉及外国法律关系不同，因为其在性质上纯属一国的内国法律关系。笔者认为，由于性质上的不同，将知识产权合同关系、侵权关系与知识产权本体法律关系与区分对待是十分必要的。

（二）知识产权类型分类

依据权利原始取得的方式不同，可将知识产权权利产生的法律事实分为两个方面，一是创造者的创造性行为，二是国家机关的授权行为。知识产权的原始取得，以创造者的身份资格为基础，以国家机关的授予为条件。并非所有的知识产权都需要登记并获得授权，诸如著作权是自动产生，商业秘密和产地标记权等也是不需要经过有权机关的审查与批准的。

传统知识产权如专利权、商标权著作权等均享有专有权。对于注册商标权和专利权，其成立必须经过一国的注册登记程序，首先需要经过申请并被专利局或商标局授权后方可产生，从而获得专有性。它们的范围，期限和终止内容或方式再由法律条文决定。申请人和专利局或商标局之间并无合同关系，权利的范围、期限和终止问题显然也是非契约性的。因此，法律冲突问题的解决显然应当适用注册登记地法。此处的被请求保护地法

---

① 参见吴汉东主编：《知识产权法》（第三版），北京大学出版社2011年版，第10页。

② 参见吴汉东主编：《知识产权法》（第三版），北京大学出版社2011年版，第13页。

与注册登记地法与是相同的，因为知识产权成立的地方往往也是权利人选择保护的地方。对于著作权，其一经产生、无需经过登记或注册便可产生，自动具有专有性，又被称为自动保护主义。著作权的产生、范围，效力、期限和终止的内容或方式由法律条文直接规定，并不涉及合同关系。因此，著作权的法律适用规则主要有作者属人法、来源国法和被请求保护地法等。知识产权一旦产生后，合同在知识产权的后续利用过程中起着至关重要的作用。许可他人使用和转让知识产权的行为明显具有契约性质，可以适用合同的准据法和当事人通过协商选择的法律。

对于知识产权的成立与效力问题，有学者认为，没有必要对著作权、商标权、专利权或其他知识产权进行单独区分来确定所应适用的冲突规范。一方面，工业产权、著作权或其他知识产权的分类是被主张保护国法对某知识产品保护调整的结果，对作品、发明、商标或其他知识产品的国际保护适用相同的冲突规范；另一方面，区分不同的知识产权确定冲突规范，在适用时，需要按照知识产品被主张保护国法予以识别，纯属多此一举。①笔者不同意该学者的观点。

笔者认为，对于知识产权的法律适用，将知识产权分为注册类知识产权和非注册类知识产权分别进行讨论是必要的，且具有一定的合理性。笔者将就跨国知识产权纠纷中的法律适用问题予以分析研究。

第二节　知识产权本体关系的法律适用

一、注册类知识产权本体关系的法律适用

（一）注册程序

与著作权相比，专利权和商标权在取得程序上的主要区别在于它们在

---

①　参见徐祥：《国际私法中的知识产权问题研究》，武汉大学 2007 年博士学位论文。

成立之前是需要申请注册的。而作品一旦创作完成，著作权无需注册便可自动产生。

专利和商标的申请和注册程序由国家实施完成。通常，权利人需要在每个国家提出申请，在国家审查程序完成之后被授予在此国家的专利权或商标权。①被授予的权利仅在申请并获得批准的国家范围内有效。当申请一项专利或商标时，在初始申请后的十二个月和六个月内，申请人可分别主张优先权。②然而，一旦获得授权后，每个国家的权利则彼此完全相互独立。③

注册与否对于准据法的选择适用具有重要意义。政府机构，如专利局或商标局的介入显然具有决定性作用。在注册过程中，政府机构不仅严格适用内国的程序法，而且在审查程序当中使用的判断标准也源于内国的实体法。如果不如此适用法律，政府机构便无法行事。这种适用方式也是《巴黎公约》所确认的。《巴黎公约》第 2 条第 3 款规定，凡是符合缔约国工业产权法的要求，成员国每一个国家法律中关于司法、行政程序以及管辖权的规定，均可以保留。由于通过国家申请和注册权利而寻求各国的保护，政府机构适用的国内法也即保护国法。④

知识产权的授予条件与范围一般应适用被请求国法律。但这一原则在注册类知识产权领域并不绝对，成立地国也可能依据其他国家的法律来决定外国人取得的知识产权的效力问题。

（二）所有权的法律适用

对于知识产权的权属关系，有必要将知识财产的权属关系独立于知识产权的成立、内容和终止事项，确定冲突规范。

---

① 《巴黎公约》第 4（A）（1）项。

② 《巴黎公约》第 4（C）项。

③ 《巴黎公约》第 4（1）、4（2）和 6（3）项。

④ James J. Fawcett, Paul Torremans, Intellectual Property and Private International Law, Second Edition, 2010 Oxford University Press, page 726.

1. 专利

对于需要注册的知识产权所有权，地域性质的保护国法是默认的规则。注册地法通常就是保护国法。所有权问题应当由保护国法律来调整。同样，专利的所有权问题亦应当由保护国法来调整，这个问题与专利的产生与授予息息相关。保护国法不但决定专利权利授予的条件，而且决定权利授予谁或谁享有权利的问题。不同的内国法律制度之间存在一些差异是很正常的事情，这也是《巴黎公约》中的地域原则以及独立性原则所认可的。[①]世界上大部分国家采用"先申请"主义，即专利权授予符合条件的首位提出申请的发明人。

除注册申请与所有权有重要关系外，内国法在雇员发明的所有权问题上的规定存在很大差异，与该问题有关的法律规则的选择在实践中具有重大实际意义。什么法律可以决定究竟是雇主还是雇员应该享有专利权，又或是他们应该是共同发明人呢？一些学者认为没有理由背离一般的法律适用规则，应该适用保护国的法律来解决雇员发明的专利所有权问题。这些学者强调将所有权问题与权利本身的范围严格地联系起来，并倡导无论是否存在雇佣关系，所有权问题都应适用同样的规则。[②]然而，大多数学者反对上述观点，主张应优先考虑这一特殊问题与雇佣关系或者与合同的关联性。这一观点的最大优点是，即使对于专利权的国际性实施或是许多平行专利申请，该观点可以统一标准并根据相同的法律来评估专利的所有权问题。

1980 的《罗马公约》以及转为欧洲共同体立法的《罗马条例 I》本质上均包含同样的规定且已生效，并被大多数意见所支持。当事人可以自由选择雇佣合同的准据法，被选择适用合同的准据法也将适用于专利所有权问题。只有在有强制规则的情况下，这一规定才不被予以适用。强制性规则必须在法院地法或是在雇佣合同履行地法中有此规定。如果当事人未在雇佣合同中约定适用的准据法，则适用雇员履行雇佣合同时的惯常执行工

---

① 参见杨长海：《知识产权冲突法论》，厦门大学出版社 2011 年版，第 277 页。

② James J. Fawcett, Paul Torremans, Intellectual Property and Private International Law, Second Edition, 2010 Oxford University Press, page 731.

作地法。如果雇员没有在任一国家惯常地执行工作，则适用与其保持工作关系的营业所在地的法律。①

Ulmer 教授认为雇员所有权规则本质上属于强制性规则，因为他不赞成允许当事人可以自由选择适用此问题的法律。Ulmer 教授的建议也被引入《欧洲专利公约》。然而，荷兰法院始终认为，雇员所有权的规则并不是强制的。②

2. 商标

在商标法领域，没有关于商标所有权法律适规则的特别规定。《巴黎公约》第 6 条第 7 项规定，如果成员国内的商标所有人的代理人，未经商标所有人授权而以自己名义申请注册商标的，该商标所有人可以对该注册申请提出异议或直接请求取消该注册申请；如果符合该国法律规定，该商标所有权人有权请求注册申请人转让该项注册。③后者选择只适用于在进行注册的国家的法律允许的情况下。由此可见，商标注册地法便是保护国法。除此之外，商标权的法律适用与版权的法律适用相同。在 Lecouturier v. Rey 案中，尽管该案主要涉及商标权的转让问题，英国最高法院似乎认为商标所有权的法律适用应采用保护国法。④

知识产权产生、效力、范围、终止适用保护国法的方法，在实践中得到了立法的支持。对于知识产权的存在、效力、期限、性质、范围极其救济等问题，《ALI 原则》主要采取地域性方法：对于注册权利，适用注册国法；对于其他权利，适用被请求保护国法。

目前，大多数国家采用如下规则。商标注册地法适用于商标权的确立、内容和效力事项。理由在于，注册是商标权取得的必要条件，因商标

---

① James J. Fawcett, Paul Torremans, Intellectual Property and Private International Law, Second Edition, 2010 Oxford University Press, page 731.

② James J. Fawcett, Paul Torremans, Intellectual Property and Private International Law, Second Edition, 2010 Oxford University Press, page 731.

③ 《巴黎公约》第 6 条第 7 项规定："如果成员国内的商标所有人的代理人，未经商标所有人授权而以自己的名义申请注册商标，商标所有人有权反对该注册申请或要求取消该注册申请；如该国法律允许，所有人可以要求将该项注册转让给自己。"

④ [1910] AC 262 at 273.

权引发的争议应适用注册国的法律。故此，商标注册地法律是解决商标权的取得、效力、内容和灭失最为合适的法律。

二、非注册类知识产权本体关系的法律适用

非注册类知识产权本体关系，包括知识产权的产生、效力、范围、终止等法律关系。

以著作权为代表的非注册类知识产权法所体现的公共利益是由一个国家特殊的文化传统和文化产业发展水平决定的。各国基于本国的国情，确定符合自身利益的著作权保护范围、条件、期限和权利归属等问题。各国的文化传统和文化产业发展水平的特殊性，决定了各国著作权法在著作权本体法律关系中采取严格"地域性"。著作权本体法律关系的严格"地域性"决定了著作权在国际法层面难以制定真正意义上的实体法，用来确定统一的保护范围、条件、期限和权利归属。《伯尔尼公约》所确立的独立保护原则和最低标准原则构成了著作权国际法保护的基本框架。最低标准原则是指国际公约在保护范围、条件、期限上确定一个最低的标准，而各个国家在满足最低标准的基础上，用国内法规定具体的水平和权利归属。独立保护原则肯定各个国家的著作权保护之间相互独立，各国依据本国与著作权有关的法律法规对境内作品提供保护，不受该作品在其他国家著作权状况的影响。受这两项原则的影响，包括《伯尔尼公约》在内众多统一实体规范并没有对著作权的成立、效力、范围、可转让性等与知识产权本体法律关系有关的问题作出详细的规定，著作权保护的国际条约在很多条文中为成员国的国内立法留下了空间。

下文笔者就著作权的成立、效力、期限、范围、终止和转让性等问题的法律适用逐一进行探讨。基本思路是，著作权本体法律关系将主要适用保护国法，这也是现代知识产权国际私法有关原则确立的结论。当我们审查著作权本体法律关系的各个具体方面时，冲突规则的确切影响和范围将变得更加清楚。

（一）权利的产生和效力

非注册性知识产权的权利通常是基于作品的创作而产生的，无关特定

国家程序与实体上的审查。如果相关国家都是国际公约的缔约国，那么著作权将在这些国家同时自动各自产生，根据独立性原则，各国对各自产生的著作权的效力、范围、保护的内容、期限、终止等规定均可能有所差别。

著作权本体法律关系中的著作权的成立和效力问题，既可能以单独的形式出现，也可能作为合同或者侵权关系的先决问题。先决问题，顾名思义就是审理涉外知识产权纠纷时首要考虑予以解决的基础性问题。在跨国著作权纠纷中，著作权人身份的认定，著作权的成立、效力，著作权的归属、范围、可转让性等与著作权本身有关的问题是解决其他问题的先决条件。

在解决著作权本体法律关系的问题上，对于著作权归属和作者身份问题，通常存在三种观点：一是主张应当适用被请求保护国法律；二是主张应当适用作品来源国的法律；三是主张对于著作权归属和作者身份问题应适用与作品和作者具有最密切联系的国家的法律。①

作为著作权本体关系的基础性问题，著作权的成立与效力往往也涉及著作权作品的范围、保护期限、保护条件和作品归属的问题。由于著作权效力在客观上的垄断性，一旦将某个作者的创作确定为著作权保护的作品，并给予一定期限的保护，这就意味着社会公众不再享有对该信息的自由。著作权一旦成立后便成为一种限制竞争的专有权，基于这种权利特征上的考虑，国家在著作权的成立和效力问题上体现的属地主义倾向是很明显的。基于此，处理因知识产权效力与确权而引发的纠纷，各国一般是采纳原始国法律。例如，早期的《法国民法典》规定：因文化及艺术产权引发的纠纷，应当适用作品首次发表地的法律规定；因工业产权而产生的纠纷，应当适用工业产权注册地或登记地法律的规定。②又如，阿根廷法律规定，因文学与艺术作品而产生的纠纷，应当适用作品首次发表的国家的法

---

① 参见古祖雪、赵秋丹：《国际科技合作中知识产权侵权诉讼的若干法律问题》，载《中南大学学报（社会科学版）》2008 年第 4 期，第 504 页。

② 1804 年《法国民法典》第 2305 条规定："文化及艺术产权由作品的首次发表地法规定，工业产权由注册或登记地法规定。"

律规定；对于外国文学艺术作品的保护期限问题，应当适用作品原始国的法律规定，但不得超过阿根廷法律规定的期限。①

著作权本体法律关系问题与著作权所表现的财产方面的特性有关。突出这一点可与著作权交易中所表现的合同性质和侵权性质区别开来。国外学者研究知识产权的产生、效力、范围、终止的法律适用问题，首先是从一般财产的法律适用方法入手的。将有形财产的冲突规则适用于知识产权的方法并不能完全令人满意。②

著作权利产生和效力法律适用问题的解决可以从权利产生的标准来寻找问题的答案。判断的标准是考查假定的著作权在其成立的时候是否符合著作权产生的标准。如果答案是否定的，那么这个权利即是自始无效的。著作权的成立是非财产的、非合同性的权利。《伯尔尼公约》明确规定，因著作权成立而引发的纠纷，应当适用保护国法律。③著作权效力与权利的产生之间的紧密联系，决定了二者应该适用同样法律选择规则。因此效力问题也应该由保护国法律调整的观点是有说服力的。如果效力问题在侵权情形中作为抗辩提出时，权利的效力应该作为一个先决问题根据保护国家法律加以决定，效力问题的提出并不影响侵权问题的法律选择规则。④

有学者认为《伯尔尼公约》并不只是单纯地授予国民待遇，公约第5条第2款实际上授予了一种特别的实体权利。公约第5条第3款规定，作品起源国的保护由该国法律规定。公约第5条第3款并没指出作品上特别的实体权利具体是什么，而是一般地将其保护标准完全留给起源国的内国法加以解决。实践中，一些国家并不给予国际公约直接效力，作为单个当事人在没有经过国家执行立法的情况下是不能直接援用这些公约条款的。

---

① 1974年《阿根廷国际私法》第21条规定："文学和艺术作品受作品首次发表国的法律支配。外国文学艺术作品的保护期限依照原始国的规定，但不得超过阿根廷准许的期限。"

② 参见杨长海：《知识产权冲突法论》，厦门大学出版社2011年版，第263页。

③ 《伯尔尼公约》第5条第2、3、4款。

④ 参见杨长海：《知识产权冲突法论》，厦门大学出版社2011年版，第273页。

（二）权利的范围、期限与终止

一旦著作权产生后，著作权权利的保护范围和期限便成为需要了解的问题。由于著作权的产生决定了著作权的内容，这些问题与著作权的产生密不可分，因此，著作权的保护范围、期限以及何时终止的法律适用应该与著作权的产生适用同样的法律，即保护国法。

关于著作权的保护范围，《伯尔尼公约》并没有明确保护的具体范围，仅仅规定了著作权保护的最低标准。至于保护的具体内容则留待公约成员国内国的法律加以解决。虽然众所周知的是，著作权人拥有复制作品和发表作品等专有权利，但著作权人享有的经济和精神权利的范围取决于国内法，且各国对与此问题的规定是不尽相同的。因此，著作权的保护范围由保护国法调整也是顺理成章的事情。给予保护的期限为作者有生之年及其去世后五十年内。

关于著作权的终止问题，《伯尔尼公约》同样也只规定了著作权的最低保护期限，即保护的期限为作者有生之年及其去世后五十年内。①成员国有权规定更长的保护期限。②尽管某些类别的作品保护期限较短，欧盟国家规定著作权的保护期一般终止于作者去世后七十年。③著作权终止问题的实质是著作权受保护的期限期满。如果将著作权的终止问题理解为著作权专有权成立的期限，著作权终止的法律适用问题就变得容易回答了。适用与著作权产生的保护国法也同样适用于著作权的期限或者终止问题。这种解决方案也符合著作权授予国的公众政策观念。

但是《伯尔尼公约》将成员国对于外国作品的保护期限限制在作品起

---

① 《伯尔尼公约》第7条第1款。

② 《伯尔尼公约》第7条第6款。

③ EC Council Directive 93/98/EEC of 29 October 1993 harmonizing the term of protection of copyright and certain related right, [1993] OJL290/9, now codified as Directive 2006/116/EC of the European Parliament and of the Council of 12 December 2006 on the term of protection of copyright and certain related rights [2006] OJL372/12.

源国授予的期限内，但同时它也授权成员国在一定条件下背离这一规则。①根据该条款，外国作品的保护期限仍然受保护法的调整。然而保护国实体法授予的最长保护期限等于国内作品的保护期限。外国作品的保护期限的具体长度则以起源国法授予的期限为准。

法国遵循了《伯尔尼公约》的上述规定。巴黎上诉法院曾认定，在起源国美国不再享有著作权的巴斯顿·基顿系列电影没有权利根据保护国法国的法律享有著作权保护。因为在起源国已不享有著作权，该电影无权获得法国的更长保护期，享有起源国的著作权保护是获得法国著作权保护的先决条件。②

（三）所有权

著作权制度的基本问题之一就是创造性作品的所有权问题。作者权可以说是一个事实问题。作者是创作出作品的自然人。保护国法和起源国法显然可以作为确定作者身份问题的备选准据法。

1. 保护国法

如果著作权的功能是为了对作者进行奖励，那么适用保护国法明显是合理的。通过法律对竞争进行限制，将该法律同样适用于权利的范围，受保护作品类型和确定作者的身份问题本身就是对作者的最好奖励，因此，以授予限制竞争国家的法律作为准据法似乎是合情合理。但是，这并不是《伯尔尼公约》所想获得的预设结果，因为作者身份的确认明显不属于保护程度和补救措施的一部分，而《伯尔尼公约》规定："保护的程度以及为保护作者权利而向其提供的补救方法完全被要求给以保护的国家的法律规定。"③而且，若对著作权的所有权适用保护国法可能因特定作品的初始著作权所有权出现多种不同答案而导致法律的混乱，进而妨碍作品国际利用的效率。因此，针对著作权初始所有权适用保护国法的方法遭到许多学

---

① 《伯尔尼公约》第 7 条第 8 款。

② Judgment of 24 April 1975 of the Cour d'Appel de Paris, SA Galba Films v. Friedman, SARL Capital Films, Pernot and Societe Les Films La Boetie (1975) 83 RIDA 106.

③ 《伯尔尼公约》第 5 条第 2 款。

者的指责。①

2. 起源国法

起源国法可以作为另一种选择。作者通常是著作权国际利用的首要联系人，世界范围的开发利用更是成为互联网时代的通用做法。如果所有权问题由起源国法调整，因为每部作品只有一个起源国，则可以达成在不同法域对同一作品确定同一作者的目的。这或许是一个更佳的解决方案。②这将有助于作品的国际利用，消除单一作品在不同国家有不同作者的局面，英国的判例法和成文法以及公约均不排斥这样的规定。

与选用不同保护国法的做法相比较，采用单一的法律适用方法更有利于著作权的全球化开发和利用。同时，从作品是由单一的创作行为而产生的角度来看，这种方法也显得比较自然，且不会产生其他问题。与采用保护国法相反，起源国不太容易被确定。《伯尔尼公约》是以国籍、惯常居住地和首次发表地作为起源国的国际私法的连接因素的。③实践中，国籍逐渐让位于首次发表地。因而，首次发表地已经成为确定起源国的决定性因素。但是，当作品是在互联网上发布时，首次发表地是指什么地方呢？尽管可以认为材料被上传的服务器和公众可以访问地点可以作为首次发表地，但是该地点很难确定。类似的规则尚未完全确立。如此一来便极大地削弱了起源国法优于保护国法的易于识别和使用的所有优势，还可能出现当事人通过操控首次发表地来挑选适用的法律的情况，这是大家所不愿意

---

① 参见杨长海：《知识产权冲突法论》，厦门大学出版社 2011 年版，第 284 页。

② Ginsburg 36（1988 – 1989）Journal of the Copyright Society of the USA 81 at 98099 and Ginsburg and Sirinelli 15（1991）Columbia – VLA Journal of Law and the Arts 135 at 141.

③ 《伯尔尼公约》第 5 条第 4 款规定："起源国指的是：（a）对于首次在本同盟某一成员国出版的作品，以该国家为起源国对于在分别给予不同保护期的几个本同盟成员国同时出版的作品，以立法给予最短保护期的国家为起源国；（b）对于同时在非本同盟成员国和本同盟成员国出版的作品，以后者为起源国；（c）对于未出版的作品或首次在非本同盟成员国出版而未同时在本同盟成员国出版的作品，以作者为其国民的本同盟成员国为起源国，然而（1）对于制片人总部或惯常住所在本同盟一成员国内的电影作品，以该国为起源国；（2）对于建造在本同盟一成员国内的建筑作品或构成本同盟某一成员国建筑物一部分的平面和立体艺术作品，以该国为起源国。"

看到的。理想的做法是仍然适用单一的法律，笔者赞成根据提交人在创作时的惯常居所地来界定起源国的建议。①如果是职务作品，劳务合同的准据法可以作为起源国法。如果存在共同作者，适用作者间的合同的准据法也可以作为起源国法。②所有这一切尝试都是为了寻求一种比保护国法更为可取的解决办法，但是在实际操作中仍然是存在诸多问题的。

3. 《ALI 原则》

《ALI 原则》第 313 条规定了其他非注册类知识产权的初始所有权的法律适用规则。

（1）单一作者作品

《ALI 原则》没有指定起源国作为确定知识产权初始所有权的连接点。《ALI 原则》报告人认为，由于知识产权中包含作者精神的结晶以及特定的题材，因此将起源国与作品创作时作者居住相连接似乎较为适宜。作者为一人时，初始所有权的确定适用作者在创作作品时居住地（residence）的法律。《ALI 原则》第 201 条第（2）款将居住地界定为个人习惯性出现且维持实质性职业以及个人联系的地方。

（2）合作作品

就合作作品所有权的法律适用而言，如果合著者为两人以上的，适用由多名作者之间的合同指定的其中一位作者的居住地法律。③如果合著者之间没有协议约定，适用大多数作者在创作时居住的国家的法律；或如果大多数作者未居住在同一个国家，适用与首次利用作品有最密切联系的国家法律。④因此，如果合著者拥有两个以上居所，他们可以通过合同指定其居住国其中之一国的法律，以解决连接点的多重性问题。合著者之间的选择之所以必须限于居住国之一，是因为《ALI 原则》选择作者个人（而非创作地）作为作品所有权法律适用的基本链接因素。然而，在稿酬作品与委托作品情况下，《ALI 原则》作出一个重要的例外。在没有协议情况下，

---

① See N Klass［2007］GRUR Int 373 and N Klass［2008］GRUR Int 546.

② 可以与《ALI 原则》第 313 条进行比较。

③ 《ALI 原则》第 313 条（1）（b）（i）。

④ 《ALI 原则》第 313 条（1）（b）（ii）（iii）。

法院应该参照在整体上与作品的利用有最密切联系国家的法律。另外，至于合著者（或者邻接权关系中的合作表演者）权利和义务的法律适用问题，即合作者在没有另一方授权情况下可否许可权利的问题。在此情况下，权利与义务的存在与程度将由与合著关系有重要关联国家的法律决定。

（3）雇佣作品

与雇佣作品有关的知识产权的初始所有权是否应由作品实际创作者享有还是应由雇主享有的问题应由"合同法"来调整。当事人之间可以通过协议选择适用的法律，或者如果没有法律选择条款，则应由与合同所在国的法律或与合同有最密切联系的国家的法律调整。根据本原则的规定和合同准据法的约定而成为所有人即为在所有国家的初始所有者。

如果合同确定适用于作品初始所有权的准据法，雇佣作品合同中占优势的一方当事人可能选择对其有利国家的法律。在此情形下，作品的创作者并非完全丧失救济权，因为《ALI 原则》指示法院考虑适用法院地国或与雇佣关系有重要关系的第三国的强行规则，而这些规则可能规定应有创作作者享有初始所有权。

（4）指定法律无法解决初始所有权的情形

《ALI 原则》第 313 条规定作者居所为确定初始所有权的连接点。在大多数情况下，这将为确定初始所有权提供一个明确的出发点，但是在有些情况下则可能发生根据作者居住地法律导致作品不受保护的异常情况，例如居住地法律不保护某种特定类别的作品，或者作品未能达到法律规定能够享有权利保护的程度等。当作者不是作品所有人的时如何追索所有权的问题，第 313 条第（2）款通过指定作品首先使用国家的法律解决此问题。这一标准来源于《伯尔尼公约》中的一个连接点，即作品最先发表国。至于那些通过数字网络传输不能确定最初发表地而公开的作品，作品最先提供国，无论通过传输或者通过复制传播，应为与作品有最密切联系的国家。通过作品在特定国家的最先传播或者传输，作者或者初始权利所有人将能够选择该国作为作品的国籍国。

4. 《CLIP 原则》

《CLIP 原则》第 3.201 条规定，被请求保护国法律适用于知识产权所有权的原始取得，著作权作品的作者身份权以及通过注册而取得的其他知识产权权益。若当事人之间存在研发或雇佣的合同关系，注册性知识产权的权利归属适合同的准据法。①前述规定同样适用于共有权原始权利的归属。②

如果作品中的经济性权利的许可或转让是基于当事人之间的雇佣合同关系进行的，或有关情形与雇佣作品产生的另外一个国家有密切联系的，可以根据被请求保护国法，通过已形成的雇佣关系确定适用于许可与转让的法律规则。在当事人之间存在合同关系，特别是研发合同或雇佣合同时，要根据合同法律适用规则所确定的准据法来判断能否主张登记的知识产权权利。③根据上述冲突规范确定的适原始所有权的法律适用也可以用于判断原始共有所有权的取得。

对于共有关系，特别是涉及同意、许可、弃权或其他形式的使用、收益分配和起诉等，采用法律关系的准据法原则，即根据适用于当事人之间关系的法律来判断。在无法根据当事人之间的关系确定适用的法律时，《CLIP 原则》采纳最密切联系原则，即法院应适用与案件有最密切联系的法律。④

5. 日韩共同提案

日韩共同提案明确了知识产权的最初权利归属适用保护国法。⑤对于作品最初权利的归属问题，应当适用最初创作国的法律。无法查明最初创作国的，推定作者创作时经常居住地国为最初创作国，适用作者创作时经常居住地国的法律。对于作者为多人的作品，依据作者间创作协议的约定，推定协议中指定的作者创作时经常居住地为最初创作国，应当适用作者创

---

① 《CLIP 原则》第 3.201 条第（3）款。

② 《CLIP 原则》第 3.401 条第（1）款。

③ 《CLIP 原则》第 3.201 条。

④ 《CLIP 原则》第 3.401 条第（1）款。

⑤ 《知识产权国际私法原则》第 308 条第（1）款。

作时经常居住地国的法律。无协议的，推定为在多数作者的创作时的经常居所地国为最初创作国。①依据规定的准据法不承认知识产权的，适用该权利的最初利用、保护国法。②因雇佣合同或此前在当事人之间存在的某种特定关系而产生的知识产权，适用该合同或该特定关系的准据法。③

起草人认为，从东亚的现状来看，关于作品的最初权利人及权利的转让可能性，全部适用统一的准据法为好。这样可以减少作品的无许可使用，促进著作权的转让、使用许可。关于这一点，如果还不能说在东亚存在已经确立的原则，那么相互确认这样的理想的原则也会对今后的东亚各国的发展有所帮助。

第 308 条第（2）款对于作品的最初的权利归属，与第（1）款不同，不是适用各国保护国法，而是统一连接到最初创作国，并以但书的形式插入了推定规定。创作国不明的，推定为创作时作者经常居所地为创作地；作者为多名的，推定创作于依据作者间协议规定的创作时作者的经常居所地国；没有协议的，推定为在创作时多数作者的经常居所所在国创作的。

第 308 条第（3）款效仿了《ALI 原则》第 313 条第（2）款，是适用于非登记知识产权，主要是著作权的补充性原则。本款的意义在于根据第 308 条第 2 款的决定的法律不承认权利归属时，为了保护知识产权人规定了补充性连接。

第 308 条第（4）款是关于雇员的发明、作品等的规定。规定了发明、作品从雇佣合同及其他之前存在的关系中产生时，关于该知识财产的最初的权利归属，从属连接于该合同或关系的准据法。对此，《ALI 原则》第 313 条第（1）款 C 项中有类似的规定。很多现代的重要发明是多数雇员共同合作和努力的结果。关于这样的发明的权利关系，依据本款规定的准

---

① 《知识产权国际私法原则》第 308 条第（2）款规定："作品最初的权利归属，适用最初创作国法。但最初创作国不明的，推定为在创作时作者的经常居所地国创作的。对于有多名作者的作品，推定为在依据作者之间的协议指定的作者的创作时的经常居所地国创作的。无协议的，推定为在多数作者的创作时的经常居所地国创作的。"

② 《知识产权国际私法原则》第 308 条第（3）款。

③ 《知识产权国际私法原则》第 308 条第（4）款。

据法来决定。

我国《涉外民事关系法律适用法》规定，因知识产权的归属与内容而引发的纠纷，应当适用被请求保护地国家的法律规定。①然而，随着互联网技术的不断发展，对知识产权权利的全面保护不能仅依靠被请求保护地法律，否则无法满足权利保护的现实需要。因此，作为知识产权保护的最新研究，《ALI 原则》《CLIP 原则》和日韩共同提案针对这一情况，对知识产权的所有权问题作出了较为详细的规定。

第三节　知识产权合同关系的法律适用

知识产品的非物质性和易传播性决定了知识产品利用的特殊性，导致了知识产品国际贸易表现形式的多样性，知识产权交易一般都是通过合同进行的。知识产权合同一般可分为许可与转让，有时也可能以分销合同、技术转移合同、特许经营合同等形式出现。鉴于这些合同都有一个共同点，即均通过一定行为处分某些权利，无论何种类型的知识产权合同，都或多或少地涉及对知识产权授权期限和范围的限制，与雇佣有关的合同必然涉及雇佣合同的特殊问题，知识产权事项常常与知识产权专有权和权属事项交织在一起。②

知识产权合同关系包含知识产权本体问题和合同问题两个方面的内容。综合各国的学说与司法实践，对于知识产权合同的法律适用尽管观点各异，但大多数学者赞成应对两种法律关系区别适用法律。对于知识产权协议中的知识产权本体关系适用保护国法学者观点基本是趋于一致的，分歧较大的是对知识产权协议中的"合同"方面的法律适用问题。对于知识产权合同是否分别适用法律问题存在不同的认识。Ulmer 教授认为，就冲突法而言，知识产权的转让与许可之合同义务原则上应由"合同法"调

---

① 《中华人民共和国涉外民事关系法律适用法》第四十八条规定："知识产权的归属和内容，适用被请求保护地法律。"

② 参见徐祥：《国际私法中的知识产权问题研究》，武汉大学 2007 年博士学位论文。

整。比如，首先适用当事人通过协议选择的合同准据法，在当事人没有选择法律的情况下，由法院确定适用于合同的"适当法"。

笔者赞同将知识产权纯合同关系与本体法律关系区别对待的观点。主要基于知识产权的产生、效力、范围及其终止等问题与本体法律关系密切相关，对于此部分内容的调整应赋予保护国法律的绝对地位。另一方面，知识产权纯合同法律关系体现的是一般民事法律关系，与知识产权本体无关，在这部分内容的调整上应发挥合同自体法理论的优势。笔者赞成有的学者提出的关于不同意知识产权契约的成立要件、效力以及当事人之缔约能力一律适用契约之准据法的观点。因为这忽略了知识产权合同与一般民事合同有效性实质性与形式要件的特殊性，某些问题需要根据保护国法律决定，知识产权协议的合同效应必须受到一定的限制，如知识产权的可转让性或可授权性即属于此类问题。笔者赞同可以通过合同法律适用例外的方法进行限制。剩下的知识产权合同下当事人之间权利和义务问题适用合同之准据法才是相对合理的。①

一般来说，著作权和工业产权在形式上的主要区别在于前者不需要注册，各国知识产权法对知识产权合同是否需要登记也因注册类知识产权和非注册类知识产权而异。因此，有必要将知识产权合同的法律适用问题，区分注册类知识产权合同和非注册类合同两类来讨论。考虑到每类知识产权合同的共同性，笔者将前者以专利权和商标权为代表，后者围绕著作权，不区分知识产权合同的具体类型，主要以知识产权许可合同为例，分别讨论这两种类型的知识产权合同的法律适用，其他类型的知识产权合同也同样适用。

一、一般合同法律适用原理在知识产权合同上的运用

知识产权合同也不例外，自然适用合同的一般性法律规定。国际私法对合同准据法的确定，主要有以下几种方式：合同自体法、强行性适用规则、意思自治原则、最密切联系原则等。笔者主要介绍后两种原则在知识

---

① 参见杨长海：《知识产权冲突法论》，厦门大学出版社 2011 年版，第 322 页。

产权合同中的运用。

（一）意思自治原则

冲突法上意义上的意思自治原则，是指当事人之间就涉外合同纠纷的解决以协议方式约定适用一国或地区的法律来调整其权利义务之间的关系。协议内容具有法律约束力，当争议出现时，当事人协议选择的法律应作为合同准据法。[①]

对于知识产权合同的法律适用问题，大多数国家或国际条约都将知识产权合同视为民商事合同的一种而纳入合同法律适用的范围。我国《涉外民事关系法律适用法》允许当事人之间以明示的方式选择涉外民商事法律关系所适用的法律，但不得违反我国法律的规定。[②]该条实际是当事人意思自治原则在涉外民商事法律关系中的体现。关于意思自治原则，《涉外民事关系法律适用法》不仅在总则中作出规定，而且在分则中就具体适用领域分别作出规定。可以说，意思自治原则是我国国际私法一项准基本原则，与最密切联系原则适用于涉外民商事关系的所有领域不同，意思自治原则仅适用部分领域。

实践中，各国在制定知识产权合同的法律适用规则时，大多参考运用意思自治原则进行规则设计。例如，《瑞士联邦国际私法》规定，因知识产权合同引发的纠纷，应当适用知识产权转让人或者特许人惯常居住地国家的法律，当事人也可以协议的方式选择所适用的法律。[③]又如，《白俄罗斯共和国民法典》规定，因知识产权合同而引发的纠纷，应当适用本法与合同法律有关的规定。[④]《罗马公约 I》与美国《第二次冲突法重述》的适

---

① 参见杨长海：《知识产权冲突法论》，厦门大学出版社 2011 年版，第 323 页。
② 《中华人民共和国涉外民事关系法律适用法》第三条规定："当事人依照法律规定可以明示选择涉外民事关系适用的法律。"
③ 1987 年《瑞士联邦国际私法》第 122 条规定："有关知识产权合同，适用知识产权特许人或转让人习惯住所地国家的法律。当事人可以自行选择所适用的法律。"
④ 1999 年《白俄罗斯共和国民法典》第 1132 条规定："以知识产权为标的的合同，适用依照本部分有关合同法律关系规定所指定的法律。"

用范围没有排除知识产权合同。我国《合同法》虽未包含多数知识产权合同，但总则规定的原则大多仍然适用于知识产权合同。①

笔者认为，国际知识产权的法律适用在意思自治问题上，也经历了"严格限制"到"适当限制"的发展趋势。②这是由于知识产权作为排他的垄断权是不争的事实，与此有关的规则构成国家公共政策的一部分。限制意思自治原则在国际知识产权合同中的运用，也是一些国家根据其在国际技术转让中所处的地位不同而决定的。若限制过严不利于技术的国际转让，既不利于本国经济的人发展也不利于全球经济技术的合作与交流。

（二）特征履行与最密切联系原则

在没有选择法律协议或协议选择的法律被认定无效的情况下，最常见的法律适用方法就是最密切联系原则。该原则要求由法官分析与案件有关的各种法律事实和要素，寻找该法律关系所适用的法律。③另一方法就是运用特征性履行方法，即依据最具特征的义务履行确定应适用法律的方法。

1. 特征性履行方法的适用

一般来说，大多数民事合同均是双务合同，知识产权许可合同也不例外。许可人授权许可被许可人使用，被许可人需要支付许可费用。据此，许多国家可以主张与许可合同有最密切的关系。将买卖合同的特征履行推断方法运用在简单的知识产权合同中也许是可以的。例如，知识产权转让合同中的特征履行显然是转让行为本身，因此，可以依据转让人的住所地、惯常居所地或者主要营业所在地等连接因素决定合同适用的准据法。但是在复杂的知识产权转让交易中，上述标准则显得无力。实践中以分期支付使用费来换取知识产权的许可情形比较常见，在这种情况下，许可合同的许可人本身也经受着商业风险，因为被许可人利用许可通常涉及被许可商品的市场开发、制造、分销等环节，权利的利用与费用的支付同样或

---

①② 参见杨长海：《知识产权冲突法论》，厦门大学出版社 2011 年版，第 324 页。

③ 参见肖永平：《最密切联系原则在中国冲突法中的应用》，载《中国社会科学》1992 年第 3 期。

者更加重要，这种情况下单一的特征性履行行为难以辨明，故大多数知识产权许可合同（除最简单类型的知识产权许可合同外），均难以辨明单个的履行特征。

2. 最密切联系原则

在特征履行推定方法无法奏效的情况下，确定最密切联系地则是解决知识产权合同的有效方法。我国《涉外民事关系法律适用法》充分肯定了最密切联系原则的补缺功能。该法还明确规定，对于涉外民事法律关系的适用问题，本法及其他法律均未予以规定的，适用与案件具有密切联系地国的法律规定。①倘若我国国际私法对某一类涉外民事关系缺乏规定相应的冲突规范，法院便可直接适用最密切联系原则确定应适用的准据法。该款规定旨在对缺乏法律规定的领域提供准据法指引，属于兜底性条款。下面以最常见的一种知识产权许可合同为例论述不同的解决方案。

第一，适用许可人所在国法律。许可人是自然人的，适用许可人住所地或惯常居所地国家的法律；许可人是法人的，适用法人总部所在地或营业所在地国家的法律。不少学者对此提出异议，认为适用许可人所在国的法律存在单一性，因为该国法律与其他国家法律相比并未能显现多少特别优势。

第二，适用被许可人所在国法律。许可人是自然人的，适用被许可人住所地或惯常居所地国家的法律；被许可人是法人的，适用法人总部所在地或营业所在地国家的法律。法学界对此也多持异议，并不认可毫无例外地适用被许可人国家的法律的做法。

第三，主张适用保护国法律。理由为：许可合同与保护国联系最为紧密，保护国法律的适用有助于使法律关系受同一法律调整。况且，多数情况下保护国法律也是被许可人本国法律。也有学者反对保护国法观点。其理由主要为，在多国使用的情形下，许可合同适用保护国法并不是一个好

---

① 《中华人民共和国涉外民事关系法律适用法》第二条第二款规定："本法和其他法律对涉外民事关系法律适用没有规定的，适用与该涉外民事关系有最密切联系的法律。"

的选择，因为可能导致一个许可合同适用不同法律的后果。

根据最密切联系原则，若许可合同的实际履行地在受让方所属国境内，则应该适用受让方所属国的法律。而且，按照国际惯例，各国立法均规定了公共政策保留条款，即适用外国法违背本国公共政策时，则排除该外国法的适用。

最密切联系原则是在综合考量涉及与案件有关的各种因素的基础上，找出与案件联系密切的连接因素，最终确定所应适用的法律规则。最密切联系原则能够有效克服传统法律冲突规则单一机械的缺陷，增强了法律选择的灵活性。但由于最密切联系原则适用标准的模糊性、不确定性，容易导致法官在司法实践中滥用自由裁量权，主张扩大法院地法适用的倾向。

二、《罗马公约》和《罗马条例》

在欧洲，关于合同之债冲突法的《罗马条例 I》和关于非合同之债冲突法的《罗马条例 II》均涉及知识产权法律适用的冲突规范。先于《罗马条例 I》，欧盟地区内关于合同冲突法规则由 1980 年关于合同之债准据法的《罗马公约》所调整。就合同之债赋予当事人高度选择法律的自由是《罗马公约》的突出特色，合同当事人选择的准据法可以是与合同毫无联系的法律，也可以随时对已选择的准据法进行更改，还可以就合同的全部或部分事项协议选择适用的准据法。当事人没有对合同准据法作出选择的，法院可以适用最密切联系原则确定合同的准据法。①

就法律冲突规则在知识产权合同中的应用，虽然《罗马公约》本身既未作出任何明确规定，也没有明确排除知识产权合同可以适用一般性合同的法律适用冲突规则，但是 Guiliano/Lagarde 报告指出，《罗马公约》的适用范围包括了知识产权转让和许可合同中的合同之债。有关知识产权合同的冲突规则曾一度出现在《罗马条例 I》初期草案中。该草案第 4 条 1 款 f 项的规定，在当事人未对合同准据法作出选择时，转让方惯常居所地国家

---

① 参见冯术杰：《欧盟知识产权冲突法规则及其启示》，载《知识产权》2014 年第 3 期，第 91 页。

的法律应为知识产权合同的准据法。该条款 g 和 h 项进一步规定，销售合同的准据法为销售方惯常居所地国家的法律，特许经营合同的准据法为被许可人惯常居所地法律。有关法律专家和欧洲议会法律委员会指出，上述草案条款存在两大问题：一方面，特征性履行方法在知识产权类合同中运用不适当；另一方面，冲突规则的连接点缺乏灵活性。后期，《CLIP 原则》提出如下选择两种方案：方案一，除非被许可人以明示的或默示的方式表示负有实施的义务，知识产权合同的准据法应为许可人惯常居所地国家的法律；方案二，对知识产权合同适用一般合同的冲突规则，取消其专门性规定，最密切联系原则被特征性履行方法取代，法官需要在知识产权合同纠纷中根据个案具体情形判断诉争合同的特征性履行行为，从而确定合同适用的准据法。《罗马条例 I》最后采纳了第二种方案。①

从《罗马条例 I》的相关规定可以看出，在适用范围上，知识产权合同的全部事项均可以适用合同的准据法。②由于权利本身的无形性，知识产权合同与其他民商事合同相比而具有一定特殊性：如果权利实施地的法律既不是当事人协议选择的准据法，也不是当事人未选择时根据条例规则确定的准据法时，那么权利非实施地国家的法律是否可以适用于案涉知识产权的成立、效力和内容等属于知识产权本体法律关系的事项？知识产权本体法律关系事项的法律适用规则是强制性的还是可以由合同进行约定？知识产权与物权同是对世性权利，对于知识产权本体法律关系事项可以参照物权法定原则确定。故此，知识产权本体法律关系事项一般不能由合同进行约定。但是合同又具有相对性，对知识产权本体法律关系事项约定应仅限于合同当事人之间有效，这可以同时保证第三方知识产权的对世效力不受侵犯。所以，较为合理的做法是将合同事项与知识产权本体法律关系事项的法律适用规则在知识产权合同中加以区别对待。具体方式为，知识产权本体法律关系事项适用被请求保护国的法律，合同事项适用合同本身的

---

① 参见冯术杰：《欧盟知识产权冲突法规则及其启示》，载《知识产权》2014 年第 3 期，第 92 页。
② 《罗马条例 I》第 10－12 条。

法律适用规则。尽管将不同法律关系分割适用法律的方法可能导致知识产权事项的准据法与合同的准据法不一致，但这是符合知识产权特性和冲突法规则的，并无不妥。而且，当前无论是国际条约还是各国法律一般均规定，知识产权本体法律关系事项的法律适用属于强制性规则，效力显然高于约定。况且，《罗马条例Ⅰ》也规定当事人可以就部分合同事项以协议方式选择法律适用，这意味着对于其他没有协议选择法律适用的合同事项需要适用其他法律作为准据法。①

三、美国《ALI 原则》

最密切联系原则也被应用到《ALI 原则》中，《ALI 原则》规定，在当事人没有协议选择适用的法律时，依据最密切联系原则确定知识产权转让和许可合同的准据法，通常为履行合同时转让人和许可人的惯常居所地国法。②

最密切联系原则是大多数现代法律冲突系统中的常用冲突法规则。《ALI 原则》明确规定，在缺乏法律选择协议时，适用与合同有最密切联系的法律。在实践中，最密切联系因素的连接点通常为转让人或许可人主要营业场所或其住所。《ALI 原则》这样规定的设想有两方面的原因：

第一方面的原因，知识产权转让或许可的无形客体是由转让人或许可人在工厂，工作坊或工作室开发而来的，目标是在给定的技术或社会环境中能进行利用和使用。因此，最好适用与转让或许可无形资产的所有权或使用权的合同争议有关的国家的法律，知识产权的成立和保证有关的法律比其他国家的法律显得更为紧密相关。

第二方面的原因，许可人的住所通常对应于欧洲冲突法原则下"特征性履行"的义务人所在地。例如，版权许可协议是一项主要为许可人承诺

---

① 参见冯术杰：《欧盟知识产权冲突法规则及其启示》，载《知识产权》2014 年第 3 期，第 93 页。

② 《ALI 原则》第 315 条第（2）款："知识产权的转让和许可在当事人未协议选择适用的法律时，适用与契约有最密切联系的国家的法律，通常为在契约履行时让与人或许可人的惯常居所地国的法律。"

并允许被许可人使用或复制作品的协议。因此，特征性履行为允许被许可人使用或复制作品。在知识产权合同中，特征性履行人是转让人或许可人。许可人的住所通常也与知识产权无形资产的开发地点有关，因此选择转让人或许可人的主要营业场所或住所有助于产品的生产。

适用与转让人的居住地或主要营业地最密切联系的法律在有些情况下并无益处，比如，一国不承认转让标的物下的知识产权，或转让人有一个以上的居所。①

四、日韩共同提案

日韩共同提案就当事人没有选择准据法时的知识产权的转让及实施许可等的合同准据法问题作出了规定。具体为：没有协议选择准据法的，知识产权的转让或实施许可适用与合同订立有联系密切地的法律。②法院考虑下列因素，与经常居所地具有更密切联系的，适用与受转让人或实施行为人经常居所地法：（1）被许可的权利是否是独占性的；（2）实施知识产权时承担的明示性或暗示性义务；（3）当事人经常居所地与知识产权主要实施地的关系。③知识产权合同当事人以侵权行为侵害该知识产权的，也适用该合同关系的准据法。④

如该提案第 302 条规定，如果当事人之间有关于合同准据法的有效协议，该协议的指定国法就是合同的准据法。第 307 条第（1）款规定了当事人之间没有指定准据法时，应适用最密切联系地法。即使作为最密切联系国法的适用，采用特征性履行的理论，在将特征性履行人的经常居所地或主要营业所在地法推定为最密切联系国法这一点上一致，关于如何决定

---

① Intellectual Property: Principles Governing Jurisdiction, Choice of Law, and Judgments in Transnational Disputes, as adopted and promulgated by the American Law Institute at San Francisco, California, May 14, 2007, American Law Institute Publishers, 2008, page 148 – 149.

② 《知识产权国际私法原则》第 307 条第（1）款。

③ 《知识产权国际私法原则》第 307 条第（2）款。

④ 《知识产权国际私法原则》第 307 条第（3）款。

特征性履行人，发达国家与发展中国家之间的利害关系激烈对立，也难以取得一致。第 307 条第（2）款规定了需要考虑的三个因素，认为知识产权的受转让人、实施行为人等具有更密切的联系时，可以视这些人为特征性履行人。

日韩共同提案 2008 年的日本案第 20 条第 2 款中设置了推定转让人或实施许可人的经常居所地法为最密切联系地的规定，但是，有意见强烈指出应推定受转让人或实施行为人的经常居所地法为该合同的最密切联系地法，所以决定对此规定进行了以上修正。《CLIP 原则》第 3.502 条也只不过是更加详细地列举了适用受转让人、实施行为人的经常居所地法时应考虑的因素和将作者、转让人或实施许可人的经常居所地作为最密切联系国时应考虑的因素。

日韩共同提案第 307 条第（3）款是附随式连接的规定，采纳了韩国方面研究小组的方案。在同一当事人之间发生债务不履行责任和侵权行为责任的问题时，关于这些责任的关系，实质法中存在请求权竞合说、法条竞合说等不同见解。国际私法对于这个问题是采取将授权行为责任从属连接于合同责任的准据法的做法，还可以防止调整问题的发生。

五、欧盟《CLIP 原则》

《CLIP 原则》采用当事人意思自治与最密切联系原则相结合的方法，对知识产权许可与转让以及其他知识产权合同的法律适用规则作出了规定。

《CLIP 原则》允许当事人以协议方式约定知识产权合同的适用法律，如果当事人已协议约定了管辖法院，可以将法院地国法视为知识产权合同的准据法。①当事人可自由选择适用合同全部或部分的法律。此规定将管辖权协议推定适用法律选择协议，虽然如此安排有利于法院及时确定准据

---

① 《CLIP 原则》第 3.501 条：“当事人可以在任何时间协议约定知识产权转让、许可以及其他与知识产权有关的合同所适用的法律，这种选择必须是明示的，或者可以从合同条款或当事人的行为中明确表现出来。如果当事人业已协议选择管辖法院，则可推定法院地国法为合同的准据法。”

法，但法院地法律并不一定就是当事人所希望选择的。当事人未协议选择所适用的法律的，《CLIP 原则》规定适用与合同有最密切联系的法律。原则采用了国际私法中常用的"特征性履行方法"以列举的方式规定了确定最密切联系地时应考虑的各种因素。①如果无法通过特征性履行方法对最密切联系地作出判断，《CLIP 原则》根据具体情况规定了在哪些情况下受让人或被许可人的惯常居所地可以视为最密切联系地，试图在二者之间寻求一种平衡，兼顾二者的利益。②

第四节 知识产权侵权关系的法律适用

随着经济全球化和国际经贸合作的深化，因知识产权利用而引发的涉外纠纷，特别是侵权纠纷呈现大幅增长的趋势，各国谈判和缔结的国际性公约也多源于知识产权侵权。涉外因素包含一方或双方居住在国外或侵权行为发生在国外等。在含有涉外因素的知识产权侵权案件中，当每个国家的实体法律不相同时，就会发生法律适用的问题。

近年来，就同类专利在不同国家同时提起侵权的平行诉讼已经变得越来越司空见惯。苹果、诺基亚、三星、联想等国际知名公司常常是跨国平行专利诉讼的当事方。例如，有新闻报道称，诺基亚对苹果专利诉讼升级，诺基亚又分别在德国和美国两国三地法院起诉苹果，指控对方侵权自己的多项专利，以回击苹果对诺基亚的专利诉讼，至此，诺基亚已经在 11 个国家和地区发起 40 宗专利侵权诉讼，这些专利涉及显示、软件、芯片、视频编码、延长电池寿命、远程定位等技术。③但是，纵观已经结束的此类诉讼，各国法院的认定结论却不尽相同，有的国家的法院认定侵权成立，而有的国家的法院则认为不构成侵权，这更加突出说明了法律适用在侵权案件中的实际重要性。

---

① 《CLIP 原则》第 3.502 条第（1）（2）款。
② 《CLIP 原则》第 3.502 条第（3）款。
③ http://news.qtv.com.cn/system/2016/12/24/013972794.shtml，2016 年 12 月 24 日最后访问。

互联网的广泛使用虽然给人们的生活带来很多方便，同时也给知识产权侵权提供了便利的平台和空间。互联网时代的知识产权侵权可能发生全球任何地方，使其成为"无处不在的侵权"，俗称网络侵权。新的知识产权侵权方式已对传统的侵权法律适用提出了挑战，为应对这些挑战，知识产权侵权法律适用理论和立法也应作出相应地调整。

一、知识产权法律适用的一般（传统）理论

在知识产权侵权法律适用问题上，传统上一般有侵权行为地、被请求保护国（法院地法）、当事人属人法及最密切联系原则、意思自治原则的有限适用。

侵权行为地包括行为实施地、损害结果发生地、侵权复制品制造地、发行地、储藏地等地域因素。

（一）被请求保护国法

正是由于知识产权的地域性，侵权纠纷一般应适用被请求保护地国的法律。匈牙利法律规定，著作权纠纷适用被请求保护国地国家的法律。[①]又如，奥地利联邦法律规定，涉及无形财产权的存在、灭失等内容的，应当适用侵权行为发生地法。[②]除此之外，一些英美法系的国家特别是美国在处理具体案件时是由法官综合考虑相关的因素选择应适用的法律规则形成判例法，而非在其成文法中予以规定。

《伯尔尼公约》第 5 条第 2 款中所规定的"指定的法律"，应当是指权利被请求保护国的法律。此外，其他知识产权国际公约也均规定了保护国法原则，如《罗马公约》也同样采用了保护国法原则，《罗马公约》中规

---

① 1979 年《匈牙利国际私法》第 19 条规定："著作权依被请求保护国的国家的法律。"

② 1978 年《奥地利联邦国际私法法规》第 34 条规定："无形财产权的创立、内容和消灭，依使用行为或侵权行为发生地国家的法律。"

定，解决因侵权行为而产生的非合同义务纠纷，应当适用被请求保护国法。①1971 年 7 月在巴黎修订的《世界版权公约》（日内瓦议定书）中采纳了保护国法原则。

德国 Ulmer 教授认为，在一个权利侵权案件中，保护国法规则的适用依赖于该侵权已在该国发生。在国际私法方面，基本原则是侵权行为发生地的问题应该按照被主张保护地域所属国法，而不是按照法院地法予以决定。在权利侵权纠纷中，适用保护国法的决定性因素是该行为在被主张保护地域所属国法律制度意义上是否应该被看作是一个国家工业产权的侵权。②

从根本上讲，适用被请求保护国法体现了知识产权的地域性。从一定意义上讲，知识产权保护还是以国界为限的。知识产权地域性特征还可以从国际性知识产权公约中规定的国民待遇原则以及各国知识产权法律制度的独立性中得以体现。以专利和商标为例，法定的注册登记是获得商标权与专利权的必经程序，因此，从一定意义上讲，商标权与专利权地域分割特征更为明显。因此，适用被请求保护地法对于具有涉外因素的商标与专利侵权纠纷更为合理。对于版权来说，虽然版权依据国际公约因创作而"自然产生"，无须代表公权力的行政部门，故在一国享有版权的作品，其他缔约国均应承认其版权。③

总之，知识产权的地域性深受国家主权观念的影响，承认地域性不仅符合各国知识产权制度的独立原则，而且还有利于保护知识产权权利人的合法权益。④

---

① 《罗马公约》第 8 条第 1 款规定："适用于由知识产权侵权引起的非合同义务的法律是被请求保护国法。"
② 参见徐祥：《国际私法中的知识产权问题研究》，武汉大学 2007 年博士学位论文。
③ 参见杨长海：《知识产权冲突法论》，厦门大学出版社 2011 年版，第 307 页。
④ 参见杨长海：《知识产权冲突法论》，厦门大学出版社 2011 年版，第 311 页。

（二）法院地法

适用法院地法解决知识产权纠纷已被普遍接受。这是基于知识产权保护本身所具有的公共管理性质，使得法院不得不适用自己的法律，法院地法是作为强行法适用的。

传统意义上，法院地原则与侵权行为地原则是处理侵权纠纷案件的两大法律适用规则。相比一般的侵权纠纷案件，知识产权侵权的客体具有自身特殊性即客体为知识产权，因此，确认知识产权侵权的连接点是与知识产权的特点紧密相关的，而适用传统侵权理论有其明显的局限性。随着经济社会与科技的不断发展，各国立法与司法实践逐渐形成了一些符合知识产权特点又有利于知识产权保护的新原则，如，权利请求保护地原则与最密切联系原则。侵权行为地法最初来源于"场所支配行为"这一古老的法律原则。最密切联系原则实际是权衡与纠纷相关的各种因素并选择适当法律的过程，其有效克服了传统法律冲突规则的单一机械的缺陷，增强了法律选择的灵活性，是20世纪国际私法的重大发展成果之一。权利请求保护地原则正是知识产权地域性特征的体现，已逐渐为各国理论与实践所认同。有学者认为，权利请求保护地与法院地尽管在很多情况下会出现重合，但也存在非重合的情形。在侵权案件中，被侵权人可以选择在侵权行为发生地或结果地提起法律救济，包括诉前财产保全、申请禁令等，而这些结果地或行为发生地并不一定是法院地。①

二、《罗马条例 II》

知识产权侵权案件的法律适用长久以来就是一个难题，直到2009年1月11日《罗马条例 II》生效实施，这个问题才渐渐地在一定程度上得到了解决。

《罗马条例 II》是欧洲经济共同体通过1980年的《罗马公约》统一了

---

① 参见古祖雪、赵秋丹：《国际科技合作中知识产权侵权诉讼的若干法律问题》，载《中南大学学报（社会科学版）》2008年8月第4期，第505页。

合同义务法律适用的规定后，为了解决各成员国对侵权等非合同义务领域争议的法律适用冲突问题，与美国的《ALI 原则》大约在同一时期，欧洲联盟理事会与欧洲议会于 2007 年 7 月 11 日讨论通过了《关于非合同义务法律适用的 864/2007 号规则》①（以下简称《罗马条例 II》）。《罗马条例 II》统一了非合同关系法律适用规则，其中包括了有助于侵权案件解决的法律选择条款，并于 2009 年 1 月 11 日对除丹麦以外的欧盟成员国生效。《罗马条例 II》可以直接适用于欧洲共同体所有成员国内。

《罗马条例 II》就侵权行为、不当得利、无因管理和缔约过失等四种非合同之债规定了冲突规则。《罗马条例 II》的调整范围非常广泛，它引入了一套新的法律选择规则。该条例强调，无论是否为成员国的法律，凡是该条例有明确的任何法律均应该被予以适用。②在侵权之债领域，《罗马条例 II》充分体现了"条例意在通过软化连接点来建立灵活性的冲突法规则框架"这一理念。③

《罗马条例 II》作为侵权之债的总则性规定，规定了侵权之债的一般冲突规则，其第 4 条的规定有以下特点：第一，虽然适用了侵权行为地法这一传统冲突规则，但将连接点具体细化为"损害发生地"。该条例认为，随着严格责任制度与民事责任理念的不断发展，损害发生地法的适用有助于利益关系的平衡。④第二，作为损害发生地的例外，该条例还规定可以优先适用当事人共同惯常居住地法，⑤ 并将密切联系原则作为针对当事人共

---

① Regulation (EU) No. 864/2007 of the European Parliament and of the Council on the Law Applicable to Non‑Contractual Obligations.

② 《罗马条例 II》第 3 条。

③ 参见冯术杰：《欧盟知识产权冲突法规则及其启示》，载《知识产权》2014 年第 3 期，第 93 页。

④ 《罗马条例 II》第 4 条第（1）款规定："除非该条例另有规定，因侵权行为引起的非合同之债应适用损害发生地国家的法律，不论损害的原因实施发生于何国，也无论原因事实的间接后果发生于何国。"

⑤ 《罗马条例 II》第 4 条第（2）款规定："如果加害人和受害人于损害发生时在同一国家拥有惯常居所，则应适用该惯常居所地国家的法律。"

同惯常居住地法与损害发生地法的例外适用情形。①

除总则部分外，《罗马条例Ⅱ》第二章第 8 条专门规定了有利于解决知识产权侵权的特殊冲突规则。对于知识产权侵权问题，《罗马条例Ⅱ》强调欧共体应保留已被各国普遍认同与采纳的保护地法原则。②从法律适用上看，首先共同体相关法律规定应优先考虑适用，其次才能根据具体情况考虑适用侵权行为地法。《罗马条例Ⅱ》中的知识产权，是指著作权、相关权、保护数据库的专门权利和工业产权。③这表明，对于知识产权侵权行为的法律适用，《罗马条例Ⅱ》要求对注册类工业产权和非注册类的著作权适用统一的冲突规范。④

（一）第 8 条第（1）款

《罗马条例Ⅱ》第 8 条第（1）款规定，由知识产权的侵权行为而引发的非合同之债，应适用被请求保护国法律。

1. 与总则的关系

首先需要明确《罗马条例Ⅱ》中作为特殊性规定的第 8 条和一般性规定的第 4 条的关系。从第 8 条中使用"应当"一词，且没有对第 4 条进行交叉性参考来看，这表明，在涉及知识产权侵权时，特殊性规则没有为一般规则留有任何适用的空间。第 8 条将是处理知识产权侵权案件的依据，即适用被请求保护的国家的法律，第 4 条将被排除适用。这也意味着，即使双方拥有共同的惯常居所国，而该国家并不是被请求保护国；或者即使存在与案件有更密切联系的另一个国家，被请求保护法也必须被适用。⑤第

---

① 《罗马条例Ⅱ》第 4 条第（3）款规定："如果从案件的所有情况看，侵权行为显然与第 4 条第（1）款和第（2）款所指定国家之外的另一国家有更密切的联系，则应适用该另一国家的法律。"

②③ 《罗马条例Ⅱ》序言第 26 条。

④ 冯术杰：《欧盟知识产权冲突法规则及其启示》，载《知识产权》2014 年第 3 期，第 93 页。

⑤ See Boschiero, "Infringement of Intellectual Property Rights: A Commentary on Article 8 of the Rome Ⅱ Regulation" in A Bonomi and P Volcken (eds), Yearbook of Private International Law Volume IX – 2007 (2008) 87 at 107.

8 条不但没有为第 4 条第（2）款和第（3）款的例外规定留有余地，其自身也没有规定任何例外情形。

2. 知识产权的范围

如前所述，《罗马条例Ⅱ》中的知识产权，是指著作权、相关权、保护数据库的专门权利与工业产权。①这不仅是一个开放式的定义，而且是一个非常宽泛的定义。《罗马条例Ⅱ》定义下的这些知识产权拥有授予专有权的共同特点，它赋予权利人排他性的权利。从该定义可以看出，权利是否注册并不重要。工业产权传统上被认为包括专利，商标和工业品外观设计。②除了序言第 26 条明确规定的保护数据库的特殊权利外，基于权利的专有性，还可以包含艺术家的转售权或植物育种者的权利。确定地理标志和原产地标识是否包含在上述知识产权定义中有一定难度，因为一方面他们是专有性权利，另一方面它们是被赋予一群权利人的，任何在当地生产的人均可以自动从中受益。商标同样具有专有性，因而被普遍认为是包含在第 8 条的知识产权范围内的。③

同时，虽然有些被认为是知识产权范畴的权利，可能并不属于第 8 条调整的范围。反不正当竞争就属于此类权利。因为《罗马条例Ⅱ》第 6 条对此项权利作出了特别规定。从国际法的角度来看，英国法下的仿冒侵权的主要目的是防止某些形式的不正当竞争，尽管在国内侵权法中仍有争议，仿冒行为应视为《罗马条例Ⅱ》所规定的由不正当竞争行为引起的非合同义务，这属于第 6 条调整的范围，而与第 8 条无关。此外，侵犯商业秘密或其他保密性信息也不属于第 8 条调整的范围。

3. 侵权与连接因素

即使《罗马条例Ⅱ》第 8 条规定在知识产权侵权案件中适用被请求保

---

① See Boschiero, "Infringement of Intellectual Property Rights: A Commentary on Article 8 of the Rome Ⅱ Regulation" in A Bonomi and P Volcken (eds), Yearbook of Private International Law Volume Ⅸ - 2007 (2008) 87 at 107.

② 1883 年《巴黎公约》第 1 条第（1）款。

③ See Plender and Wilderspin, The European Private International Law of Obligations, at 655.

护国法律，人们还是会情不自禁地想在知识产权案件中探寻作为侵权案件典型适用法律的侵权地法的蛛丝马迹。侵权地法在侵权案件中常被理解为造成损害的国家的法律。欧洲大陆已有国家将侵权地法适用于知识产权侵权案件中。《荷兰侵权冲突法》第 3 条第（1）款特别规定了侵权案件适用侵权地法，该法案没有规定具体规则或提及知识产权问题。①然而，荷兰最高法院在一件著作权案件中适用了侵权地法规则。②但是，还是有人对在知识产权案件中适用侵权地法规则的适当性问题提出质疑，并以知识产权的侵权与范围之间的并行性作为强有力论据，认为因知识产权侵权行为而产生的纠纷，应该适用被请求保护国法。③对于此问题，《奥地利国际私法》的规定更加明确，1978 年《奥地利国际私法》第 34 条第（1）款规定适用行为实施地或侵权发生地国家的法律，该法案的官方评述清晰地指明了侵权地法的观点。但是奥地利最高法院以及众多学者都将此观点转化为了被请求保护国法规则。更为有趣的是，奥地利最高法院在 Adolf Loos－Werke II 中判决认为："根据《奥地利国际私法》第 34 条第（1）款的规定，知识产权的成立，范围和终止由侵权行为实施地或侵权行为发生地国家的法律确定。因此，立法者选择保护国法作为一个连接因素……保护国不是正在审理案件的国家。如果原告指控被告侵犯了自己在多个国家的全部或部分权利，则被控侵权行为需要根据发生在每个侵权行为的国家的法律来确定。"④奥地利最高法院的这种做法将导致在多国侵权案件中的每个案件分别适用每个被请求保护的国家的法律。比利时法律规定，因知识产权而引起的纠纷，应当适用被请求保护地国的法律。⑤这项标准性冲突规则

---

① Statute on the Law Applicable to Torts of 11 April 2001, [2003] Neth Int Law Rev 222－224.

② COVA v. Banque Generale du Luxembourg [1994] NJ 2901（No 6222）.

③ M Van Eechoud, Choice of Law in Copyright and Related Rights（2003）at 213.

④ Adolf Loos－Werke II, judgment of 28 September 1993 of the Austrian Supreme Court, [1994] GRUR Int 638.

⑤ 《比利时国际私法法典》第 93 条第（1）款规定："知识产权适用被请求保护的国家法律。"

还见之于1987年的《瑞士国际私法法》第110条第（1）款，①并被移植到1995年《意大利国际私法法》和德国的侵权和物权法律适用规则的部分内容中。②

尽管事实上并不存在普遍优先考虑适用被请求保护国法的做法，适用被请求保护国法的趋势还是非常明显的。因此，《罗马条例Ⅱ》便很自然地采用了被请求保护国法这一统一的规则。在确定适用法律时，被请求保护国法的优势主要体现在它比较容易被确定，同时可以被适用于权利的产生，存续和保护期限。他在并行性方面更加具有价值，因为知识产权实体法中权利的范围与侵权之间存在着密切的联系。③

被请求保护国法规则可以保证与该国经济政策的和谐性和一致性。《罗马条例Ⅱ》第8条第（1）款中确定的"被请求保护的国家的法律"的连接因素是"国家（the country for which）"。这个连接因素比"哪里（where）"更为精确，因为"哪里"一词更容易指向"法院地"。

侵犯知识产权案件中的辅助侵权，又称间接侵权，即明知他人行为侵权而实质性地帮助他人从事侵权行为。传统上，辅助侵权与直接侵权之间有很强的关联性。但在现代生活中，如互联网服务提供商和搜索引擎提供者，虽然它们不需要承担直接的主要责任，但可能会被要求为其用户承担次要责任。直接侵权与普通的民事侵权行为更为紧密相关。《罗马条例Ⅱ》第8条第（1）款涵盖了因侵犯知识产权而产生的所有形式的非合同义务，这也当然包括辅助侵权，因为辅助侵权也是一种非合同义务，而且它仅发生在知识产权直接侵权的情况下。④

4. 适用范围

关于被请求保护国法的适用范围，《罗马条例Ⅱ》第8条第（1）款首

---

① See P Karrer and K Arnold, Switzerland's Private International Law Statute (1989).

② See Perregas, "Intellectual Property and Choice of Law Rules" in Malatesta (ed), 221 at 229 – 230.

③ See Pettegas, "Intellectual Property and Choice of Law Rules" in Malatesta (ed), 221, at 238.

④ G Dinwoodie, R Dreyfuss, and A Kur, 42 (2010) New York University Journal of International Law and Politics 201.

先规定其适用于"因知识产权侵权行为而产生的非合同义务"事项。该条例第 15 条进一步明确了"非合同义务"的范畴，包括：（1）责任的基础和程度，确定侵权责任人；（2）免责、责任限制和分担；（3）损害的存在，性质以及赔偿的评估或索赔的补救；（4）在程序法赋予法院的权力范围内，法院可采取的防止或终止损害以及确保赔偿的措施；（5）关于要求赔偿的权利或补救的权利是否可以转让和继承的问题；（6）有权获得赔偿的人；（7）他人行为的责任；（8）义务可以终止的事项以及处置和限制规则，包括与开始，中断和暂停处置或限制期间有关的规则。

上述内容均属于涉外知识产权案件中被请求保护国法所调整的范围。值得注意的是，由于侵犯知识产权而产生的非合同义务的概念相当广泛，可以涵盖不当得利、无因管理和缔约过失而产生的其他非合同义务。但是，《罗马条例 II》第 13 条明确而重复地规定，第 8 条优先第 3 章规定的不当得利、无因管理和缔约过失而专门适用于因侵犯知识产权产生的非合同义务。

此外，知识产权的效力，与注册知识产权有关的转让性、保护期限、注册问题，知识产权的范围、初始所有权等问题都不属于知识产权侵权的法律适用范畴，自然不属于第 8 条第（1）款的调整范围。虽然这些问题很多也可能在侵犯知识产权的情况下发挥作用，但它们不属于侵权问题的一部分。同样需要提醒注意的是，与知识产权的转让和许可有关的问题属于合同性质，它们也并不是《罗马条例 II》所管辖的范围。

损害发生地这一连接因素难以在知识产权侵权案件中直接适用。原因在于，知识产权的侵权损害与人身权或财产权的传统民事的侵权损害相比具有一定其特殊性。在传统民事权利侵权中，通过事实或观念性的侵权损害认定即可确定冲突规则的连接点，进而确定准据法，因为法律上的侵权损害与事实性或观念性的侵权损害基本一致。但是，在知识产权侵权中，在事实不变的情况下，法律意义上的侵权损害并不一定就是观念上的侵权损害，因为知识产权法律意义上的侵权损害成立的前提条件是权利有效且存续。然而，知识产权的效力和存续与否需要视权利在诉讼国（即侵权认定国）的效力状态而定。因而，在知识产权侵权案件中，首先需要确认涉案知识产权是否受侵权认定国法律保护。故此，知识产权侵权的法律适用需为当事人要求权利受保护的国家的法律。《罗马条例 II》同样接受国际范围内广为认可的保护国法作为知识产权侵权案件的法律适用规则。应予以说明的是，此处的保护国是指实体法上或立法管辖权意义上的保护国，而非程序法或司法管辖权意义上的法院地国。

（二）第 8 条第（2）款

《罗马条例 II》第 8 条第（2）款规定，因侵犯具有统一性的共同体知识产权①而产生的非合同义务，共同体的相关法律没有规定的，应适用侵权行为实施地法律。

作为单一权利的共同体知识产权在整个欧盟，而不是成员国内有效。被请求保护国法根据《罗马条例 II》可直接适用，第 8 条第（2）款的规定解决了被请求保护国法规则在侵犯共同体知识产权案件中的适用问题，制定了侵犯共同体知识产权的具体规则。

1. 共同体知识产权

共同体知识产权是存在于欧盟的单一有效权利，包括共同体商标②、共同体外观设计③和共同体植物品种权④。这些共同体知识产权规定于欧盟的指令或法令，通过一个独立的共同体知识产权局，例如位于西班牙的阿利坎特的欧洲内部市场协调局（OHIM）进行申请，由该局进行审查和

---

① 包括共同体商标、共同体外观设计和共同体植物品种权。

② Council Regulation（EC）40/94 of 20 December 1993 on the Community Trade Mark [1994] OJ L011/1, as amended, now codified as Council Regulation 207/2009 of 26 February 2009 on the Community Trade Mark [2009] OJ L78/1.

③ Council Regulation（EC）6/2002 of 12 December 2001 on Community Designs [2002] OJ L3/1, amended by Council Regulation No 1891/2006 of 18 December 2006 amending Regulation（EC）No 6/2002 and（EC）No 40/94 to give effect to the accession of the European Community to the Geneva Act of the Hague Agreement concerning the international registration of industrial designs [2006] OJ L386/14.

④ Council Regulation（EC）2100/94 of 27 July 1994 on Community plant variety rights [1994] OJ L227/1.

授予权利。有别于每个成员国内层面的知识产权，共同体知识产权是在欧盟层面创设和授予的单一性共同体知识产权。

2. 共同体相关法律

在确定第 8 条第（2）款的范围之后，需要更详细地审查其所依据的特别规则。适用于单一共同体知识产权的法律规则或制度的核心散见于共同体法律规定和实践。

（1）共同体商标

适用于共同体商标的《欧盟 207/2009 号共同体商标规则》① 第 101 条涉及法律适用问题。该条下设三个子条款，第 1 款规定："共同体商标法院应当适用本条例的规定。"第 2 款规定："对于本规则未涵盖的事项共同体商标法院应当适用其国内法，包括其国际私法。"第 3 款规定："除非本规则另有规定，共同体商标法院应适用与法院所在地成员国的国家商标相同类型的诉讼的程序规则。"这些条款在实践中可能造成一定问题。共同体商标法院在审理共同体商标案件中必然将适用该条的规定。但是，《共同体商标规则》本身可能没有涵盖实际案件中的每一个方面。当条例没有涉及具体问题时，法院将在其国内法中寻求答案。从国际私法的角度看，《共同体商标条例》第 101 条并不属于冲突规范。假如第 101 条将法院地法规定为适用法律，那将不成为问题。

（2）共同体外观设计

与共同体外国设计的法律适用相关的条款是《欧盟 6/2002 号共同体外观设计规则》第 88 条的"法律适用"条款和第 89 条的"侵权行为的制

---

① Council Regulation 207/2009 of 26 February 2009 on the Community Trade Mark [2009] OJ L78/1.

裁"条款。①除了第89条包含有实体法的具体救济措施外，《共同体外观设计规则》采用了与《共同体商标规则》相同的做法，自然存在与《共同体商标规则》一样的问题。

（3）共同体植物品种权

《欧盟2100/94号共同体植物品种权规则》采用了不同的做法。该规则第94条规定了构成侵权的情形以及救济措施。②第95条增加了有关在授予共同体植物品种权之前对实施的侵权行为的合理补偿的规定。③因此，留给第97条有关"国内法对侵权的补充适用"的空间则很少。第97条具体规定："（1）对根据本规则第94条而负有责任的一方，因侵权行给权利人

① 第89条　侵权行为的制裁

1. 除非有特殊理由，当共同体法院发现被告行为侵权或有侵权行为威胁到共同体外观设计，共同体外观设计法院应命令采取以下措施：

（a）禁止被告侵犯或将侵犯共同体外观设计；

（b）查扣侵权产品；

（c）如果物品所有人知道使用材料和器具的目的或使用效果显而易见，扣押主要用于制造的材料和器具；

（d）其他根据侵权或威胁侵权所在成员国法和其国际私法规则在此情况下认为适当的任何命令。

2. 共同体外观设计法院应根据其国内法采取这些措施以确保第1款所述的命令得到遵守。

② 第94条　侵权

1. 任何人：

（a）未经许可，对于已获授权的共同体植物品种权，实施第13条第（2）款所述之行为；或

（b）忽略第17（1）条所述的品种权名称的正确用法，或忽略第17（2）条所述的信息；或

（c）违反第18（3）条，使用已获授权共同体植物品种权的品种名称或可能导致混淆的名称；权利人可起诉分别或同时指控这种侵权行为或要求支付合理的赔偿。

2. 故意或过失的被告人还应赔偿权利人的造成的任何进一步损失。在轻微过失的情况下，损害请求可根据轻微过失的程度而减少，但是不小于侵权人因侵权所获得的利益。

③ 第95条授予共同体植物品种权前的行为权利人可以向其行为将在随后被禁止的人要求在公开共同体植物品种权申请至授权间的合理赔偿。

或享有实施权利的人造成损害，和对于恢复原状的请求，依第 101 条或第 102 条规定而享有管辖权的法院应当适用其国内法，包括其国内的国际私法规则。（2）第 1 款也适用于根据第 95 条规定的在公布共同体植物品种权至授权之间的时间内就履行和不作为而可能产生的其他索赔。（3）共同体植物品种权的其他规定应完全根据本条例而确定。"

上述规定中援引含国际私法规则的国内法的做法与《共同体商标规则》中的规定相同，同样适用于《罗马条例 II》第 8 条第（2）款。后者将因此特别适用于恢复原状的请求，并且其确定的适用法律将是被告未经共同体植物品种权利人同意而实施侵权行为的一个或多个国家的法律。

（三）第 8 条第（3）款

《罗马条例 II》第 8 条第（3）款规定，当事人不得通过依照本条例第 14 条有关当事人法律选择自由的规定而减损依据本条所应适用的法律。

《罗马条例 II》第 14 条允许当事人在非合同之债领域协议选择适用的法律。第 8 条拒绝条例第 14 条适用于知识产权侵权而产生的非合同义务。制定该条的目的无疑与国家当局授予权利、登记注册和经济政策有关。允许当事人选择另一法律有可能会损害和影响该国利益。

《罗马条例 II》第 8 条第（1）款的规定要求在逐个国家的基础上分别适用被请求保护的国家的法律。在目前多国侵权案件频发的情况下，第 14 条的规定将可能促使各方有机会选择单一性的适用法律，或者可以将该选择自由限制在侵权行为发生之后。若如此，诉讼的复杂性，持续时间和成本将会大大降低。因此，《罗马条例 II》第 8 条第（3）款排除在知识产权侵权案件中当事人选择适用法律自由的规定是令人遗憾和不合时宜的。

三、互联网知识产权侵权的法律适用

（一）互联网知识产权侵权与一般知识产权侵权的区别

1. 互联网知识产权侵权的特点

网络侵权行为是一切发生在互联网空间上的侵权行为，包括侵害专利权、商标权和著作权等知识产权。它具有主体多样性和集体性、侵权行为的隐蔽性、无国界性等特点。作品一旦在互联网上发表，就意味着在全世界发表了，任何国家的任何人只要登录互联网就可以浏览到网站上的内容，物理领土概念的消失使其变得无地域的限制。

著作权与专利权和商标权的主要区别在于无登记或注册要求。著作权人一旦完成作品的创作即可享有对该作品的著作权。在互联网环境下，对作品的网络侵权随时遍布全球各地。正是由于互联网的普及性和著作权无需登记的特点，近年来著作权网络侵权案件的数量急剧攀升。

网络的虚拟性和全球性特征使得法律关系的地缘性被消解。网络的跨界性往往使一个侵权案件具有多个侵权行为发生地。[1]但在网络空间中，与有形物质的传播不同，网络知识产权侵权具有即时性、范围广、受损害大的特点，以传统方式确定的连接点方位在网络空间中飘忽不定，以致难以把握，因此，确定侵权行为地和当事人所在地是网络侵权的难题所在。特别是侵权案件中有时可能会同时涉及多个国家的数个侵权行为。有学者因此提出优先适用最有利于保护同时在许多国家被侵权的当事人的法律，即实行最有效保护国家法律的优先原则。[2]

网络发展带来的影响和冲击使得客观性连接点在冲突规则中的作用有弱化的趋势，但这并不是说在网络环境下，客观性连接点在法律适用规则方面毫无作用。为了使传统的连接因素适用于网络环境的新形势，可以对其进行改良和创新。

2. 传统法律适用规则在互联网侵权案件中的应用

（1）被请求保护国法

从表面上看，互联网上的知识产权产权侵权根本上不同于一般的知识产权侵权，至少在程度和体量上要大很多。在网站上使用的商标和将享有著作权的信息上传至网站，在世界各地的所有国家都可以访问看到，涉及

---

① 参见姜茹娇：《论知识产权在网络环境中的法律适用——兼评我国〈民法（草案）〉第九编的有关规定》，载《法学杂志》2010 年第 2 期，第 17 页。

② ［美］保罗·爱德华·盖勒：《计算机网络空间的法律冲突的国际著作权》，高凌翰译，载《版权公报》1997 年第 1 期。

著作权资料的共享服务也遍布全球。但是，这会导致适用法律的不同吗？

首先，我们来看一下传统情况下的侵权的法律适用。假设将在一国或多国获得注册的商标使用在互联网上，或将享有著作权的作品上传到网站上，《罗马条例 II》第 8 条规定的被请求保护国法规则同样可以适用于互联网环境，因为该条例并没有针对互联网制定特定规则或拒绝适用。这与传统侵权的法律适用没有特别大的不同。

其次，如果在一个可以随处访问的网站上使用了商标，似乎任何地方都可能出现侵权，但事实上只有在已经获得注册的国家或地区才会存在侵权，也只能在这些国家和地区寻求保护。唯有驰名商标是不需要注册但可获得保护的。当然，现实生活中也是如此。此外，下载行为因属于复制行为而构成侵权，在单个国家下载著作权作品只有在该国可能被侵权。因此，只有在下载国方可寻求有效的保护，该国的法律可依据《罗马条例 II》第 8 条而获得适用。

问题在于如何定义在互联网环境下构成侵犯知识产权。如果下载到计算机屏幕上的作品形成网站或在计算机硬盘驱动器上进行复制时，复制品是如何形成的？又或是，如果作品源于一个外国网站，而这个外国网站是在第三方国家的服务器上提供的，那么在这个国家通过更多的国家转移到用户的计算机之前，这些行为是如何发生的？网络侵权的最大问题是数字环境下侵权行为难以定位的问题。但是，严格来说，这些问题均不构成国际私法意义上的法律适用问题，法律程序的选择和法律规则的选择将不因此受到任何影响。《罗马条例 II》第 8 条的被请求保护国法依然可被援引而适用。原告将决定其要寻求保护的国家，即知识产权被侵犯的国家。这个或这些国家的法律将成为适用的法律。原告的申请将决定侵权是否发生。互联网环境下的知识产权侵权的定义将决定实体法，而不是法律适用规则。到目前为止，适用被请求保护国法仍旧是各国著作权法律适用的主要原则，包括《伯尔尼公约》和《世界版权公约》也都采用这一原则。

科技的发展使得保护国法原则并不能很好地解决著作权冲突的所有问题，虽然对当事人而言有较强的可预见性，但是我们必须承认，互联网上的著作权侵权可以真正地演变成全球范围的行为。享有著作权的音乐可以在互联网上播放，其他版权资料、文件共享也完全可以在网上任意传播和完成。笔者将在无所不在的侵权法律适用中对此进行详细的讨论。

（2）意思自治原则

国际私法上的当事人意思自治原则是指合同当事人可以通过协商一致的意思表示自由选择支配合同的法律。

关于意思自治原则能否引入到网络知识产权侵权领域，各国学者众说纷纭。不可否认，当事人意思自治可以构成互联网环境下知识产权侵权法律适用的一个有效立论。基于侵权行为地原则存在的内在缺陷和使案件得到公正、迅速的解决而保护当事人合法权益的需要，意思自治适用于侵权领域具有一定的理由基础。由于网络的虚拟性，相对于客观的连接因素，主观的连接因素在互联网中更能得以有效体现和运用，当事人的主观选择得以更大的发挥。而且网络本身就是一个高度自治和自由的空间，意思自治必将在网络侵权法律选择方面发挥越来越大的作用。但是当事人选择法律的自由是要有一定限度的。如果允许当事人随便选择法律，就可能产生大量规避行为发生地法律的行为，从而对当地的社会造成破坏。

对于侵权纠纷中救济是否允许自行选择所适用的法律，《ALI 原则》《CLIP 原则》与《罗马条例 II》第 8 条第（3）款的规定正好相反，《ALI原则》与《CLIP 原则》对此均持肯定的态度。《ALI 原则》规定："在符合本章其他条款的前提下，当事人可以在任何时候，包括在争议发生后，同意适用解决全部或部分争议的法律。"①《CLIP 原则》规定："（1）根据第 3.501 条的规定，因发生知识产权侵权的当事人可以在争议发生前或争议发生后协议选择适用侵权救济的法律；②（2）如果侵权与当时之间存在的在先关系有关联，如合同，则适用在先关系的法律应该适用于侵权争议，除非（a）当事人已经明确排除在先关系法律适用法的适用；③或（b）在案所有信息明确显示侵权请求与另一国家有更密切联系。④

① 《ALI 原则》第 302 条。
② 《CLIP 原则》第 3.601 条第（1）款。
③ 《CLIP 原则》第 3.606 条第（2）款（a）。
④ 《CLIP 原则》第 3.606 条第（2）款（b）。

此外，欧洲 MPI 知识产权法律适用替代建议案和日韩共同提案也都引入了此方法。①

（二）无所不在之侵权的法律适用

虽然互联网知识产权侵权案件不计其数，但是我们还是可以发现，即使需要逐国适用，《罗马条例 II》规定的被请求保护国法规则依然相当适合在大部分案件中予以适用。然而可能会存在两个问题。一个问题是与传播有关的溢出效应，其主要影响位于一个或多个管辖区，但在其他国家也可能存在微小和相对不显著的副影响。例如，某日语文件主要在日本境内被大量下载，但也曾由来自东京的移民在新加坡下载过一次。假设在互联网上发布该文件的人只在日语的网站上发布过，并且指明该网站是面向日本的。那么仅仅为了微不足道的使用行为而向发布该文件的侵权人适用超过 100 多个国家的法律以请求微弱的赔偿将是不太公平的。因此，建议通过引入某项规则来避免权利人滥用权利的行为。

1. 最低限度原则

最低限度规则便是为避免权利人滥用权利而专门创设的。该规则要求侵权人进行大量的地方性活动或预备行动才会构成侵权行为，除非该活动专门针对某一国家。在上述假设中，即使侵权者明知其面向日本市场也无法吸引到用户，其行为也将构成侵权，其结果仅损害赔偿金额可能会偏低，但完全排除其为侵权行为则是不合理的。因此，在没有发现相当程度的侵权的情况下，无端或过度地多重适用法律的行为是不合理的，可以参考《CLIP 原则》的下述规定：

"第 3.602 条　最低限度规则：（1）依据适用第 3.601 条所确定法律的法院只有在下述情况下方可认定侵权：（a）被告在被请求保护国家已采取实质性行动或已采取实质性准备行动进行侵权或实施进一步侵权行为；或（b）被控侵权行为在被请求保护的国家内或对被请求保护的国家具有

---

① 《知识产权国际私法原则》第 304 条规定："知识产权的侵权及救济适用保护国法。但依据第 302 条，当事人协议选择与保护国法不同的准据法的，不在此限。"

实质性影响；（2）根据案件的具体情况和合理性，法院可以例外地考虑是否适用上述一般性规则。"①

2. 无所不在之侵权

另一个问题是侵权可能发生在地球上每一个国家。假设，因为歌曲可以从任何可访问的网站上获取，且在每个国家的任何一次潜在侵权都是微不足道。对于没有自愿地将歌曲作品在每个国家进行利用的权利人而言，要求他在互联网案件中严格采用"万花筒方法"，在不同国家根据不同国家的法律提出请求，进而依照这些法律证明其应该获得的相应的赔偿可能是不公平的，也是不方便的，并会导致高昂花费。这将有效地剥夺权利人诉诸司法的机会，并迫使其专注于某一个可以阻止大规模侵权行为并获得大量损害赔偿的主要地域。

由互联网"无所不在之侵权"引发了对地域性原则重新思考，但并没有完全突破地域性原则。相反，问题是如何为网络侵权案件提供务实的解决方案。上述案例是真正地具有全球性，每个国家都可能发生潜在侵权。"潜在侵权"的说法是合适的，因为不能要求人们去证明该网站实际上在每个国家均可访问，并且也不能排除在地球上可能存在没有互联网接入的地方。虽然实际并非如此，但可以将这些案件称为"无处不在的侵权"案件，仅仅可能存在这样的案件。"无处不在"指的是用于实施侵权的通信手段，该通信手段必须无所不在。只有在使用互联网的情况下才可能发生潜在的全球性侵。实践中人们关注更多的是互联网上的著作权侵权。一旦满足这些要求，就有理由对案件适用单一法律。权利人因此可以获得的好处是只需要证明一项法律。因此，确定该单一法律是与侵权最密切相关的法律是较为合理和公平的。将需要考量的因素重点放在被告及其涉嫌侵权

---

① CLIP Principles, Article 3: 602. See Kur, 30 Brook J Int'l L 953 at 966 et seq (2005) and A Metzger, "Applicable Law under the CLIP Principles: A Pragmatic Revaluation of Territoriality" in J Basedow, T Kono, and A Metzger (eds), Intellectual Property in the Global Arena (2010) at 172 – 173.

的活动上可以较好地平衡权利人和侵权人之间的利益。①

《ALI 原则》对"无所不在之侵权"的法律适用的规定如下：

"第321条 无所不在之侵权的法律适用：（1）当发生网络侵权并且涉及适用多国法律时，法院可以根据知识产权的存在、有效性、期限、属性以及知识产权侵权和侵权的救济措施等因素，选择与争议有最密切联系的法律。例如：（a）双方当事人住所地；（b）当事人之间主要关系所在地；（c）侵权与投资的程度；和（d）侵权行为所侵害的主要市场。（2）尽管存在根据前述条款（1）指定的一国或数国，针对行为所在特定国，一方可以证明适用以协议选定的准据法与适用同争议有关的他国法律会产生不同甚至相反的结果。法院在考虑补救措施与责任范围时应考虑到这些差异。"

《ALI 原则》主张，知识产权的主要功能在于鼓励创新，与其具有密切联系的地点包括双方当事人居住地、法律关系成立地、投资决策地和侵权行为地等。但通常，法律适用的最终选择将在侵权行为发生地国和侵权行为结果地国之间作出。《ALI 原则》可能导致的潜在问题是，由于侵权行为发生地和结果地一般会与原告和被告的主要营业地发生重合，如果这两个国家的法律会导致差异性判决结果，那么在它们之间进行选择将变得十分棘手。法官在这种情况下也可能发生适用法律的困难。《ALI 原则》允许当事人向法院说明特定管辖区域的法律与已选定国家的法律存在差异。在采取补救措施时法院应考虑这些差异。

基于密切联系原则的类似方法，《CLIP 原则》在考量因素上稍有不同，具体规定如下：

"第3.603条 无所不在侵权的法律适用

"（1）经由互联网等无所不在的媒介实施的侵权纠纷中，如果侵权可能发生于任何可接收到其信号的国家，法院可以适用与此联系最密切的国

---

① A Metzger, "Applicable Law under the CLIP Principles: A Pragmatic Revaluation of Territoriality" in J Basedow, T Kono, and A Metzger (eds), Intellectual Property in the Global Arena (2010) at 173 – 176.

家的法律。该规则亦适用于在侵权程序中作为附带问题出现的知识产权的存在、期限、限制及范围的问题。

"（2）在确定哪个国家与侵权行为具有最密切联系时，法院应考虑到下述所有相关因素，特别是：（a）侵权人的惯常居所；（b）侵权人的主要营业地；（c）在进行整个侵权行为过程中进行实质性活动的地点；（d）侵权所造成的损害与侵权整体相关的重要地点。

"（3）尽管存在有根据第 2 款适用的法律，任何一方可以证明适用争议的一国或多国家的法律规则与适用于决定案件至关重要方面的法律不同。除非将导致出现不一致的判决，法院应适用该不同国家的法律，并在形成补救时也考虑到该法律差异。"

由上述规定可以看出，网络侵权是通过无处不在的互联网而实施的，因此，《CLIP 原则》主张侵权与救济问题在网络侵权纠纷中的应适用单一法律。因为专利权和商标权需要注册而不具有"无处不在"性，这条规定仅能帮助那些著作权案件以及驰名商标案件中的权利持有者。对于无所不在的侵权行为，依照《CLIP 原则》第 3.603 条之规定，权利人可以依据与侵权有最密切联系的法律提出索赔请求或申请颁发禁令。

《CLIP 原则》第 3.603 条是以《ALI 原则》第 321 条作为蓝本的而拟定的。两原则虽存在明显的相似规定，但也有部分内容存在概念性差异。不同之处在于，《ALI 原则》第 321 条不仅允许侵权与救济适用某一法律，对于无所不在的网络侵权纠纷也同样适用于其中的知识产权的存在、期限、有效性、属性等事项。

《关于知识产权的国际私法原则》（日韩共同提案）同样也对"无所不在之侵权"作出了规定："第 306 条　以互联网等无所不在的媒体或与此类似的手段导致在不特定且多个国家的知识产权侵权：（1）侵权行为发生于一个或几个国家，应当适用与侵权有关的密切联系地国家的法律。（2）适用最密切联系原则，应当考虑以下因素：（a）知识产权侵权人的经常居住地。但侵权行为发生于特定营业所在地的，该营业所在地为经常居住地；（b）主要侵权行为的发生地、受侵害国以及侵权主要结果地；（c）权利人主要利益集中地。（3）在前 2 款中，知识产权的成立、有效、内容、终止、转让及转让对第三人的效力作为侵权案件的先决问题，也应适用前 2 款规定的准据法原则。（4）不拘于第 1 款及第 2 款，一方当事人可以证明适用依第 1 款及第 2 款所确定的准据法与适用同侵权有关的侵权地国法会产生不相一致结果，法院考虑救济与责任的范围应当适用该法。"

为应对知识产权网络侵权，上述三个民间立法中确立了基本相同的"无处不在之侵权"的法律适用规则。由于注册或登记是商标权与专利权产生的基础，网络侵权理论的"无所不在性"并不适用于商标权和专利权侵权。虽然"无处不在之侵权"法律适用规则未将版权和其他知识产权予以区分，但其主要还是用来解决著作权网络侵权的法律适用问题。由此可见，上述三个民间立法对于互联网环境下的"无所不在之侵权"，均规定了基本相同的法律规则，即与争议有最密切联系的一国法律或数国法律。这一本来在传统环境下就因其具有灵活性和备受推崇的原则，在互联网时代更是被世界各国的立法工作者所青睐。

小　结

意思自治原则在一般民商事合同的法律适用规则中应用相当广泛，知识产权合同也不例外。由于知识产权合同标的垄断性质，一些国家出于维护本国利益的考虑，在其立法中适度限制意思自治在一些领域的适用也并无不妥。特征性履行推定方法除了在一些单纯合同情形下使用外，对多数知识产权合同而言，单个特征履行是难以识别的。在这种情形下，最密切联系原则可能是解决知识产权合同法律适用的一种有效且可灵活运用的方法，为尚无规定领域的法律适用提供参照依据。工业产权合同受保护国法律调整是一项基本原则，但也有例外情形。如果被许可人接受一项涉及多个国家或地区的许可，即被许可人可以同时在多个法域内实施和使用某项知识产权，被许可人所在地国家的法律作为许可合同的准据法较为适宜。①

与知识产权的国际利用有关的合同总是引起法律问题的复杂选择。这

---

①　参见杨长海：《知识产权冲突法论》，厦门大学出版社 2011 年版，第 333 页。

些问题近年来由于这种国际利用的日益重要性而加剧。越来越多的知识产权被授予并在国际上得到利用，许多合同现在覆盖了对知识产权的全面利用。

1980 年《罗马公约》和《罗马条例 I》的主要问题在于，它们的条款非常适合正常或简单的合同，但对复杂的合同不太合适。与知识产权的国际利用有关的合同绝不是特别的，也许对具体类型的合同起草一个详细的解决方案可能会稍微容易一些。这种规定应建立于最密切联系原则的模式之上，并能对确定最密切链接点提供明确指导。① 《ALI 原则》、日韩共同提案和《CLIP 原则》都采用了当事人意思自治和最密切联系原则相结合的方法，对于最密切联系的考量因素稍有差异，但均包含了适用转让人和许可人的经常居所地法律。

处理知识产权侵权问题，保护国法原则是当前支配知识产权冲突法的基本原则，这也是由知识产权的地域性所决定的。保护国法的适用体现了地域性原则，保障了该原则及其政策含义在国际社会的认可。为此，只要被请求保护的国家可分别予以确定，保护国法就有其适用的基础。只有充分考虑所有侵权发生地与被请求保护地国法律，一国作出的判决才可能在他国获得承认与执行。在互联网飞速发展的当今时代，侵权行为具有即时性和全球性，保护国法原则已不能适应知识产权国际保护的需要。因此，有必要创制新的法律适用规则，"无处不在之侵权"法律规则的适用正是针对知识产权网络侵权的情况。另外，即使在互联网时代，也不能忽略知识产权地域性原则的重要性，保护国法原则应作为例外条款，对于维护国家根本利益仍然起着"安全阀"的作用。

最密切联系原则是一条重要的冲突规范连接因素。为避免适用固定的属人或属地法带来的法律适用不便，最密切联系原则应运而生，适用与纠纷具有密切联系的法律，解决了法律适用的难题。但该原则作为对冲突法价值取向的适度矫正，至今没有形成具体的适用标准，为法官审理案件时留下了足够的自由裁量余地，也常被称为"兜底条款"。在当事人没有协

---

① JF book, at 797.

议确定纠纷适用法律的情况下，适用与争议有密切联系的国家的法律是最为明智的办法，这也是上述三个民间立法均采纳的解决方法。目前各国在面对网络环境下的"无处不在之侵权"带来的法律冲突时，普遍参考本国的具体情况选用最密切联系原则以确定适用于网络侵犯知识产权的纠纷中。

第五章　外国知识产权判决的承认与执行

　　法院判决的自由流动，无疑会促进国际间贸易的合作与畅通。美国学者对承认外国法院判决的益处归纳如下：一是有利于提高效率，避免重新诉讼；二是有利于保护胜诉方利益，避免败诉方逃避判决义务；三是有利于避免当事人挑选法院，当事人只能选择享有管辖权的法院地提起诉讼；四是对外国判决的承认符合程序正当性的要求；五是对外国判决的承认有利于促进国际经济发展的协调与稳定。①如果法院判决在有关国家得不到承认与执行，胜诉一方也只能就同一个案件在其他国家重新起诉，或不得不放弃应有的法律救济。带来的后果自然是增加了交易成本，阻碍了相互间的经贸发展。但要使判决在全球范围内自由流动，显然是一个复杂的问题。②

　　外国判决的承认与执行制度是国际私法的重要组成部分。在国际民商事领域，外国不仅指主权国家，还指一个国家内的不同法域和一些国际组织（地理上理解相当于"外法域"）。"判决的承认"简而言之是指一国法院作出的具有法律效力的民商事判决，被外国法院依据其国内法或参加的国际公约赋予其具有内国判决同等的法律效力，是外国判决域外效力的体现，也是外国判决在域外执行的前提和基础。从国际司法合作和诉讼经济的角度而言，便于已被外国判决所确定的权利义务关系尽早实现。而"判

---

　　①　Arthur T. von Mehren & T. Trautman, Recognition of Foreign Adjudications: A Survey and Suggested Approach, 81 Harv. L. Rev. 1601, 1601, 1601 – 04 (1968) .

　　②　参见宋建立：《涉外商事审判原理与实务》，法律出版社 2016 年版，第 131 页。

决的执行"是一国法院判决在被外国法院承认的前提下，依照当事人请求和内国法律规定采取强制措施使得判决内容得以实现的过程。① 承认与执行外国法院的判决，既有一些国际公约的规定，又有国内立法和民间立法的支持，还有判例的渊源，为这项制度的发展奠定了良好的法律基础。②

本章主要围绕知识产权相关案件在外国判决的承认与执行方面的特殊问题论述，并简要地将注意力转向存在于超国家或半超国家知识产权的特殊规则。笔者认为，在与知识产权相关的外国判决的承认与执行问题中，主要会产生两组问题：

第一组问题产生于知识产权的地域性和排他性及其与竞争法的密切联系性。授予知识产权的国家通常也处理知识产权有效性的问题。然而，在某些情况下，如外国法院在侵权诉讼中已经确定了外国知识产权的有效性，中国或其他外国法院是否会承认与执行该外国判决？地域性使知识产权仅在授予国内有效，也许其侵权纠纷也应该完全由授予国的法院来处理。这是否意味着有关侵权的外国判决不会得到他国的承认与执行？承认与执行外国法院有关知识产权侵权纠纷的判决是否会违反公共政策？公共政策也可能在法院适用与被确认国家不同的知识产权法的情况下发挥重要作用。问题在于知识产权与国家经济政策之间的强大关联关系是否能够证明公共政策的干预是合理的。更多的程序性差异也可能会引发公共政策的问题。对于外国判决内容中所涉的惩罚性赔偿也会遇到同样的问题。

第二组问题主要围绕承认与执行外国法院的临时性命令。荷兰法院在侵权诉讼中针对英国、法国和荷兰平行专利诉讼而颁布的命令，能否获得英国法院承认并执行？荷兰法院若管辖并颁布了英国法院不便接受的域外临时命令，这是否会影响英国法院在承认与执行该域外临时命令程序中的决定？

相反地，由于争端本身的直接契约性，处理与知识产权合同争议有关

---

①② 参见钱峰：《论外国法院民商事判决的承认与执行》，对外经济贸易大学2007年博士学位论文。

的外国判决需要在其他外国国家得到承认与执行时较少会出现问题。在中国与外国知识产权判决有关的承认与执行问题将在第六章具体阐述。

第一节　承认与执行外国判决的基本理论

一、承认与执行外国判决的不同理论

一般而言，判决作为一种主权行为，其效力一般应限于作出判决法院地国的主权范围内，超出领域范围自然失去其法律效力。究其原因，主要是各国的文化、传统差异，以及经济与法制的发展阶段与水平不同，由此带来相互之间缺乏信任，导致在司法合作过程中，过于强调各自的国家利益的保护，致使判决的承认与执行在国际社会的难以流动。随着经济一体化的不断发展和共同利益的需要，各国逐渐认识到判决流动的重要性，通常在其国内法中规定了对他国法院判决承认与执行的条件，并逐渐形成了不同的理论。

（一）礼让说

对于承认与执行外国判决的理由，一直以来就存在不同的理论。英美学者主张的礼让说（comity）便是其中之一。礼让说是有关承认与执行外国法院判决的早期主流理论。该学说认为，国家间的主权一律平等，基于此，对外国法院判决的承认与执行是互惠（reciprocity）和对等的结果。该学说更多关注的是国家利益。受"礼让"学说的影响，在 19 世纪后期，美国最高法院在 Hilton v. Guyot 案件中，①决定接受"礼让"学说作为判断法国法院应否予以承认与执行判决的依据。该案中，礼让被定义为："它不是绝对的义务，也不仅仅是礼貌（courtesy）和良好意愿（good will），

---

① See Hilton v. Guyot, 159 U. S. 113 (1895). 基本案情：法国人在法国获得了胜诉判决，败诉的美国当事人把资产从法国转移到美国以逃避可能的财产执行。法国胜诉方因而向美国联邦地区法院提起执行法国判决的请求，并得到联邦法院地区的支持。案件上诉至美国联邦最高法院，最终以 5：4 的多数判决拒绝执行法国判决。

而是一国允许另一国的司法行为在其领域内得到承认，是综合考虑其应履行的国际义务和有利因素，以及本国国民或者受其法律保护的其他国民的权利。"①一直到现在，一些国家对外国法院判决承认与执行仍然保留了互惠要求，但礼让说因其过多关注国家利益，忽视了私人利益，逐渐被其他理论所取代。

（二）既得权说

既得权说（acquired rights）主张，在涉及外国法院判决承认与执行的事项中，有适当管辖权的外国法院对处于其管辖范围内的人或者财产作出的判决，创设了一项应当得到国际承认的"既得权"，其他国家应当予以承认。按照既得权说，一国尊重当事人在外国取得的既得权乃基于义务，而不再像礼让说所主张的那样处于相互获益和实用的需要，以及源于建立在相互回报基础上的维护正义之道德所要求的一种精神。②按照该学说，对外国法院判决的承认与执行无须以互惠为前提。20 世纪 50 年代以前，既得权理论的影响较大，但现在已经过时。主要的反对理由是，它赋予了外国法超出本国法的域外效力。③

（三）义务说

义务说（obligation）学说主张，外国有管辖权的法院作出的判决，无论在何处，均产生应当予以执行的义务。④任何否定该义务或者具有拒绝执行的法定理由，均构成合理的抗辩。义务说起源于英国，1842 年的 Russell v. Smith 案确立了该理论，成为英国法院承认与执行的主要依据。义务说

---

① Hilton v. Guyot, 159 U. S. 113, 163 – 164 (1895).
② 参见徐崇利：《经济全球化与外国判决承认与执行的互惠原则》，载《厦门大学法律评论》第 8 辑，厦门大学出版社 2004 年版。
③ 参见胡振杰：《国际合同争议管辖权与判决执行比较研究》，中国法制出版社 2014 年版，第 215 页。
④ 参见马汉宝：《国际私法》（第三版），我国台湾地区翰庐图书有限公司 2014 年版，第 194 页。

主张：一方面，互惠关系的缺乏并不影响外国判决的承认与执行，有利于加强国家间的司法合作；另一方面，便于败诉方为否定存在的"义务"积极援引法定理由予以抗辩。美国的一些法院也开始接受义务说理论，逐渐放弃了对互惠的要求。

二、承认与执行外国判决的基本条件

在 Hilton v. Guyot 案中，美国联邦最高法院认为，外国法院判决若要在美国获得承认与执行，须满足以下条件：（1）审判的公正性；（2）适当的管辖权；（3）审判程序的正当合理性；（4）独立公正的司法制度；（5）没有影响给予礼让的其他特别因素。[①]针对此案，美国联邦最高法院最终认为，由于法国法院对外国判决违反了程序性审查的普遍做法而进行了实体审查，实体审查本身就使得法国法院成为外国判决的上诉法院，实际效果是对外国判决的拒绝，因此得出法国和美国之间缺乏互惠，法国判决也将不会获得美国法院的承认与执行。[②]同时指出，缺乏互惠拒绝承认并不是出于报复的因素，而是基于国际法基本原则所倡导的对等和互惠。[③]应当说，美国法院首次在本案中运用礼让说，开创了以互惠原则为依据承认与执行外国法院判决的历史。究其原因，是由于其国际经济、政治地位的不断提升，美国与其他国家之间经贸合作不断深化，出于国际司法合作的需要，以便于美国判决易于被他国法院承认与执行。但是，考虑到国家主权和国家利益，以及与他国之间在立法、司法制度及经济发展程度等方面的差异性，对外国判决一律予以承认与执行也是不现实的，故放弃了美国州际判决承认中的"完全信赖"（full faith and credit）条款，[④]不得已借助一种保障机制来趋利避害。因此，互惠关系的运用，一方面有利于促进国家间在司法领域的交流与合作，另一方面也可以彰显司法主权，以对等为由

---

① Hilton v. Guyot, 159 U. S. 113, 202 - 203 (1895).

② Hilton v. Guyot, 159 U. S. 113, 227 - 228 (1895).

③ Hilton v. Guyot, 159 U. S. 113, 228 (1895).

④ 这一完全信赖原则保证一个州作出的判决能够在另一个州得以承认与执行，这一原则仅在美国州际之间有效。

拒绝外国判决。因此，一国判决的域外承认，通常必须满足被请求国家法律设置的限制或条件。一般包括以下条件：

（一）作出判决的外国法院享有适当管辖权

实践表明，不同的法律文化、立法体系、司法制度甚至不同的价值观，都有可能成为外国判决承认与执行考虑的重要因素。而适当的管辖权则是承认与执行外国判决的前提和基础，因此，管辖权的有无和适当与否是承认与执行的首要考虑因素。[①]对管辖权适当性的判断依据也存在不同认识，但通常依据承认国之内国法——亦即法院地法加以确定。[②]也就是说，在对外国承认与执行的申请予以审查时，是否享有管辖权一般依据法院地法予以认定。

国际社会一直希望达成一个关于管辖权和判决承认与执行的国际性公约，并为之付出了诸多努力。但在海牙国际私法协会制定一个关于判决承认与执行的多边国际条约的过程中，各国争论的焦点始终为法院以某种依据与标准判断作出判决是否享有适当的管辖权。显然，在管辖权的判断依据与标准问题上存在两种法律选择：一是以作出判决法院地法为依据；二是以承认国法院地法为依据。如果允许两种标准均作为判断管辖权正当性的依据，则有可能得出不同的结论，势必造成判决承认与执行问题上的障碍。2005 年 6 月 30 日海牙国际私法协会通过的《选择法院协议公约》中，对协议选择法院有效性的准据法作出了规定。依据该公约第 9 条关于"承认或执行的拒绝"之规定："具有下列情形的，承认与执行的申请可以被拒绝：（a）根据被选择法院地法的规定，协议被认定无效的。但被选择法院作出有效判定的除外。"可以看出，公约为避免双重标准的发生，仅采纳了一种法律选择的方法，即承认国不能依据本国国内法作为认定选择管辖协议的效力，而必须根据被选择法院地法（包括冲突规范）认定协议的

---

① 参见韩德培主编：《国际私法》，高等教育出版社 2000 年版，第 572 页。

② 参见马汉宝：《国际私法》（第三版），我国台湾地区翰庐图书出版有限公司 2014 年版，第 195 页。

有效性。目的在于促使各国法律在管辖以及判决的承认与执行方面的趋同化，加快各国间法院判决在国际社会间的自由流动。但公约规定的不足亦显而易见，即如果作出判决的外国法院管辖了原本属于承认国内国法专属管辖的案件，承认国应当如何处理？对此，公约并没有作出规定。

（二）外国法院判决必须是终局且具有执行力的判决

有学者认为，国际私法理论有实体问题与程序问题之分，程序问题可以直接适用法院地法，而实体问题则不同，需要援引冲突规范确定应适用的准据法。通说认为，外国私法的效力通常会得到内国的认可，而外国公法因具有强烈的主权属性，内国一般不承认其效力。[①]判决终局性问题是外国判决能否获得承认与执行的重要因素，也是民事诉讼程序问题，以上述理论，法院地法应作为判断判决终局性的依据。效力不确定的外国判决一般是无法得到承认与执行的。笔者认为，执行国适用判决作出地国法律为依据，判断是否具有终局性更具合理性。对此合理性，有学者赞成的理由认为：外国判决的承认与执行也意味着认可当事人依据外国判决所取得的"既得"权利，而判决作出国法律则是判断权利"既得"的唯一标准，而非执行国法律，否则存在对外国判决进行实体审查之嫌。[②]对外国判决进行程序性审查而非实体审查，是国际社会的通行做法，由执行国以其内国法为依据审查外国判决已经确定的权利义务，实质是实体审查，与通行做法相违背。

（三）外国判决必须符合内国公共秩序

公共秩序，这一称谓在大陆法系国家较为常见，我国台湾地区学者也称之为"公序良俗"，是国际私法上的一项基本制度，已为国际社会普遍承认和采用，英美法系国家又称公共政策。两者虽然称谓有所不同，但大

---

①　参见肖永平：《国际私法原理》，法律出版社 2003 年版，第 11 页。

②　参见谢新胜：《条约与互惠缺失时中国判决的域外执行》，载《环球法律评论》2010 年第 4 期。

都涉及一国的社会制度、法律制度、道德观念、文化传统等方面的内容。一般而言，公共秩序保留主要是指法院依据本国冲突规范应当适用某一外国法作准据法时，若适用结果违背了本国的法律基本原则、社会公共利益等重大利益时而拒绝适用。同理，外国判决的承认与执行不得违背本国公共政策，是国际社会公认的条件，多数国家立法有类似的规定。公共秩序条款是一种保护性条款，起着"安全阀"的作用，出于维护本国利益和法律基本原则的需要，防止外国判决的承认与执行损害本国的公共利益。因此，公共秩序保留制度是内国维护其自身主权、安全以及价值观念等不受外来侵蚀的有效防线。因此，一方面，由于各国国情存在差异性，导致公共秩序具体内容的诸多不确定性，其范围可以随时代或经济社会环境变化的而有所不同；另一方面，由于公共秩序内容的模糊性与多变性，其适用时就赋予了法官相当大的自由裁量权，甚至在某种情况下成为一种任意排除外国法适用的工具。正因如此，尽管绝大多数国家对公共秩序作出了规定，但要清晰界定其内涵与外延，规定其适用的标准和范围，却也是一件不容易的事。

欧盟不仅实现了经济一体化，而且在统一欧盟各国国际私法方面也卓有成效。1968 年 9 月 27 日，比利时、德国、法国、意大利、卢森堡、荷兰等六国在布鲁塞尔签署了《关于民商事管辖权及判决承认与执行公约》（以下简称《布鲁塞尔公约》）。《布鲁塞尔公约》第 27 条规定，被请求国法院可以拒绝承认违反本国公共政策的外国判决。1988 年 9 月 16 日，欧盟经济共同体当时的 12 个成员国①与欧洲自由贸易联盟的 6 个成员国②在卢加诺缔结了《卢加诺公约》，使《布鲁塞尔公约》延伸至欧洲自由贸易区国家，其内容与《布鲁塞尔公约》基本一致。2000 年 12 月 22 日，欧盟理事会在《布鲁塞尔公约》的基础上通过了《关于民商事管辖权及判决承认与执行条例》（第 44/2001 号，以下简称《布鲁塞尔条例》）。《布鲁塞尔

---

① 欧共体的 12 个成员国是：比利时、德国、法国、意大利、卢森堡、荷兰、英国、丹麦、爱尔兰、希腊、葡萄牙、西班牙。

② 奥地利、芬兰、冰岛、挪威、瑞典、瑞士。

条例》在公共秩序保留方面并没有太大变化，仅对于违反公共政策的情形要求达到"明显"的程度，尽管增加了"明显"两个字，亦反映了对公共政策适用所持的严格立场。公共秩序保留本身也说明各国维护本国利益的态度。实践中，欧盟法院通过判例的形式严格解释了公共政策的适用规则，最大限度地保障了欧盟各国法院判决的自由流动。这些规则大致包括以下几个方面：一是严格适用公共政策，除非具有例外情形。欧盟法院通过判例明确规定，拒绝承认与执行外国判决一般应当援引公约规定的理由。除非公约没有规定，才可以考虑适用公共政策，避免公共政策条款的滥用。二是明确了对外国判决只作程序性审查，禁止实质审查。即使被请求国法院认为外国判决错误地适用了法律，也不能据此援引公共秩序条款。三是禁止对外国法院判决所依据的管辖权进行审查。四是违背了《欧洲人权公约》确立的基本人权。由此可见，欧盟法院实际通过判例严格限制成员国适用公共政策，只有在违反本国公共政策且达到不可接受的程度时，才允许适用。何谓不可接受的程度，欧盟法院指出，必须是明显违反了判决承认国的公共政策，即法律秩序的核心原则或者该国法律确立的基本权利。[①]

2005 年海牙国际私法协会通过的《选择法院协议公约》的第 9 条中也规定公共秩序保留的条款，该条规定："具有下列情形之一的，承认或执行的申请可以被拒绝：……（e）判决的承认或执行将有违被申请国的公共政策，其中包括因特殊程序形成的判决与被申请国程序公正的基本原则不相一致的情形。"[②]

第二节　欧盟的立法与实践

实现判决的自由流动，有助于国际经贸的合作与发展。国际社会一直

---

① Case C－7/98，Krombach v. Bamberski 2000 E. C. R. I－1935，Paragraph 37.
② 参见宋建立：《国际民商事诉讼管辖权冲突的协调与解决》，法律出版社 2009 年版，第 338 页。

尝试制定统一的判决承认与执行规则。但矛盾重重，路途艰难。其中，最有影响力的是欧盟的《布鲁塞尔条例》。

在区域经济一体化过程中，特别是在民商事管辖权规则统一方面，欧盟取得的成效显著。究其原因，欧盟各成员国在经济和文化方面具有大体相同的区域性背景，以公约形式统一判决承认与执行规则以及管辖权规则是现实可行的。

1968 年《布鲁塞尔公约》与 2000 年《布鲁塞尔条例 I》① （以下简称《布鲁塞尔条例》）在欧盟内形成了一套独特的关于判决承认与执行的规则体系，极大地促进了判决在欧盟成员国间的自由流动。然而，由于规则并不包括所有外国判决，有必要对其范围进行明确定义，适用于超出其范围的判决的规定将在本章后部稍加讨论。《布鲁塞尔条例》对承认与执行的内容进行了单独的规定。笔者将选择与有知识产权案件有关的部分进行分析。

一、《布鲁塞尔条例》的范围

（一）成员国判决

成员国间法院判决的承认与执行规则适用《布鲁塞尔条例》，并排除其他规则的适用。② 《布鲁塞尔条例》第 32 条将"判决"一词广泛地界定为"成员国法院或法庭作出的任何判决"。本条规定涵盖成员国各级法院。"任何判决"一词的使用表明本规则适用于任何类型的判决、命令、法令和决定等。《布鲁塞尔条例》并不要求"判决"是终局的。③ 因此，知识产权案件中的禁令和临时性命令包含在《布鲁塞尔条例》第 32 条的调整范围内。

在依据《布鲁塞尔条例》对成员国的判决进行承认与执行时，无需考

---

① The Regulation updated and replaced the Brussels Convention on Jurisdiction and Enforcement of Judgment in Civil and Commercial Matters 1968, as amended.

② 《布鲁塞尔条例》第 33 条和第 38 条。

③ Case 143/78 De Cavel v. De Cavel [1979] ECR 1055.

虑规则项下的管辖权问题，它可以根据传统的国家规则获得管辖权。①

（二）单方命令

《布鲁塞尔条例》的自动承认及执行制度是假设只有在双方已获知有关法律程序并获得申辩机会后才作出最终判决的。因此，有些单方性质的禁令和临时性命令（Ex parte orders），即被告不知悉诉讼并且仅根据原告意见作出的命令，不可能根据该规则得到承认与执行。②在知识产权侵权案件中，特别是与著作权有关的案件，单方面命令较为常见。

单方命令不能在欧盟范围内予以承认与执行造成了严重障碍，它可能迫使申请人在所涉及的每个国家分别申请类似命令。在 EMI Record 一案中，因为被告没有在判决宣告过程收到送达文书，并且没有在颁发命令之前给予发表意见的机会，德国的单方面永久禁令被拒绝执行。事实上，在判决执行之前的较晚日期给予被告人撤销该命令的机会并不能改变该命令的单方性质。③

欧盟《强制执行指令》是规制强制实行跨国单方面措施的法令。④禁令也在本指令的调整范围之内。该指令将临时的和预防性强制措施视为有效和公正执行知识产权相关裁决的重要工具，并通过规定各种措施予以保障，例如审查权和被告人的申辩权以及要求原告提供担保的可能性等。这些措施是否足以保证双方当事人有充分表达观点的机会？如果提出此问题可能还为时过早，欧盟法院日后会有机会对此作出一个积极的答案。

（三）承认与执行的关系

外国判决得以执行的前提是该判决得到承认，承认是执行外国判决的

---

① Case 178/83 Firma P v. Firma K［1984］ECR 3033.

② Case 125/79 Denilauler v. Couchet Freres［1981］ECR 1553.

③ EMI Records Ltd v. Modern Music Karl – Ulrich Walterbach GmbH［1992］1 QB 115，［1992］1 All ER 616.

④ Directive 2004/48/EC of the European Parliament and of the Council of 29 April 2004 on the enforcement of intellectual property rights［2004］OJ L 195/16.

首要关键步骤。执行并不一定总是发生的，如果判决只是作为一项新程序中的辩护理由，那得到承认就足够了。承认也可以通过对某项财产享有权利或抵销等方式自行实施。

《布鲁塞尔条例》第 33 条规定，成员国的判决无需任何特别程序即应在另一成员国得到承认。本规则对于成员国判决的承认未增加任何程序性要求，外国判决在承认国内的效力应与发布国相同。自动承认的实质就是应当承认判决。但是，规则也列举了一些不予承认外国判决的抗辩理由，实践中，这些抗辩理由的存在可能导致外国判决的不予承认。

二、拒绝承认的理由

（一）公共政策

根据各国立法和实践，外国判决违背本国公共政策是被本国法院拒绝承认的主要理由。[①]因此，如果外国的有关知识产权的判决违反了被请求国的公共政策，该知识产权判决将被拒绝承认与执行。此项规则并不适用于对原审判决的实体性问题。判决作出国和承认国对被裁决问题适用的实体法或国际私法规则的差异是并不会触发公共政策问题。此项理由只有就承认而不是判决本身违反公共政策时才被予以采用。也只有在"明显"违反公共政策时才会被引用。[②]可以说，公共政策在符合下述情况时方可援引，即外国法院的判决是与承认国程序法的基本原则背道而驰的，也就是说如果依据承认国的法律，承认国不可能在正常的和符合宪法规定的程序中作出相同的判决。[③]

只要能证明承认将在承认国产生有害和完全不能接受的结果，公共政策也可以适用于一些极端的非程序领域的情形。比如，原法院因适用的实质性规则的荒谬性、承认判决会对国家的经济和外交政策存在风险等而导

---

① 《布鲁塞尔条例》第 34 条。
② 《布鲁塞尔条例》第 34 条第（1）款。
③ J Kropholler, Europaisches Ziviphrozessrecht (8th edn, 2005) Art 27, No. 7.

致承认外国判决是不合情理的。

欺诈也可以归入公共政策领域。但是适用的条件比较苛刻：首先，外国法院无权裁决被告申请的具体事项；其次，被告应首先在据称被欺诈的判决所在国家寻求过任何可能的补救办法；最后，只有在允许对国内判决提出质疑时的类似情况下，才可能对外国判决提出质疑。

公共政策适用的范围和狭窄程度可以从欧盟法院的意见中略窥一斑："承认将违反执行国的基本原则，且必须与执行国的法律秩序在不可接受的程度上有所不同，侵权行为同时必须明显地违反在执行国的法律秩序中必须适用的法律规则。"[1]

由于知识产权的地域性，公共政策适用于知识产权案件时可能会出现一些难题，这主要源于授予国法院对知识产权的效力问题拥有专属管辖权的假设，如果外国法院触及知识产权的效力问题，承认国法院可以以违反公共政策为由而拒绝承认。然而，这一理由并不成立。对于此问题的答案可以从下述案例中得出：如果外国法院认定知识产权权利无效并授予撤销命令时会产生这样一个问题，即在具有侵权管辖权的成员国法院授予的撤销命令是否得到其他成员国的承认？显然，如果另一成员国法院依据《布鲁塞尔条例》第22条第（4）款规定享有专属管辖权，结果将不至于此，但这是《布鲁塞尔条例》第35条而不是公共政策的问题。不应该依据《布鲁塞尔条例》第34条第（1）款的规定审查外国法院的判决是否违反承认国的公共政策。[2]

欧盟法院在 Renault v. Maxicar [3]一案中对公共政策的适用问题给出了比较清晰的诠释。该案的基本情况为：涉案汽车车身部件受法国知识产权的保护，但在意大利不受同样的知识产权保护。此案的焦点问题为，意大利法院是否可以以公共政策为由拒绝承认认定侵权成立的法国判决？欧盟

---

① Case C－7/98 Dieter Krombach v. Andre Bamberski ［2000］ECR I－1935 at para 37.

② Case SISRO v. Ampersand Software BV ［1994］ILPr55（CA）.

③ Case C－38/39 Regie Nationale des Usines Renault v. Maxicar SpA ［2000］ECR I －2973.

法院断然驳回了公共政策的理由，并认定公共政策不适用于实体法方面存在差异的情况。美国纽约南区地方法院也采纳了类似的观点，该法院认为，在受法国法律保护而不受美国法律保护的时尚设计未经被告允许而被放在互联网上的情况下，实体法的差异不足以用公共政策为由拒绝承认法国判决，或用法院自己的话说就是："如果美国认为时尚设计不受版权保护，这并不意味着基于相反的政策决定的外国判决与以版权法和商标法为基础的公共政策相抵触。"①然而，该案上诉后却被二审法院以违反言论自由成功获得拒绝承认。二审法院接受了法国法律对言论自由的较低程度的保护明显不符合美国公共政策的抗辩理由。②在"雅虎案"中，美国法院认为："与美国法律的不一致不一定足以阻止在美国承认与执行外国判决，外国判决必须违反公共政策。"③

公共政策是否可适用于临时性禁令是一个更加棘手的问题。在一则法国上诉法院的案例中，④法国法院需要认定是否承认一项跨国禁令，这是外国法院首次决定是否承认在 Kort Geding 程序下批准的荷兰境外的临时性措施。根据《布鲁塞尔条例》和《卢加诺公约》的规定，成员国授予的判决可以半自动地在其他成员国得到承认。如前所述，判决包括一项禁令，荷兰 Kort Geding 程序不是单方面的程序，因此单方面命令的承认规则在此并不适用。那么承认跨境禁令是否违反会承认国家的公共政策呢？法国法院驳回公共政策的抗辩理由，并得到了巴黎上诉法院的进一步支持。该裁决认为，尽管有人认为在法国的简要诉讼中不能获得类似的临时禁令，但是承认荷兰跨境禁令并不违反公共政策。在法国法院看来，荷兰法院的决定

---

① Louis Feraud SARL, Intern v Viewfinder, Inc 406 F Supp2d 274 (US District Court for the Southern District of New York 2005) at 281.

② Louis Feraud SARL, Intern v. Viewfinder, Inc 489 F 3d 474, 83 USPQ 2d 1105 (2nd Cir 2007).

③ Yahoo! Inc v. La Ligue Contre Le Racisme et l' Antisemitisme 433 F 3d 1199 (9th Cir 2006) at 1215.

④ Court of Appeal Paris, judgment of 28 January 1994, Braillecellen II [1994] BIE 395, also reported as Eurosensory v. Teimann & Blind Equipment [1995] RDPI 18.

是根据正常规则像其他任何决定一样获得承认的。德国法院秉承类似观点。①

各国法院在知识产权侵权案件中认定的损害赔偿方式并不相同，惩罚性损害赔偿便是其中一个棘手问题。长期以来，知识产权案件的惩罚性损害被视为只是惩罚的一个要素，它往往超过一般民商事案件所遭受的损害赔偿额，该惩罚性赔偿方面被视为是明显不符合欧洲的公共政策，因此涉及美国的惩罚性损害赔偿的判决应被拒绝承认。但是近年来，欧洲法律已经在某些侵权案中引入了双倍或三倍的损害赔偿，作为一种强化法定赔偿的形式。②这已经体现在《欧盟执行指令》第 13 条第（1）款（b）项的规定中："他们可以在适当情况下，根据侵权人请求授权使用相关知识产权而应当支付的特许权使用费或其他费用为参照，支付一笔总额性损害赔偿。"③

虽然没有义务引入提高后的法定损害赔偿，但该条款明确允许成员国保留双重或三倍的损害赔偿，这些损害赔偿可能与惩罚性损害赔偿越来越接近。因此，并不奇怪看到欧洲的法院已经开始背离不承认惩罚性损害的判决的规则。虽然过度的惩罚性损害赔偿仍将是不可接受的，但法院将审查赔偿是否适当和是否对进一步的侵权存在有效威慑。公共政策的抗辩将不适用后者。西班牙最高法院在意见涉及未经授权使用知识产权、商标侵权和不正当竞争的案件中对此予以了确认，法院否认惩罚性损害赔偿违反公共政策。④

（二）违反公平正义

程序自然正义要求被告必须收到适当的通知，并且必须给予充分的时

---

①　Grabinski［2001］GTUR Int 199 at 212.

②　Compare Art 331 – 1 – 4 Code de la propriete intellectuelle in France.

③　Directive 2004/48/EC of the European Parliament and of the Council of 29 April 2004 on the enforcement of intellectual property rights［2004］OJ L 195/6.

④　Miller Import Corp v. Alabastres Alfredo SL STS 13 November 2001, Exequatur 2039/1999.

间和机会在法院辩护。违反公平正义适用于任何类型的法律程序，这一拒绝承认与执行的抗辩理由在知识产权相关的案件中不会引起特殊的问题。

（三）与承认国判决相矛盾

同一当事人之间的在申请国的已决判决可以作为在该国拒绝承认和他国判决的理由。承认国的判决可以在外国判决之前或之后作出。①拒绝承认他国判决的前提是这两份判决是相矛盾的，这意味着两份判决应该有互相排斥的法律后果。②

这项抗辩理由可以适用于知识产权案件，即外国有关知识产权案件的判决如果与申请承认国的判决相矛盾的，将不予承认与执行。例如，在侵权诉讼中获得胜诉的一方当事人申请承认该胜诉判决时，遭遇到被告在承认国法院获得将知识产权权利撤销的判决。③这两个判决是相互排斥的，外国的侵权判决将得不到承认。

外国判决与另一成员国或第三国法院作出的判决相矛盾，且后者判决符合承认条件的，该外国判决也不得予以承认。此抗辩理由的成立有两个条件：在另一成员国或第三国的判决必须是涉及同一当事人之间就相同诉由的在先判决，且这两份判决互相矛盾和排斥的。④

（四）与第 22 条第（4）款相冲突

《布鲁塞尔条例》第 35 条规定，与第 22 条第（4）款的规定相冲突的外国判决不予承认。注册国家法院对注册类知识产权的有效性或注册程序的案件享有专属管辖权。⑤如果外国法院违反该条款行使了管辖权，则该外

---

① 《布鲁塞尔条例》第 34 条第（3）款。
② Case 145/86 Hoffmann v. Krieg［1988］ECR 645.
③ Tritton and Tritton［1987］12 EIPR 349 at 351.
④ 《布鲁塞尔条例》第 34 条第（4）款。
⑤ Case C－4/03 Gesellschaft fur Antriebstechnik mbH & Co KG（GAT）v Lamellen und Kupplungsbau Beteiligungs KG（Luk）［2006］ECR I－6509.

国法院作出的判决将无法得到承认。①

三、外国法院判决的执行问题

已经获得承认的外国法院判决可以随后被承认国执行，这可以通过任何有关方提交的单方面强制执行申请来进行。②该判决也应同样在原判决作出国具有可执行性。执行申请应该提交给《布鲁塞尔条例》第 39 条和附件 2 规定的法院。法院作出决定时，不能审查外国判决的实质内容。③该决定可以是授权或拒绝执行。拒绝执行外国判决只能基于以下事由：未满足第 34 条和第 35 条关于判决在作出国执行的要求；未满足第 39 条和第 40 条关于法院和申请程序的要求。双方都被告知该执行决定。④《布鲁塞尔条例》第 43 条及其后各条赋予任何一方对关于执行的决定提出上诉的权利。上诉应在规定的时限内提交附件 2 所指定的法院。上诉审中，可执行性声明可以根据规则第 34 条和第 35 条独立进行拒绝或撤销。

只要可以提起上诉，上诉期间内暂停执行判决的有效执行，但是申请人可以针对被执行人的财产采取保护措施。⑤除了关于判决的可执行性决定外，上诉法院有两个选择：首先，上诉法院可以在满足两个条件的情况下中止审查程序，被执行人必须提出中止的申请。此外，必须对判决作出国的原始外国判决提起通常意义的上诉，或上诉仍然可能被提出。⑥拒绝在判决作出国中止执行判决并不意味着执行国应当中止执行程序。⑦其次，上诉法院可以以提供担保为条件强制执行外国判决。⑧

在知识产权相关案件中适用以上规定似乎并不存在任何特殊问题。

---

① See also Tritton and Tritton [1987] 12 EIPR 349 at 351.
② 《布鲁塞尔条例》第 38 条。
③ 《布鲁塞尔条例》第 41 条。
④ 《布鲁塞尔条例》第 42 条。
⑤ 《布鲁塞尔条例》第 47 条。
⑥ 《布鲁塞尔条例》第 46 条第（1）款。
⑦ See SISRO v. Ampersand Software BV [1994] IL Pr 55 (CA).
⑧ 《布鲁塞尔条例》第 46 条第（3）款。

第三节　英国的立法与实践

显然，有许多外国判决不能在《布鲁塞尔条例》体系的调整下得到承认与执行。非欧盟成员国法院作出的判决、超出《布鲁塞尔条例》管辖范围，或由于根据专门规定而属于《布鲁塞尔条例》范围以外的判决就包含在此列。这类判决通常需要根据普通法传统规则得到承认与执行。在本节中，笔者将简略考察普通法下的承认与执行规定。

在普通法下承认与执行外国判决必须满足一定要求，也存在一些抗辩理由。在没有与有关国家达成双边或多边协议的情况下，应当适用普通法下承认与执行的规则。

一、基本要求

（一）外国法院享有管辖权

作出判决的外国法院享有适当管辖权是判决得到承认与执行的一个基本要求，但是实践中却往往难以满足。作出判决的外国法院在他国申请承认与执行，必须首先对国际意义上的被告具有管辖权。实践中有两种选择：被告可能已经服从外国法院的管辖权；或者被告可能已经在该司法管辖区内。其他管辖权的理由如住所或国籍无需考虑。

1. 存在于司法管辖区内

英国法下，尽管对短时间停留是否足以引起被诉是有争议的，存在于外国司法辖区的自然人可以在外国法院被有效地起诉。对于被告为公司法人的，要求在该司法辖区内拥有相当于固定营业地点的时间超过最短时间要求，且该公司的业务是在该营业地点开展的。①

2. 接受外国法院管辖

如果能够证明有关当事方已经服从外国法院的管辖，则该外国法院的

---

① See Carrick v. Hancock (1895) 12 TLR 59.

管辖权便是有效的。一般而言，可以通过三种方式获得管辖权：首先，在外国诉讼中作为原告的一方当事人必须自己服从外国法院的管辖。①知识产权权利人因主张他人侵犯其知识产权而在国外起诉的，必须服从外国法院的管辖。如果外国法院驳回其诉讼请求并作出有利于被告的判决，作为知识产权权利人的原告后续不能以无管辖权为由拒绝承认与执行该外国判决。其次，任何一方都可以协议同意接受外国法院的管辖。②然而，同意管辖的协议不能是暗示性的。③例如，如果许可协议包含管辖权条款，即双方同意将争议提交某外国法院管辖，则被许可人将服从该外国法院的管辖。最后，自愿出庭的任何一方意味着接受外国法院的管辖。④该等出庭行为必须是为了对案件的实体审理进行实质性的抗争。虽然伴有实质性争论，但是，出庭对法院管辖权提出异议不属于此范围。

（二）外国判决的终局性

申请承认与执行的法院判决必须是终局的并具有执行力的判决，是世界各国普遍遵守的国际惯例。同样，只有确定双方之间所有争议的最终的和结论性判决才能在英国得到承认与执行。但是，各国或地区不同的法律体系和文化背景使得对"终局判决"这一概念的理解有很大的差异。在大陆法系国家，终局判决一般是指判决必须不能再以普通上诉的方式加以改变。而英国法下，在英国法院申请承认与执行的外国判决，必须为"最终判决"（final judgment）。所谓"最终判决"，一般指判决不能再由原判法院作出任何变更，但仍然可以向上一级法院提起上诉。也就是说，即使判决还处于上诉期间，英国法院仍将其视为"最终判决"，并加以承认与执行。即根据英国法理论，最终的判决并非都是绝对不可更改的判决。对于

---

① See Adams v. Cape Industries plc [1990] Ch 433 at 503 – 531.

② See Feyerick v. Hubband (1902) 71 LJKB 509.

③ See Copin v. Adamson [1874] LR 9 Ex Ch 345 and Vallee v Dumergue (1849) 4 Exch 290.

④ Section 33 of the Civil Jurisdiction and Judgments Act 1982; Henry v. Geoprosco [1976] QB 726, [1975] 2 All ER 702.

一个已经作出的判决，或许可以上诉的形式提起法律审，即使上诉尚在进行，也不妨碍英格兰法院将判决作为最终判决对待。关键的问题是，英国法下的判决最终性，即判决为最终及不可推翻的意思是要求案件的审理不能再由原来的审判法院进行。因此，英美法系中的"最终判决"与大陆法系中的"终局且有执行力"的判决在解释上具有较大差异。英国法院没有在国外待决的情况下暂停执行外国判决的裁量权。

（三）判决需有固定金额

英国法院只承认与执行有固定金额的判决的外国判决。[1]对需要特别履行的判决将无法获得承认与执行。虽然这不会对通常判决有损害赔偿的知识产权侵权案件造成问题，但是，显然阻止侵权的禁令不能获得承认与执行。在此情况下，原告将不得不向英国法院重新申请禁令。

（四）无实体性审查

满足上述要求的外国判决在承认与执行时不因其实体问题而受到妨碍。英国法院不得重新对案件的事实、争论、适用法律（包括外国法院适用的英国法律的方面）或已采用的程序问题进行审查。规则的唯一例外是有关外国法院的能力问题。如果判决在作出国家中是无效的，则英国法院也将不予承认与执行。除此之外，英国法院不会在承认与执行阶段重新审理案件。任何在国外程序中可提出的抗辩必须在该外国程序中提出。

二、拒绝承认与执行的理由

（一）欺诈

通过欺诈获得的外国判决将无权在英国获得承认与执行。例如，外国法院在审判时受到欺骗或外国法院以欺诈的方式审理案件的情况。即使在主程序中已经提出过和拒绝过该论点，欺诈辩护也可以在承认与执行阶段

---

① Sadler v. Robins（1808）1 Camp 253.

再提出。但这一规则的唯一例外是欺诈问题已经被单独审理过。①如果欺诈问题在承认与执行阶段被再次提出的话，英国法院在审查欺诈指控时必然会详细审查外国判决的实体问题。欺诈在与知识产权相关案件中的问题不明显，也不容易造成任何特殊问题。

（二）公共政策

公共政策一直是任何国际私法制度中的标准紧急安全阀。违反英国公共政策的外国判决在英国不予承认与执行。对违反公共政策的外国判决不可能采取任何行动。②在可能的情况下，公共政策抗辩必须在主要程序中提出。

虽然没有必要列举以公正政策为由成功抗辩的所有情形，但在知识产权方面，有必要再次提及知识产权的地域性性质。许多外国法院审理侵犯英国知识产权案件而违反管辖权的要求。但是，如果假设被告已经在外国司法管辖区或已经接受了外国法院的管辖，公共政策仍然可以阻止这种判决的承认与执行吗？换句话说，该项知识产权的地域性性质及其在该国家被授予专属权利是否就意味着外国法院的任何干预必然会因公共政策理由而被反对呢？

传统上，英国法院一直认为英国法院应处理英国的知识产权，而外国法院处理外国的知识产权。如果外国判决涉及英国知识产权，特别是涉及知识产权的无效问题时，则应基于公共政策理由被拒绝承认与执行。近年来，允许英国法院尝试涉及外国知识产权的侵权行为似乎完全是基于《布鲁塞尔条例》的强制要求而作出的。③属于《布鲁塞尔条例》调整范围之外的情况依然保持不变。

---

① House of Spring Gardens Ltd v. Waite〔1991〕1 QB 241,〔1990〕2 All ER 990.

② See Israel Discount Bank of New York v. Hadjipateras〔1984〕1 WLR 137 and Vervacke v. Smith〔1983〕1 AC 145.

③ See Pearce v. Ove Arup Partnership Ltd and Others〔1997〕3 All ER 31,〔1997〕2 WLR 779.

（三）外国刑法

该项抗辩理由是指任何对知识产权侵权者施加刑事制裁的外国判决在英国不具有执行力。这是国际私法通行规则在知识产权领域中的直接应用，即外国税法、刑法或其他公共性质的法律不适用于英国，因此英国法院将不予承认或执行此类性质的判决。

（四）1980 年《贸易利益保护法》

此项具体的辩护事由并非出于对知识产权的考虑。但是，毫无疑问的是，如果外国判决是基于知识产权违反外国反垄断法而适用了该外国反垄断法时，依据 1980 年《贸易利益保护法》第 5 条第 2 款的规定，该等外国判决将无法在英国获得承认与执行。①

（五）自然正义

与自然正义背道而驰的外国判决在英国将被拒绝承认与执行。英国法院认为这个理由几乎独立于案件本身。无论是否涉及知识产权相关事项都不影响本项理由的适用。与其他案件，一般来说，被告需获得适当的通知，②并有适当的机会发表意见。在英国法院看来，抗辩方也可以主张程序性缺陷导致违反实质性正义。③例如，如果侵犯知识产权的损害赔偿是根据一般情况而不是案件的具体情况来考虑，就属于此种情形。

（六）禁反言

英国法院认为，在在先裁决已对同一事项作出审理的情况下，不能在另一个英国法院再次被提出。这类似于"一事不再理"原则。基于禁反言

---

① See Lewis v. Eliades［2004］1 WLR 692.
② See Cortes v. Yorkton Securities Inc（2007）278（4th）740.
③ Adams v. Cap Industries plc［1990］Ch 433.

的理由，英国法院的在先判决将阻止外国判决在英国的承认与执行。①例如，涉及违反专利许可合同的事项。

如果英国法院判决在后，情况将变得不太确定。但是可以认为，这样的在后判决也可以适用禁反言原则而拒绝承认与执行外国判决，因为英国最高法院在著名的 Vervaeke v. Smith 案件中没有要求英国判决必须是在先判决。②因此，该案中的推理认定同样适用于后来的英国判决。

（七）外国判决违反和解协议

合同双方均受其争议和解协议的约束。1982 年《民事管辖权和判决法》第 32 条明确规定，某一当事方因违反管辖权或仲裁协议而获得的外国判决不会在英国得到承认或执行。这需要满足三个条件：首先，必须就管辖权达成协议（在最终提起诉讼的国家以外的国家的法院）或仲裁；其次，外国诉讼中被告既没有提起诉讼，也没有同意该诉讼；最后，外国判决中的被告没有提出反诉或以其他方式接受外国法院的管辖。这种拒绝理由可能在与知识产权利用协议有关的诉讼中发挥重要作用。

第四节　超国家或准超国家权利的决定

如欧共体商标的大多数超国家知识产权判决的承认与执行受《布鲁塞尔条例》的调整，《欧盟共同体商标法》第 10 部分和创造这些超国家权利的其他文法律规定有特别的管辖规定，不涉及承认与执行外国判决的问题。

但是，《欧洲专利公约》属于例外情形。有关决定授予欧洲专利权问题的判决受制于单独的承认制度，可以称之为《布鲁塞尔条例》体系的简化版。这个独立的承认体系规定在《承认协议规则》（Protocol on Regula-

---

① See Vervaeke v Smith [1983] 1 AC 145 and E D & F Mann（Sugar）Ltd v. Yani Haryanto（No 2）[1991] 1 Lloyd's Rep 429.

② [1983] 1 AC 145.

tion）中。①如果根据成员作出国的法律，这种决定是最终的，则应不需要任何特别程序而在所有其他成员国中得到承认。②具体而言，不应审查外国法院的管辖权。③但是，这种特别的承认程序不适用于下述情形：即欧洲专利申请人没有对索赔提出异议，并证明启动诉讼程序的文件没有定期地和足够早地通知他以使他可为自己抗辩；④或者如果申请人能证明该决定与在成员国提出的另一项在同一当事方之间进行的诉讼中作出的事项决定不符，且该决定是在承认国的决定之前开始的。⑤ 这两种情况可分别被称为自然正义和禁反言。它们是在外国判决的承认与执行程序中存在的标准性拒绝理由。

《承认协议规则》中并没有对上述两种拒绝理由适用时会发生什么作出规定。合理的推测是，关于承认与执行成员国判决的正常规则将适用于上述拒绝理由的存在而导致《承认协议规则》无法适用的情形。但是，这并不会导致有关争议决定在英国被承认与执行，因为英国法律中也有与此对应的拒绝理由。因此，涉及《承认协议规则》的拒绝承认理由的决定同样不会在英国获得承认与执行。

第五节　与知识产权有关的外国判决承认与执行的国际实践

1869 年，法国与瑞士之间签订了世界第一部关于承认与执行法院判决的双边条约。其后，国际社会一直在尝试统一民商事管辖权及外国法院的判决承认与执行。但各国由于文化传统与法制发展历程的不同，对管辖权及判决承认与执行的立法与司法实践存在较大差异，承认与执行外国法院

---

①　Protocol on Jurisdiction and the Recognition of Decision in respect of the Right to the Grant of a European Patent.

②　Article 9（1）of the Protocol.

③　Article 9（2）of the Protocol.

④　Article 10（a）of the Protocol.

⑤　Article 10（b）of the Protocol.

判决障碍重重,①无疑阻碍了国际间经贸往来的发展。为了解决国际知识产权中外国判决的承认与执行制度的冲突，一些国家和地区通过立法和签订协议的途径较好地解决了知识产权判决的相互承认与执行，除了欧盟的《布鲁塞尔条例》以外，最具魅力的就是 2005 年的海牙《选择法院协议公约》。

一、2005 年海牙《选择法院协议公约》

2005 年海牙《选择法院协议公约》（以下简称《海牙公约》），是海牙国际私法协会尝试统一民商事管辖权和外国判决承认与执行的最新努力成果，该公约于 2005 年 6 月 30 日在荷兰海牙通过并签署。最初制定公约的目标宏大，但是各国与会代表来自不同法系，经济社会处于不同发展阶段，加之文化传统的不同，在一些领域难以取得共识，为避免公约的最终流产，只好缩小了议题，在选择法院协议方面基本达成一致。因此，该公约是基于选择法院协议而提起的国际民商事诉讼，实际也是对各国立法中相关规则的协调和统一。②

其中，知识产权属于公约谈判过程中最为棘手的问题之一，对知识产权应否纳入公约调整范围的争论从未停息。各国都希望将对己有利的事项放在公约内，而对己不利的则极力反对。因此，关于知识产权应否规定在公约的适用范围内，与会代表争论不休，一些国家的观点甚至针锋相对。知识产权问题也是中国代表团最关注的问题。美国主张将知识产权事项纳入公约的调整范围，这与美国是知识产权大国的地位紧密相连，因此要求所有的著作权及邻接权事项以及与违反合同有关的知识产权侵权诉讼均应适用于公约。从目前我国所处的发展阶段看，我国并不希望将知识产权纳入公约调整范围。因此，我国主张，除根据转让或使用知识产权的合同进行的诉讼外，其他所有的知识产权事项均应排除在外，或者排除包括著作

---

①　参见李双元、谢石松：《国际民事诉讼法概论》，武汉大学出版社 2001 年版，第 445 页。

②　参见叶斌：《2005 年海牙〈协议选择法院公约〉研究》，武汉大学 2009 年博士学位论文。

权及邻接权在内的所有知识产权的效力问题与侵权问题，但对知识产权的侵权可以根据转让或使用该权利的合同提起诉讼的情形除外。澳大利亚和俄罗斯也有类似的主张，但意见始终无法统一。相当一些国家认为，各国在著作权和邻接权领域所给予的法律保护并无不同，因此，公约应将著作权和邻接权事项纳入调整范围。大会成立专门工作组进行磋商，最后达成妥协，即公约第 2 条第（2）款第 14 项。该条款是对与著作权和邻接权的知识产权侵权作出了规定，包含了违反与著作权和邻接权有关的合同提起侵权诉讼的情形，而将其他知识产权事项排除公约之外。虽然，我国提出的有关知识产权的主张在该条中并未完全得到体现，但将来仍然认为应将知识产权排除，只要通过声明制度声明不适用于公约即可。①

（一）知识产权的适用范围

《海牙公约》调整部分知识产权事项。公约第 2 条以穷尽的方式列举了公约适用范围的特殊事项排除情形。就知识产权而言，公约排除了两种情形：一种情形是除著作权与邻接权外的其他知识产权的效力问题；②另一种情形是除著作权与邻接权外，其他侵犯知识产权的问题，但不包括侵犯当事人之间因合同签订而享有的知识产权，或者因违反合同而造成的侵权诉讼。③排除的原因在于，选择法院条款一般仅出现在知识产权交易合同中，而专利权或商标的侵权人除合同违约之外不太可能与权利人达成选择法院协议。因此，将版权和邻接权以外的知识产权侵权案件包括在公约之内没有太大意义。故此，对于知识产权案件，公约适用于著作权及邻接权的效力问题以及因合同引起的著作权及邻接权以外的其他知识产权的侵权纠纷、与合同有关的知识产权纠纷，如知识产权的转让协议、许可协议、特许协议等都包含在公约的适用范围，无论当事人提起的是违约之诉还是

---

① 参见钱峰：《论外国法院民商事判决的承认与执行》，对外经济贸易大学 2007年博士学位论文。

② Convention on Choice of Court Agreement, concluded 30 June 2005, Article 2（2）n）.

③ Convention on Choice of Court Agreement, concluded 30 June 2005, Article 2 (2) o).

侵权之诉。此外，公约在第 4 章一般条款中允许缔约国作出声明，可以就特殊事项声明不适用公约，①允许缔约国以互惠声明的形式将公约适用于非排他性选择法院协议。②

（二）外国法院判决的承认与执行

外国判决的承认与执行是《海牙公约》中的重要组成部分，但一些国家在此问题上的立法与实践差异较大，公约反映了各国在此规则上的妥协与统一。③

1. 基本要求

根据《海牙公约》规定，缔约国法院依据排他性选择法院协议所作出的判决，其他缔约国应当依据公约的相关规定予以承认与执行。④ 从公约第 8 条第（3）款可以看出，一项判决只有在作出国生效时，才能被其他缔约国承认。尚未发生法律效力的判决，将不会获得其他缔约国的执行。⑤ 尽管公约允许对判决进行有限度的复查，但第 8 条第（2）款明确禁止对判决的实体作出复查，除非缺席判决以及以欺诈方式获得的判决与有违被请求国公共政策的情形外，被请求法院应受判决已确认事实的约束。⑥

2. 拒绝承认与执行的理由

是否承认与执行外国判决，缔约国法院应依照公约规定理由予以审查判断。⑦《海牙公约》列举了第 9 条规定的 7 种可以拒绝的情形，包括协议无效、当事人缺乏订立合同的能力、送达程序缺陷、程序上的欺诈、公共秩序保留、与被请求国的判决不一致和与外国判决不一致。⑧公约并不要求

---

① Convention on Choice of Court Agreement, concluded 30 June 2005, Article 21.

② Convention on Choice of Court Agreement, concluded 30 June 2005, Article 22.

③ 参见叶斌：《2005 年海牙〈协议选择法院公约〉研究》，武汉大学 2009 年博士学位论文。

④ Convention on Choice of Court Agreement, concluded 30 June 2005, Article 8 (1).

⑤ Convention on Choice of Court Agreement, concluded 30 June 2005, Article 8 (3).

⑥ Convention on Choice of Court Agreement, concluded 30 June 2005, Article 8 (2).

⑦ Convention on Choice of Court Agreement, concluded 30 June 2005, Article 8 (1).

⑧ Convention on Choice of Court Agreement, concluded 30 June 2005, Article 9.

被请求法院承认与执行存在上述 7 种例外情形的法院判决。但这仅是一种柔性的要求，即被请求国法院可以依据自身法律的规定决定是否承认与执行该判决，因而在条文中使用了"may"（可以），而不是刚性的要求（"must"）。

《海牙公约》还对知识产权的先决问题作出特别规定，除著作权及邻接权之外的知识产权有效性的先决问题，只有两种情形下被请求法院才有权予以拒绝或迟延承认。①这实际是在认可知识产权的原始国法律对其效力的专属管辖的理论基础上，将知识产权的效力交由依据其法律产生的国家决定：（a）知识产权依一国的法律产生，被请求承认的裁决与该国其他有管辖权的机关所作的裁定或决定不一致；（b）有关知识产权效力的诉讼正在进行，尚未形成最终结论。公约专门就先决问题作出规定，显然对先决问题裁定不予承认与执行再作一个例外规定，也是例外的例外。

二、美国《ALI 原则》

外国法院判决的承认与执行是《ALI 原则》的最后一部分，此部分设有两个章节。第 1 章规定了获胜方向他国法院申请承认与执行一国法院根据《ALI 原则》作出的判决，或一方当事人向他国法院申请依据该判决阻止他国法院管辖的情形。第 2 章扩大了执行法院对补救措施的灵活性选择。②正如外国法院判决的执行通常与执行国内判决一样，是需要国内法解决的问题，《ALI 原则》也同样适用国内法院判决的承认与执行问题。这些规则的制定意在鼓励与被告住所地法院和判决作出地法院有紧密联系的法院能够支持已决判决，它同样适用于执行法院与受理法院处于一国之内

---

① Convention on Choice of Court Agreement, concluded 30 June 2005, Article 10 (3).

② Intellectual Property: Principles Governing Jurisdiction, Choice of Law, and Judgments in Transnational Disputes, as adopted and promulgated by the American Law Institute at San Francisco, California, May 14, 2007, American Law Institute Publishers, 2008, pages 165 – 166.

不同法域的情形。①

关于外国判决承认与执行的问题，《ALI 原则》并未局限于金钱类判决。总体上来看，无论是金钱类或非金钱类判决或强制执行类措施的承认与执行，只要符合该原则规定的条件，《ALI 原则》都予以支持，而且其理由更加丰富和具体，被请求国法院既可以对外国法院判决的实体和程序进行审查，又可对管辖权、法律适用、判决的终局性以及公共秩序等有关问题进行审查。对此，有一些学者认为，一定程度上讲实体审查虽然属于对案件的再一次审理，但有助于被请求国法院对该判决能否予以执行提供判断和解释。但是，此种规定也为被请求国法院的拒绝承认与执行提供了借口。

当然，《ALI 原则》也授予执行法院对于判决法院的制衡权力，该原则承认知识产权特殊进口的价值以及知识产权对于文化、健康、福利的影响。因此，执行法院有权改变判决中的救济方式使其更符合当地的需要。执行法院也可以拒绝执行与当地法律不相符的非补偿性判决以及根据判决法院本国条件作出的过度赔偿判决，还可以拒绝执行尚有争议与安全、健康及文化政策有关的禁令性救济。②

三、日韩共同提案

受欧洲、美国跨国知识产权民间立法活动的影响，日本和韩国两国国际私法学会联合研究知识产权中有关的国际私法问题，并于 2010 年 10 月 14 日，共同颁布了《知识产权国际私法原则》（以下简称日韩共同提案）。其中对跨国知识产权诉讼的国际管辖权、法律适用以及判决的承认与执行方面提供了一套由亚洲部分国家主导起草的示范法，有利于统一东亚国家

---

① Intellectual Property: Principles Governing Jurisdiction, Choice of Law, and Judgments in Transnational Disputes, as adopted and promulgated by the American Law Institute at San Francisco, California, May 14, 2007, American Law Institute Publishers, 2008, pages 165.

② 参见杨长海：《知识产权冲突法研究之历史现状及其造法方式》，载《政法学刊》2011 年第 6 期，第 155 页。

的相关立法和实践，也有利于在跨国知识产权诉讼中尽可能减少存在的法律冲突。①

日韩共同提案中规定的知识产权是指"授予由人的智慧活动而产生的无形财产的权利"。②而这里的无形财产权利包含："指发明、方法发明、植物新品种、外观设计、作品及其他由人类的创造性活动而产生的无形财产，商标、商号及其他用于商业活动的商品或服务的无形财产，以及与此类似的其他无形财产。"③

（一）基本要求

一直以来，在谈到外国判决的承认时，是将"外国法院的确定判决"作为承认对象的。④《ALI 原则》规定了作为承认与执行的对象的判决"必须在判决国是终局的"。⑤《CLIP 原则》也将判决具有既判力、形成力、执行力的未确定的外国判决作为承认与执行的对象，但在判决国能够一般上诉的，法院可以中止或驳回承认与执行程序。⑥日韩共同提案中效仿了《布鲁塞尔条例》的第 32 条规定，作为承认与执行的对象的"外国裁判"中包括外国的未确定裁决、保全裁定等。

对于外国法院判决的承认与执行，不得审查其裁判的正当性。⑦对于可以承认与执行的，日韩共同提案也明确予以列明，具体包括：（1）对外国裁判的可分部分；⑧（2）对于知识产权侵权的停止措施、侵权物品及该物

---

① 参见朱伟东：《韩、日〈知识产权国际私法原则〉述评——兼与〈ALI 原则〉、〈CLIP 原则〉比较》，载《国际经济法学刊》2012 年第 3 期，第 220 页。

② 《知识产权国际私法原则》第 102 条第（2）款。

③ 《知识产权国际私法原则》第 102 条第（1）款。

④ 《日本民事诉讼法》第 118 条的"判决"被解释为无论其称呼是判决、决定，还是裁定，是指外国法院对当事人之间的法律纠纷作出的终局判断，不包括部分判决。

⑤ 《ALI 原则》第 401 条。《ALI 原则》第 101 条第（2）款规定，final judgment 是指在判决国可以执行，且效力没有停止（stay）的判决。

⑥ 《CLIP 原则》第 4.101 条、4.102 第（4）款。

⑦ 《知识产权国际私法原则》第 401 条第（2）款。

⑧ 《知识产权国际私法原则》第 402 条。

品的制造和复制手段的销毁等的外国裁判，依承认或执行的被请求国法，在相同的情况下可以采取与此相同的救济手段的；① （3）限于诉讼当事人之间的效力的、对于令在别国登记的知识产权无效的外国裁判；② （4）对于案件实体具有国际裁判管辖权的裁判机关作出的保全裁定，但是没有保障对方当事人的事前审询机会而作出的保全裁定除外。③

外国裁判在作出国的一般不服上诉程序中或保全裁定在实体诉讼程序中有可能变更的，承认或执行申请的受理国裁判机关可以中止该外国裁判的承认与执行程序。④

（二）不予承认或执行的理由

日韩共同提案规定，有下列任一情形的，外国判决不予承认或执行：（1）裁判机关所属国不具有管辖权的；（2）败诉被告没有接到合法且实时的送达通知的；（3）裁判内容违反受理国公共秩序的；⑤ （4）对于同一当事人之间就同一诉讼标的物的案件与受理国先前裁判相冲突的；（5）对于相同当事人、同一诉讼标的物的案件，第三国裁判机关先作出的裁判在承认与执行申请的受理国予以承认的；（6）对同一当事人之间关于同一诉讼标的物的案件，承认或执行申请的受理国裁判机关先诉讼受理的。⑥

对于超出损害填补范围的损害赔偿，日韩共同提案规定，命令惩罚性损害赔偿或超出实际损害的外国裁判，在该范围内不予承认或执行。⑦

四、欧盟《CLIP 原则》

自 2004 年以来，就知识产权管辖权、法律适用以及判决承认与执行等

---

① 《知识产权国际私法原则》第 403 条。
② 《知识产权国际私法原则》第 404 条。
③ 《知识产权国际私法原则》第 405 条。
④ 《知识产权国际私法原则》第 408 条。
⑤ 《知识产权国际私法原则》第 401 条。
⑥ 《知识产权国际私法原则》第 406 条。
⑦ 《知识产权国际私法原则》第 407 条。

问题，欧洲马克斯普朗克知识产权冲突法研究小组①先后拟定了四稿《知识产权冲突法原则》草案，试图向欧洲以及其他国家的立法者提供独立的参考性建议，并于 2011 年 12 月 1 日通过了《知识产权冲突法原则》（以下简称《CLIP 原则》）。②该原则第四部分专门就知识产权判决的承认与执行作了详细的规定。

（一）基本要求

《CLIP 原则》对判决的定义作出规定，明确是指法院作出的裁决，主要包括判决、禁令、裁定、临时性措施以及与费用有关的决定。③法院认可的和解协议在符合原则规定的情况下，可等同于判决予以承认与执行。④

为了获得承认与执行，依据作出地国法律判决必须生效且具有终局性。对判决效力的审查依据应当是作出地国法律。对于在判决作出地国尚处于上诉阶段的判决或者尚处于复查期限内的判决，被请求国法院可以尚未发生法律效力为由予以中止或拒绝。但这并不妨碍债权人再次提起承认与执行申请的权利。另外，被请求国法院可以就外国判决内容可以分割的部分予以单独承认或执行。⑤

《CLIP 原则》采用了有利于判决承认与执行的原则。该原则规定，不应限制被请求国法院参加或缔结的有关判决承认与执行事项的双边或多边条约，也不应当剥夺当事人利用该国法律或条约包括该国加入的区域性一体化组织的规则中有关请求承认与执行判决的权利。⑥

（二）拒绝承认与执行的理由

为促进判决国际间的自由流动，防止被请求国法院滥用自由裁量权，

① The European Max Planck Group on Conflict of Laws in Intellectual Property.
② 参见 http://www.cl-ip.eu/_www/en/pub/home.html, 2015 年 12 月最后访问。
③ 《CLIP 原则》第 4.101 条。
④ 《CLIP 原则》第 4.801 条。
⑤ 《CLIP 原则》第 4.102 条。
⑥ 《CLIP 原则》第 4.103 条。

《CLIP 原则》还明确规定了拒绝承认与执行的情形。

1. 外国法院无管辖权

有无管辖权是判决合法性和正当性的前提和基础。根据《CLIP 原则》第二部分的规定，如果外国法院对案件不具有管辖权，则该法院作出的判决不应予以承认与执行，其中包括临时性和保护性措施。①但不得以当事人在判决作出地国以外的国家登记的知识产权有效性提出异议为由拒绝承认与执行。只要判决的承认与执行不涉及第三人，争议仅限于知识产权登记或有效性的均应予以承认与执行。② 但是，判决如果明显与被请求国有关保护消费者和雇员利益的管辖权规则相冲突，被请求国法院则有权拒绝承认与执行。③

2. 有违被请求国公共政策

外国法院判决不得违背国内公共政策，这是外国法院判决获得承认与执行的一项重要因素，多数国家立法均有此项规定，是维护一国重大社会公共利益的保护性条款。根据《CLIP 原则》，被请求国法院可以拒绝承认与执行明显违反其内国公共政策的外国法院判决。④此外，对于高于当事人实际损失赔偿的惩罚性赔偿部分，如果无法分割清楚，则被请求国法院也可予以拒绝承认与执行。⑤

3. 缺乏合理正当的诉讼程序

如果判决作出国法院对当事人没有尽到合理正当的通知义务，可能会造成当事人无法充分地准备答辩或抗辩，以致影响其合法权益的维护，而判决作出国法院仍然作出判决，在此种情形下，根据《CLIP 原则》的规定，被请求国法院有权予以拒绝承认。⑥

---

① 《CLIP 原则》第 4.201 条和 4.301 条。

② 《CLIP 原则》第 4.202 条。

③ 《CLIP 原则》第 4.204 条。

④ 《CLIP 原则》第 4.401 条。

⑤ 《CLIP 原则》第 4.402 条。

⑥ 《CLIP 原则》第 4.501 条第（1）款。

4. 存在未决诉讼

存在未决诉讼的情形是指尽管外国法院已经作出生效判决，但被请求国对同一案件的审理仍在进行之中且受理该案在先，则被请求国可以拒绝承认外国判决。但《CLIP 原则》第 2.701 条第（1）款（a）项和第（2）款（a）项规定："如果作出国法院对案件享有专属管辖权，或最先受理的法院未能在合理期间内审理，则该判决可以获得承认与执行。"①

5. 判决间的相互冲突

判决间的相互冲突致使外国判决无法获得承认与执行的情形一般存在两种：一种情形是指被请求国法院就同一案件亦作出了判决，但该判决与外国判决结果不相一致，出于司法主权的考虑，被请求国法院只能执行本国判决，而拒绝承认与执行外国判决；另一种情形是指有两个外国法院均对同一案件作出不一致判决，而其中一个外国判决符合被请求国法律规定的承认条件，且已获得承认，则被请求国只能拒绝承认另一外国判决。②

（三）承认与执行外国法院知识产权判决的程序

《CLIP 原则》规定，对于外国法院知识产权判决的承认与执行，程序性审查是原则实体审查是例外。这不仅有助于加强国家间的司法合作，尽快实现已经判决确定的权利义务关系，体现诉讼经济的原则，也与国际社会的惯常做法相一致。"只作程序性审查，不作实体内容审查"的理念，有助于节约诉讼成本，提高判决得以承认与执行的效率。③该原则还对外国判决的承认程序和执行程序分别作出了规定。

根据《CLIP 原则》的相关规定，对于外国判决承认与执行的审查程序应受被请求国法律调整。当事人可以向被请求国有管辖权的机构提出申请，请求依据《CLIP 原则》所规定的理由就外国判决作出承认与否的决定。外国判决的承认可以在反诉或抗辩程序中提出，也可以作为先决问题

---

① 《CLIP 原则》第 4.501 条第（2）款。
② 《CLIP 原则》第 4.501 条第（3）（4）款。
③ 《CLIP 原则》第 4.601 条和第 4.701 条。

提出。①

同理，如果外国法院判决被予以承认，则面临执行问题。被请求国也只能依据《CLIP 原则》中所规定的理由予以审查。若通过审查，则可与内国判决一样获得执行。②

小　结

由于知识产权是一个不断发展、完善的领域。由于缺乏成熟的法律实践，因此，在全球范围建立一个统一适用的承认与执行规则显然是非常困难。2005 年海牙《选择法院协议公约》无疑是一次有意义的尝试。在公约的谈判过程中，对于知识产权诉讼而言，主要的难题是诉讼竞合的问题，如跨国公司在不同国家和地区提起侵犯商标权的诉讼，由于国家和地区之间实体法内容的不同，由此可能产生不相一致的判决结果。而在一些公约中，如《伯尔尼公约》（Berne Convention）、《巴黎公约》（Paris Convention）以及世贸组织的 TRIPs（TRIPs Agreement）中均没有涉及如何解决诉讼竞合的问题。因此，知识产权界则希望在制定公约中建立统一的规则以解决这一难题，比如说诉讼的限制问题等。知识产权诉讼的另一个难题是诉讼的区域性。在侵犯知识产权的案件中，通常而言，侵权伴随损害的发生。比如一家外国公司在日本侵犯了美国公司的商标权，损害既可能在美国，也可能在日本，这样就产生了平行诉讼的问题。谈判过程中，由于代表团成员国国内法对如何解决诉讼竞合以及判决不一致问题存在不同认识，因此，各代表团在制定与知识产权有关的条文时面临了许多问题。由于上述问题的存在，公约中对知识产权除著作权外没有作其他规定。由于知识产权的例外，从而影响了国际民商事判决承认与执行规定上的完整性，但是鼓励了各成员国发展自己的国内法。

《ALI 原则》《CLIP 原则》和日韩共同提案中关于知识产权判决的承认

---

① 《CLIP 原则》第 4.702 条第（1）（2）（3）款。
② 《CLIP 原则》第 4.703 条第（1）（2）（3）款。

与执行有许多共同之处，也一定程度上说明不同法系、不同国家就知识产权国际私法中的一些问题逐渐趋于共识。在承认与执行外国判决的问题上，拒绝的事由存在如下相同之处：一是外国法院是否享有适当的管辖权；二是承认外国判决是否有违本国公共政策；三是审判程序是否合理与正当；四是被请求国对同一案件是否存在未决诉讼；五是判决间是否存在相互冲突。但上述三个原则在具体规定方面也存在一定差异。比如，《CLIP 原则》还确立了有利于判决承认与执行的原则，《CLIP 原则》更强调对外国判决的程序性审查。与《CLIP 原则》略有不同的是，《ALI 原则》既规定对外国法院判决的程序事项进行审查，也可对实体内容进行审查。此种做法虽然获得一些学者的认同，但对实体内容二次审理做法，在一定程度上体现了对外国法院审理知识产权案件公正性的质疑。

本章是知识产权国际私法问题的重要组成部分。虽然有关外国判决的承认与执行的规则大部分可以直接适用于跨国知识产权案件中，但知识产权具有自身的特殊性，显然也有一些特殊的规则。区域性立法和民间立法的各种尝试无疑将增强知识产权国际利用和争端解决的可预见性、确定性和一致性，有利于保障知识产权的生命力。

第六章　我国知识产权国际私法的
发展与完善

第一节　概述和概念

一、涉外知识产权纠纷

(一)"涉外知识产权纠纷"的法律依据

国内知识产权案件和涉外知识产权案件的区别，不仅可能是涉外民事诉讼程序启动的先决条件，也是适用国际私法规则的前提。我国现行立法虽然没有对"涉外"案件进行明确定义，但是民间机构草拟的法律建议稿和一些司法解释对此已有界定。

我国的民间立法，如中国国际私法学会于 2000 年草拟的《中华人民共和国国际私法示范法（第六稿）》第二条 ① 和中国国际私法学会于 2010

---

① 《中华人民共和国国际私法示范法（第六稿）》第二条规定："国际民商事关系指其当事人一方或者双方为外国人、无国籍人、外国法人、其他外国组织、外国国家或者国际组织，或者当事人的住所、惯常居所或者营业所在不同国家，或者其标的物在国外，或者导致其产生、变更或消灭的法律事实发生在国外的民商事关系。"

年起草的《中华人民共和国涉外民事关系法律适用法（建议稿）》第二条① 均从主体的国籍、住所、标的物所处位置、法律事实发生地点等方面对"涉外民事关系"进行识别。最高人民法院法院司法解释，如 1988 年《最高人民法院关于贯彻执行〈中华人民法法共和国民法通则〉若干问题的意见（试行）》第 178 条、②《最高人民法院关于适用〈中华人民共和国涉外民事关系法律适用法〉若干问题的解释（一）》（以下简称《法律适用法解释》）第一条 ③ 和《最高人民法院关于适用〈中华人民共和国民事诉讼法〉解释》（以下简称《2015 年民诉法解释》）第五百二十二条,④ 均是从主体的国籍、经常居住地、标的物所处位置和法律事实发生地点对"涉外民事关系"进行甄别。由此可以看出，无论是民间立法还是司法解释，

---

① 《中华人民共和国涉外民事关系法律适用法（建议稿）》第二条规定："有下列情形之一的，为涉外民事关系：（一）民事关系的一方是外国人、无国籍人、外国法人和其他组织、外国国家、国际组织；（二）民事关系一方的住所、惯常居所或者营业所位于中华人民共和国领域外；（三）民事关系的标的在中华人民共和国领域外，或者争议标的物移转越出一国国界；（四）产生、变更或者消灭民事关系的法律事实发生在中华人民共和国领域外；（五）中华人民共和国法律、法规规定的其他涉外民事关系。"

② 《最高人民法院关于贯彻执行〈中华人民法法共和国民法通则〉若干问题的意见（试行）》第 178 条规定："凡民事关系的一方或者双方当事人是外国人、无国籍人、外国法人的；民事关系的标的物在外国领域的；产生、变更或消灭民事权利义务关系的法律事实发生在外国的，均为涉外民事关系。"

③ 《最高人民法院关于适用〈中华人民共和国涉外民事关系法律适用法〉若干问题的解释（一）》第一条规定："民事关系具有下列情形之一的，人民法院可以认定为涉外民事关系：（一）当事人一方或双方是外国公民、外国法人或者其他组织、无国籍人；（二）当事人一方或双方的经常居所地在中华人民共和国领域外；（三）标的物在中华人民共和国领域外；（四）产生、变更或者消灭民事关系的法律事实发生在中华人民共和国领域外；（五）可以认定为涉外民事关系的其他情形。"

④ 《最高人民法院关于适用〈中华人民共和国民事诉讼法〉解释》第五百二十二条规定："有下列情形之一，人民法院可以认定为涉外案件：（一）当事人一方或双方是外国人、无国籍人、外国企业或组织；（二）当事人一方或者双方的经常居住地在中华人民共和国领域外的；（三）标的物在中华人民共和国领域外的；（四）产生、变更或消灭民事关系的法律事实发生在中华人民共和国领域外的；（五）可以认定为涉外民事案件的其他情形。"

对于"涉外"案件的界定基本是一致的。唯一的不同点在于司法解释明确将当事人的"经常居所地"在国外作为"涉外民事关系"的一项认定标准，而民间立法还包括当事人的住所和营业所。应该说，《2015 年民诉法解释》是目前为止对"涉外"案件认定的最新和最权威的法律依据。从以上规定来看，我国对涉外案件的识别需要从主体、客体和法律事实三个方面进行区分。①一旦知识产权法律关系具有了《2015 年民诉法解释》中列举的涉外因素，我们便可称之其为"涉外知识产权案件"。涉外知识产权案件具体表现为以下几种情形：（1）知识产权民事法律关系的一方或者双方当事人是外国人（包括具有他国国籍的自然人、法人、其他组织和无国籍的自然人）；（2）知识产权的标的物位于境外；（3）引起知识产权法律关系产生、变更或者消灭的法律事实发生在外国。我国法院审理的知识产权民事案件多以商标权、专利权、著作权的侵权与权属以及不正当竞争民事纠纷案件为主。

现实生活中，当产生、变更或者消灭民事关系的法律事实发生在国外时，当事人一般至少有一方为外国人或外国企业。因此，司法实践中，法院多以主体的涉外性作为判断案涉纠纷是否为涉外案件的主要依据和基础。

（二）涉外知识产权纠纷的分类

根据目前的立法与司法实践，知识产权纠纷在我国一般可以分为知识产权民事纠纷和知识产权行政纠纷。知识产权民事案件大体可划分为三类：一是因知识产权权属引起的纠纷；二是因知识产权合同引起的纠纷；三是因知识产权侵权引起的纠纷。

侵犯商业秘密和仿冒在我国属于不正当竞争纠纷。虽然，我国将不正当竞争纠纷和垄断纠纷也列入知识产权民事审判庭审理的范围。但是，因与商业秘密和垄断行为有关的管辖和法律适用或是不具有代表性，或是与

———————

① 参见何其生：《比较法视野下的国际民事诉讼》，高等教育出版社 2015 年版，第 16 页。

其他知识产权纠纷案件规定一致，这两类纠纷不在本书讨论范围。

有的学者还将知识产权临时性措施纠纷也划为一类纠纷，笔者对此持保留意见。临时措施是《TRIPs 协议》第 50 条规定的内容，在英美法系中被称为"临时禁令"。知识产权诉讼中的临时措施是指知识产权权利人或利害关系人为今后诉讼程序的顺利进行或为避免遭受更大的损失，在正式提起诉讼之前，依法请求法院采取的诉前证据保全、诉前财产保全和诉前禁令等救济措施。除了在证据保全和财产保全方面与一般民事案件相同外，在知识产权案件中常见的临时措施还特别包括责令停止侵权的强制措施，即申请人向法院申请下发停止侵权的裁定，它只是一种程序，而不解决实体问题。这些强制措施的最大特点是发生在诉讼之前或与诉讼同时启动，属于为知识产权权利人提供的一种有效的诉前救济性措施，防止侵权范围的继续扩大。

知识产权侵权案件的管辖，在我国一般因具体权利名称不同而有所不同。例如，专利侵权案件的诉讼管辖权一般由各省、自治区、直辖市省会城市所在地中级人民法院、经济特区中级人民法院以及最高人民法院指定的部分计划单列城市的中级人民法院行使。[1]最高人民法院同时规定，专利权或者利害关系人诉前申请人民法院采取责令停止有关侵权行为时，应当向有专利案件管辖权的人民法院提出。因此，申请诉前责令停止侵权的强制措施的法院与专利侵权的法院是一致的，与侵权案件也是一并审理，并不能作为一个单独的纠纷进行处理，因此，笔者认为，将知识产权临时性措施纠纷单独作为一类纠纷没有实际意义。

知识产权行政案件是指当事人不服知识产权主管机关作出的具体行政行为，以知识产权主管机关列为被告而起诉到法院要求撤销、变更或者重新作出行政决定的知识产权纠纷案件。本书所称的知识产权行政案件包括以下案件：一是因不服专利复审委员会维持驳回申请复审决定引起的纠纷；二是因不服专利复审委员会无效宣告请求决定引起的纠纷；三是因不

---

[1] 《最高人民法院关于审理专利纠纷案件适用法律问题的若干规定》第二条。

服商标评审委员会作出的复审决定引起的纠纷。①在知识产权行政案件中，如果案件的主体是外国人或外国企业，则这类案件也可以与同类主体的知识产权民事案件一样划为"涉外知识产权案件"。

二、我国涉外知识产权纠纷管辖的种类

世界各国确定涉外民事诉讼管辖权主要是从充分实现国家司法主权和便利当事人诉讼两个方面考虑的。一国司法主权的实现一般通过两种方式：一是规定涉外案件的管辖范围。涉外案件管辖的连接因素一般为案件当事人的涉外性、争议的标的或财产同本国存在实际联系；二是有条件地允许当事人以协议管辖的方式约定获得管辖权。②由于涉外案件的复杂性、各国立法的差异性以及对连结因素的识别方法不同导致确定涉外民事诉讼管辖权的原则也不相同。总结起来主要有属地管辖、属人管辖、协议管辖、专属管辖等。

属地管辖也称地域管辖，即以涉外争议与一国地域存在某种联系为依据确定管辖权。通常认为，地域管辖的依据包括诉讼标的物所在地、当事人住所地、被告财产所在地、当事人惯常居住地、侵权行为地（含侵权行为发生地和侵权行为结果地）、义务履行地等。属人管辖又称国籍管辖，简而言之，是以国籍作为确定管辖权的因素。协议管辖又称约定管辖，是指双方当事人之间协议选择管辖法院且不违反内国的专属管辖，它是意思自治原则在国际民商事领域的延伸。协议管辖可以表现为合同文本中的协议选择法院条款，也可存在于独立的争议解决条款中。专属管辖是一国明确规定的对某些特殊性质的涉外案件强制规定由内国法院行使排他性管辖权。③

在我国，知识产权案件的管辖，是指各级人民法院和同级人民法院受

---

①　不服工商行政管理部门作出的有关商标的行政行为的案件不在本文讨论范围。

②　参见宋建立：《国际民商事诉讼管辖权冲突的协调与解决》，法律出版社2009年版，第8页。

③　参见宋建立：《国际民商事诉讼管辖权冲突的协调与解决》，法律出版社2009年版，第18页。

理第一审知识产权争议案件的权限和分工，是确定和划分人民法院系统内部上下级或者同级中某个人民法院对知识产权案件如何行使审判权的问题。

我国民事诉讼法和相关司法解释规定的涉外知识产权诉讼管辖权，基本上是地域管辖为基本原则，以专属管辖和协议管辖作为补充，同时辅以级别管辖的方式。因此，在我国确定一个知识产权案件的管辖法院，如同通过经纬线在地图上寻找某一确定位置，所不同的是此处用的不再是经纬线，而主要是级别管辖与地域管辖。

（一）级别管辖

级别管辖是划分上下级人民法院之间受理第一审案件的权限和分工，在国外称之为事物管辖。世界上一些地域较小的国家不设级别管辖，但是级别管辖作为民事诉讼管辖制度的基本内容，受到世界大多数国家民商事诉讼程序法的青睐。

我国民事诉讼法已基本确立了级别管辖制度的完整体系，明确规定了四级法院受理第一审民商事案件的分工与权限。我国基层人民法院实际管辖的第一审民商事案件范围较广，且会因地区不同而有不同的标准。中级人民法院受理第一审涉外案件，在本辖区有重大影响的案件以及最高人民法院确定由中级人民法院管辖的案件。①高级人民法院受理在本辖区有重大影响的第一审民商事案件。②最高人民法院是我国最高审判机关，对地方各级人民法院和专门人民法院的审判工作进行监督与指导，并就审判工作中出现的法律适用问题作出相应的司法解释。此外，最高人民法院一般不受理第一审民商事案件。审判实践表明，最高人民法院还陆续公布了一些关于管辖的司法解释，特别是针对知识产权案件的级别管辖进行了规范，对于完善级别管辖制度起到了积极作用。

知识产权案件从级别上来讲，主要由中级人民法院管辖，但并非所有

---

① 《中华人民共和国民事诉讼法》第十九条。
② 《中华人民共和国民事诉讼法》第二十条。

的案件都由中级人民法院管辖，也并非所有的中级人民法院都对知识产权案件进行管辖。部分知识产权权属纠纷，特别是涉及效力问题的纠纷属于知识产权行政案件的受案范围，知识产权效力性行政案件由相当于中级人民法院的北京知识产权法院管辖。知识产权侵权案件因权利名称不同而有所不同。具体而言，专利侵权案件，由于其有较强的技术性，对专业及审判要求较高，由中级人民法院及其以上的法院进行管辖，而且是由各省、自治区、直辖市人民政府所在地的中级人民法院和最高人民法院指定的中级人民法院管辖。①著作权侵权案件和商标侵权案件，由于这两类案件的技术性稍低，所以并不是所有著作权、商标权案件都由中级人民法院来管辖。商标侵权案件和著作权侵权案件主要由中级以上人民法院管辖。但是，经最高人民法院批准，各高级人民法院根据本辖区的实际情况，可以在较大城市确定一或两个基层人民法院受理此类案件。②

（二）集中管辖

2002 年 2 月 25 日，最高人民法院通过的《关于涉外民商事案件诉讼管辖若干问题的规定》（法释〔2002〕5 号）（以下简称《涉外民商规定》）对一审涉外民商事案件确立了集中管辖制度。该规定于 2002 年 3 月 1 日生效。该《涉外民商规定》适用范围包括以下类型的案件：一是涉外民商事合同和侵权案件；二是因信用证纠纷引发的案件；三是对涉外仲裁裁决进行司法审查的案件；四是申请承认与执行外国裁决的案件。③但是《涉外民商规定》第四条明确规定，涉外知识产权案件不适用《涉外民商规定》。因此，涉外知识产权案件不适用集中管辖。

---

① 《最高人民法院关于审理专利纠纷案件适用法律问题的若干规定》第二条。
② 《最高人民法院关于审理商标案件有关管辖和法律适用范围问题的解释》第二条。
③ 《最高人民法院关于涉外民商事案件诉讼管辖若干问题的规定》第三条规定："（一）涉外合同和侵权纠纷案件；（二）信用证纠纷案件；（三）申请撤销、承认与强制执行国际仲裁裁决的案件；（四）审查有关涉外民商事仲裁条款效力的案件；（五）申请承认和强制执行外国法院民商事判决、裁定的案件。"

（三）应诉管辖

应诉管辖，又称默示的协议管辖，是指受诉法院对案件本不具有管辖权，但基于被告应诉而视为对已经受理的案件享有管辖权。应诉管辖的法院不是由双方当事人书面协议约定的，也不是由当事方在诉讼开始之前确定的，而是在原告起诉后，被告因放弃管辖权异议或者超过管辖权异议期而以应诉的方式自愿接受受诉法院管辖而视为受诉法院拥有管辖权。我国民事诉讼法亦对此予以确认。①

鉴于级别管辖和应诉管辖普遍适用于各类涉外知识产权案件，并无探讨的实际意义，因此不在本文的论述范围之内。

第二节　我国涉外知识产权纠纷的管辖

级别管辖是我国知识产权案件的主要管辖方式，对知识产权地域管辖权并未作出特别规定。从我国司法实务中处理的案例来看，基本上遵循知识产权的绝对地域管辖的原则，根据相关管辖权规定，我国法院对知识产权侵权案件均可以行使管辖权。

一、我国涉外知识产权纠纷管辖制度的立法现状及司法实践

（一）涉外知识产权权属纠纷的管辖

目前，依据我国各知识产权部门法的相关规定，涉及知识产权权属的纠纷主要有：著作权权属纠纷②、表演者权权属纠纷③、出版者权属权纠

---

① 《中华人民共和国民事诉讼法》第一百二十七条第二项。
② 《中华人民共和国著作权法》第十一条、第十三至十八条，《中华人民共和国著作权法实施条例》第九至十一条。
③ 《中华人民共和国著作权法》第三十七、三十八条。

纷①、录音录像制作者权权属纠纷②、广播组织权权属纠纷③、计算机软件著作权权属纠纷④、商标权权属纠纷⑤、专利申请权权属纠纷⑥和专利权权属纠纷⑦等。被告所在地法院对这些权属类纠纷都享有管辖权。

对于涉及知识产权效力的授权确权纠纷，我国适用专属管辖原则，由北京知识产权法院专属管辖。⑧

（二）涉外知识产权合同纠纷的管辖

我国现行法律并没有对涉外知识产权合同问题进行特别的规定，对于此类纠纷可以参照有关解决合同案件的管辖规则。

1. 一般管辖

我国现行民事诉讼法对涉外合同纠纷或者其他财产权益纠纷作出了特别的地域管辖规定，诉讼标的物所在地、侵权行为地、可供扣押财产所在地、合同签订地、合同履行地或者代表机构所在地均可作为我国法院行使涉外案件管辖权的依据。⑨

2. 专属管辖

专属管辖权系指对某些具有特别性质的涉外民商事案件，强制性地规

---

① 《中华人民共和国著作权法》第三十一条。
② 《中华人民共和国著作权法》第四十至四十二条。
③ 《中华人民共和国著作权法》第四十三条。
④ 《计算机软件保护条例》第五条。
⑤ 《中华人民共和国商标法》第五十一条。
⑥ 《中华人民共和国专利法》第九条。
⑦ 《中华人民共和国专利法》第六至八条，《中华人民共和国专利法实施条例》第十二、十三条。
⑧ 《最高人民法院关于北京、上海、广州知识产权法院案件管辖的规定》第五条第一款。
⑨ 《中华人民共和国民事诉讼法》第二百五十六条规定："因合同纠纷或者其他财产权益纠纷，对在中华人民共和国领域内没有住所的被告提起的诉讼，如果合同在中华人民共和国领域内签订或者履行，或者诉讼标的物在中华人民共和国领域内，或者被告在中华人民共和国领域内有可供扣押的财产，或者被告在中华人民共和国领域内设有代表机构，可以由合同签订地、合同履行地、诉讼标的物所在地、可供扣押财产所在地、侵权行为地或者代表机构住所地人民法院管辖。"

定由特定国家的内国法院行使独占性管辖权，而不承认和接受任何其他国家法院的管辖。我国涉外民事诉讼中的专属管辖主要特指因在我国境内履行中外合作勘探开发自然资源合同、中外合作经营企业合同、中外合资经营企业合同发生纠纷而引发的诉讼属于我国法院专属管辖的范围。①如果上述三类合同中包含有与知识产权有关的条款，双方因该知识产权条款引发的争议，应该由我国法院专属管辖。

3. 协议管辖

协议管辖是指涉外民事诉讼中的当事人在争议发生之前或之后，以协议的方式确定争议的特定管辖法院。协议管辖是普遍适用于国际经济贸易的一种管辖原则，是国际私法上当事人在民商事案件管辖权问题上意思自治原则的充分体现。我国法律允许当事人之间以协议方式对有关跨国知识产权纠纷进行约定管辖。涉外知识产权合同的当事人可以书面协议选择下述地点的法院对全部或部分合同事项享有管辖权：原告住所地、被告住所地、合同履行地、合同签订地、标的物所在地等与争议有实际联系的地点，但书面协议选择的管辖法院不得与专属管辖和级别管辖相冲突。②因此，我国对于涉外知识产权合同中的法院选择是有一定要求和限制的。当事人选择管辖法院时，一般以书面形式协议选择与本国具有实际联系的法院，并非随意挑选法院。

4. 不方便管辖

不方便管辖原则又称非方便法院原则或不方便法院原则，通常是指享有管辖权的本国法院受理案件后，依当事人的申请经审查后认为，享有管辖权的另一外国法院对案件的审理更加便利和合适，本国法院因此裁量拒绝或中止对受诉案件行使管辖权的制度。英美法系国家的法院自20世纪中期开始接受不方便管辖原则，并逐渐应用于司法实践中。在2012年民事诉讼法颁布前，该原则在中国立法中并未得到体现，但是，在具体的司法实

---

① 《中华人民共和国民事诉讼法》第二百六十六条规定："因在中华人民共和国履行中外合资经营企业合同、中外合作经营企业合同、中外合作勘探开发自然资源合同发生纠纷提起的诉讼，由中华人民共和国人民法院专属管辖。"

② 《中华人民共和国民事诉讼法》第三十四条。

践中，已逐渐地被我国司法判例所采用。

民事诉讼法修改后，司法解释最终确立了不方便管辖原则的具体适用标准。《2015 年民诉法解释》规定，符合下列条件的，我国可以不便管辖为由拒绝管辖：一是外国法院享有管辖权，且审理更为便利；二是不存在协议选择我国法院管辖的情形；三是案件不违反我国法律规定的专属管辖规定；四是案件不涉及我国社会公共利益；五是争议的主要事实发生在我国境外，且由我国法院审理难度较大。①上述条件缺一不可，我国法院才可以不方便管辖为由拒绝行使管辖权。

（三）涉外知识产权侵权纠纷的管辖

在世界范围内的任何一个地方进行诉讼，管辖法院的选择都决定着整个诉讼的成败，因此管辖法院的选择至关重要。对于知识产权案件而言，尤其在中国，由于各地法院的审理水平不同，加之知识产权侵权认定的难度较一般的民事案件要大，因此知识产权权利人要想维护自己的权益，选择一个适当的法院进行诉讼是非常必要的。

针对知识产权侵权纠纷的管辖，国际上通行的做法是适用侵权行为地法。这一原则也在我国立法和司法实践中得以体现。如我国民事诉讼法规定："因侵权行为提起的诉讼，由侵权行为地或被告住所地人民法院管辖"；②我国涉外民事关系法律适用法规定，知识产权侵权责任适用侵权行

---

① 《最高人民法院关于适用〈中华人民共和国民事诉讼法〉的解释》第五百三十二条规定："涉外民事案件同时符合下列情形的，人民法院可以裁定驳回原告的起诉，告知其向更方便的外国法院提起诉讼：（一）被告提出案件应由更方便外国法院管辖的请求，或者提出管辖异议；（二）当事人之间不存在选择中华人民共和国法院管辖的协议；（三）案件不属于中华人民共和国法院专属管辖；（四）案件不涉及中华人民共和国国家、公民、法人或者其他组织的利益；（五）案件争议的主要事实不是发生在中华人民共和国境内，且案件不适用中华人民共和国法律，人民法院审理案件在认定事实和适用法律方面存在重大困难；（六）外国法院对案件享有管辖权，且审理该案件更加方便。"

② 《中华人民共和国民事诉讼法》第二十八条。

为地法律，但当事人有共同经常居所地的，适用共同经常居所地法律。①由此可见，在知识产权侵权案件中，具有管辖权的法院为侵权行为地法院、被告住所地法院和共同经常居所地法院。

1. 侵权行为地的确定

就侵权案件而言，对被告住所地的确定在司法实践中并非难事，因而不再赘述。侵权行为地，是指发生侵害他人合法权益的法律事实的地点，包括侵权行为实施地和侵权结果发生地。②如果侵权行为实施地与侵权结果发生地不在同一管辖区域内时，人民法院可以选择适用任一地点确定管辖地。

在侵犯专利权案件中，根据相关法律和司法解释的规定，侵权行为地归纳起来可以包括如下几个地点：被控侵犯发明、实用新型专利权产品或依据发明、实用新型专利方法直接获得的产品的制造、使用、销售、许诺销售、进口等行为的实施地；外观设计专利产品的制造、销售、进口等行为的实施地；假冒他人专利的行为实施地；或以上侵权行为的侵权结果发生地。③原告仅对侵权产品制造者提起诉讼，未起诉销售者，侵权产品制造地与销售地又不一致的，制造地人民法院有管辖权；以制造者与销售者为共同被告提起诉讼的，销售地人民法院有管辖权。④

侵犯注册商标专用权案件，主要由被告住所地人民法院和侵权行为的实施地、侵权商品的储藏地或者查封扣押地（主要指工商、海关等行政机关依法查封扣押侵权商品的所在地）法院管辖。⑤对多个被告在不同地点事实的侵权行为提起共同诉讼的，原告可以向任意被告的侵权行为实施地法院提起诉讼，该地法院对所有被告的侵权行为均享有管辖权；原告仅对其中某一被告提起诉讼的，该被告侵权行为实施地的人民法院具有管辖权。⑥

---

① 《中华人民共和国涉外民事关系法律适用法》第四十四条。
② 《最高人民法院关于适用〈中华人民共和国民事诉讼法〉的解释》第二十四条。
③ 《最高人民法院关于审理专利纠纷案件适用法律问题的若干规定》第五条第二款。
④ 《最高人民法院关于审理专利纠纷案件适用法律问题的若干规定》第六条。
⑤ 《最高人民法院关于审理商标民事纠纷案件适用法律若干问题的解释》第六条。
⑥ 《最高人民法院关于审理商标民事纠纷案件适用法律若干问题的解释》第七条。

对于侵犯著作权行为提起的民事诉讼，被告住所地人民法院、侵权行为的实施地和侵权复制品储藏地或者查封、扣押地人民法院均享有管辖。①

对于网络知识产权侵权案件的管辖，根据民事诉讼法第二十二条、第二十八条以及《最高人民法院关于审理涉及计算机网络著作权纠纷案件适用法律若干问题的解释》《最高人民法院关于审理涉及计算机网络域名民事纠纷案件适用法律若干问题的解释》的规定，被告住所地、被告实施侵权行为的网络服务器或计算机终端等设备所在地都可以构成我国法院享有管辖权的连接点。对于侵权行为地和被告住所地无法确定的，侵权行为地可以是显示侵权内容的计算机终端等设备所在地。

2. 选择管辖法院的几个问题

（1）确认不侵权之诉中管辖法院的确定

请求确认不侵犯知识产权之诉，又称请求确认不侵权之诉或不侵权确认之诉，是指原告起诉请求法院确认其行为并不侵犯被告知识产权的诉讼。我国最高人民法院于 2002 年 7 月 12 日作出《关于苏州龙宝生物工程实业公司与苏州郎力福公司请求确认不侵犯专利权纠纷案的批复》后，确认不侵权之诉便成为人民法院受理知识产权民事纠纷案件的受案范围。

既然确认不侵权之诉已成为一类法院受理的知识产权民事纠纷案件，那么如何确定确认不侵权之诉的管辖法院就成为提起诉讼的首要问题。从前述规定可以看出，我国最高人民法院对侵权案件的管辖规定相对比较明确，但是前述规定是否可以同样适用于确认不侵权之诉尚不明朗，这就需要具体分析确认不侵权之诉的性质，研究确认不侵权之诉是否属于侵权之诉。

关于确认不侵权之诉的性质问题，一直以来，在理论界和实务界存在不同观点。一种观点认为，确认不侵权之诉是法院在被控侵权一方的请求下作出是否侵权的一种宣告式判决，属于确权之诉。②另一种观点认为，确

---

① 《中华人民共和国著作权法》第四十六、四十七条。

② 参见汤茂仁：《确认不侵权案的受理条件及相关法律问题研究》，载《法律适用》2006 年第 6 期，第 82 页。

认不侵权之诉的性质从本质上讲，仍属于侵权诉讼的范畴。①司法实务界则比较支持确认不侵权之诉也是一种侵权诉讼。在《关于石家庄双环汽车股份有限公司与本田技研工业株式会社、北京旭阳恒兴经贸公司专利纠纷案件指定管辖的通知》[（2004）民三他字第4号]中，最高人民法院指出："确认不侵犯专利权诉讼属于侵权类纠纷。"北京市高级人民法院进一步确认，确认不侵权之诉由被告住所地法院或者侵权行为地法院管辖。②另外，北京市高级人民法院刘晓军法官则认为，确认不侵权之诉本质上既是侵权之诉，又属于确认之诉。③

笔者同意刘晓军法官的意见。依通说，诉可以分为确认之诉、给付之诉和变更之诉。侵权之诉属于给付之诉。确认之诉，一般而言是指一方当事人请求法院确认其与对方当事人之间是否存在某种特定民事法律关系的诉讼。给付之诉，是指一方当事人向法院请求判令对方当事人履行一定民事义务的诉讼。由一方当事人提起的请求确认不侵权之诉的首要目的在于，希望法院判令自己的行为不构成侵权的法律状态。而确认不侵权之诉是由一方当事人提起的请求法院确认是否存在侵权事实的法律问题，这是一种否定的确认之诉，因此，确认不侵权之诉属于确认之诉。

确认不侵权之诉，主要是由自称拥有知识产权的权利人单独发出或利用媒体等形式向原告一方发出了停止侵权等类似的警告函或各种严正声明后，原告即被警示的一方为防止损失的扩大或者尽快制止对其声誉的影响，希望由人民法院以判决的形式尽快确定其行为是否侵权而提起的诉讼。因此，如果原告提起确认不侵权之诉，其假设的前提是不侵犯被告的相关知识产权权，但是这并不能当然地认为这类诉讼就不是侵权之诉。这类案件中，被告侵犯了原告的公平竞争权，因此，也属于侵权之诉。

---

① 参见邓宏光、唐文：《论知识产权不侵权确认之诉》，载《法律适用》2006年第1－2期，第162页。

② 中国社会科学出版社诉英国费德里克·沃恩公司不侵犯"彼得兔"商标权纠纷案。

③ 参见刘晓军：《中国知识产权侵权诉讼管辖若干实务问题研究》，http://www.lawtime.cn/info/zscq/zscqwq/20111024113872_5.html，2017年1月4日最后访问。

因此，笔者认为，对于此类案件的管辖，既可以参照有关地域管辖的一般原则确定由被告住所地法院来管辖，①也可以按照有关侵权诉讼管辖的规定确定由侵权行为地法院管辖。②

（2）被告在我国境内无住所的管辖法院的选择

如果境外被告在我国没有住所，那么该如何维护境内权利人的合法权益。显然，在我国境内如何选择合适的法院提起诉讼是一个基本前提。在选择法院的时候，原告往往喜欢选择自己比较熟悉或者离自己较近的或者审理水平较高的沿海城市的法院起诉，如果实践中由于各种原因，原告不愿意去侵权行为地法院进行起诉，是否还有其他的救济途径。下面将分几种情形予以论述：

第一，判断境外被告在我国境内是否存在有可供执行的财产，或者设有代表处或办事机构。若境外被告在我国境内存在有可供执行的境内财产，或者设有代表处或办事机构，则境内权利人可以选择在其可供执行财产所在地法院，或者其办事机构或代表处所在地法院提起诉讼。我国民事诉讼法第二百六十五条明确规定："因……其他财产权益纠纷，对在中华人民共和国领域内没有住所的被告提起的诉讼，……或者诉讼标的物在中华人民共和国领域内，或者被告在中华人民共和国领域内有可供扣押的财产，或者被告在中华人民共和国领域内设有代表机构，可以由……诉讼标的物所在地、可供扣押财产所在地、侵权行为地或者代表机构住所地人民法院管辖。"依该条规定，除侵权行为地以外，境内权利人可以向境外被告在我国境内存在可供执行财产的所在地的法院，或者设有办事机构或代表处所在地法院主张权利。但需要指出的是，境外被告在我国境内是否存在可供执行的财产，或者设有办事机构或代表处，应由原告一方举证证明。除有形财产外，上述条文中规定的"可供执行的财产"还应当包括著作权、专利权、商标权等无形财产。

第二，如果存在财产保全措施，也可以向采取保全措施的法院提起诉

---

① 《中华人民共和国民事诉讼法》第二十一条。
② 《中华人民共和国民事诉讼法》第二十八条。

讼。在涉外知识产权案件中，被告一方往往是跨国性公司或与我国具有经贸往来的外国公司，一般情况下会在我国有一定的财产，财产包括有形财产和无形财产。境内权利人为防止胜诉后执行的困难，可能会申请诉前财产保全。按照我国民事诉讼法的相关规定，原告可以选择在采取保全措施的法院提起诉讼。①

第三，如果被告有几个，可以选择其中一位在我国境内有住所的被告，向其住所地法院提起诉讼。按照我国民事诉讼法相关规定，被告住所地和经常居住地是判断人民法院管辖权的主要依据之一。依据该规定，我国境内权利人可以向在我国具有住所的一位被告住所地法院提起诉讼，同时可一并将境外侵权公司、公民或者其他组织作为共同被告。

（3）销售地法院的确定

在侵犯知识产权诉讼中，如果涉及销售侵权产品的，原告既要起诉销售者又要起诉其他侵权行为人，销售地法院是很重要的管辖法院，而且对于侵犯专利权的案件来说，销售地法院还有优先权。但是实践中对于销售地法院的判断标准不一。分别有将销售地理解为销售合同的履行地、侵权产品的交付地或起诉时侵权产品所在地之说。② 笔者同意在知识产权诉讼中的销售地应当是指销售合同履行地的观点。

一般来说，销售合同是销售行为存在的前提。销售合同涉及双方当事人所在地、标的物所在地、合同签订地、合同履行地等。合同的履行地又可分为实际履行地和约定履行地，对于如何判断销售侵权产品中的合同履行地，笔者认为应当参考诉讼法上对合同履行地的相关规定，以实际履行地为判断标准。但对于买卖合同中的履行地来说，又分为交付货款和交付货物。如果交付货款与交付货物在同时同地进行，那么自然销售地确定没有问题。笔者认为，如果交货地点与付款地点不一致时，以侵权商品交付地作为销售合同履行地更为合适。因为只有销售侵权产品的行为才能构成

---

① 《中华人民共和国民事诉讼法》第一百零一条。

② 参见刘晓军：《中国知识产权侵权诉讼管辖若干实务问题研究》，http://www.lawtime.cn/info/zscq/zscqwq/20111024113872_5.html，2017年1月4日最后访问。

对知识产权的侵害，而非支付货款的行为。因此，以侵权产品的交付地作为销售地更具合理性。至于侵权产品交付地的确定，也可以参考民事诉讼法司法解释的有关规定，采用送货方式的，以货物送达地为合同履行地；采用自提方式的，以提货地为合同履行地；代办托运，以货物发运地为合同履行地。另外，侵权产品为不动产的，交付地应为不动产所在地；侵权产品为提供服务的，交付地应为服务实际提供地；侵权产品尚未实际交付的，交付地则为合同约定的交付地，合同没有约定的，交付地可以推定为履行交付义务一方所在地。

随着科学技术特别是网络技术的发展，人们的购物方式在近几年发生了巨大的变化。一些新兴的销售模式也开始出现，如网上购物等。对于这些新兴的销售模式，如何确定销售行为地也成了一个新的问题。笔者认为，尽管网络交易的兴起很大程度上改变了人们的生活方式，如网上签订合同、货物快递到家以及网上支付货款的日趋完善和发展，的确给人们的生活带来了诸多便利，但这些改变并未超出传统商品销售的本质，商品的销售实质仍然是通过签订合同、交付标的物并予以完成。那么这里的销售行为地如何确定呢？笔者认为按照前述分析，还应当为合同的履行地。至于如何判断其履行地，则需要根据合同中约定的提货方式来判断。一般说来，如果是卖家包邮或者卖家承诺免费送货的，那么应以交货地为销售地。如果卖家不包邮，邮寄费是由买家另外付费，则应参考代办托运的规定，以货物发运地为合同履行地。

（4）许诺销售中管辖法院的确定

在专利权侵权案件中，许诺销售行为也属于侵犯专利权行为。但在许诺销售中是否按照销售当中的管辖法院来确定管辖？笔者对此持否定态度。因为许诺销售一般不产生销售上的侵权结果，亦无法按照侵权法的相关规定确定管辖法院。只有发生了侵权性质的销售行为时，此时许诺销售则实质性转变为销售侵权行为。现行立法和相关司法解释并未就许诺销售中侵权产品的约定交付地的管辖依据作出明确规定。如许诺销售人向购买人许诺将在某地交付侵权产品，那么某地法院是否因此对许诺销售侵权行为具有管辖权呢？北京市高级人民法院的刘晓军法官认为，该某地法院不能取得诉讼管辖权。笔者也赞同该意见，许诺销售行为实际上只有许诺行为，而尚未发生销售行为，故诉讼管辖连接点不宜以许诺销售行为约定的销售地为依据，而应以销售行为实际发生地为取得诉讼管辖权的依据。

笔者认为，许诺销售中真正产生侵权结果的是许诺行为，同时，根据《最高人民法院关于审理专利纠纷案件适用法律问题的若干规定》第五条的规定，许诺实施地法院或许诺销售者的住所地法院对许诺销售侵权行为具有管辖权，许诺实施地包括侵权产品销售合同的签订地、许诺销售者发布许诺销售广告的行为地。因而，许诺销售中约定交付地法院没有管辖权。

二、我国涉外知识产权纠纷管辖制度的不足

（一）我国缺乏对知识产权效力作为抗辩或反诉以及效力纠纷的管辖规定

虽然我国司法解释对有关知识产权行政案件由知识产权法院管辖作出了规定，那仅仅是针对在我国注册的商标和专利的撤销与无效类案件的管辖规定，并没有对涉及外国注册类知识产权的注册和效力案件的管辖权规定。从世界范围看，大多数国家对于注册类知识产权的有效性纠纷普遍确立了专属管辖原则，而我国立法则缺乏类似的规定，因此，如何应对当事人针对注册类知识产权的效力提起的诉讼，以及如何协调他国对效力事项享有的专属管辖权与根据我国相关法律规定获得的管辖权的关系，是一个亟需解决的问题。只有在立法中将注册类知识产权有效性的问题列为专属管辖，才能有利于保护权利人的合法权益以及与世界知识产权制度的发展相衔接。

（二）涉外知识产权侵权纠纷管辖权的认定标准缺乏灵活性

依据我国立法及相关司法解释，知识产权侵权纠纷的管辖问题同一般侵权案件并无什么区别，主要还是由侵权行为地或被告住所地法院管辖。而对于日益增多的跨国知识产权纠纷，特别是通过互联网实施的侵权行

为，侵权行为可能分处不同的国家或地区的管辖范围内，这种随机性和全球性使得几乎任何一次网上侵权活动都可能是跨国界的，如果按照传统的侵权理论确定网络侵权的管辖权，可能会产生许多国家对某一网络侵权行为均具有管辖权。在对于互联网侵权案件的管辖权问题上，我国尚未有特别的或相对系统的相关立法，基本以传统管辖权理论为基础，并结合部分互联网的技术特征来寻找传统管辖权规则所需要的连接点。但随着现代科技的发展，互联网技术的广泛应用无疑增加了涉外知识产权侵权纠纷管辖权的认定难度。

（三）平行诉讼的解决方式不足

平行诉讼是系指当事人就同一纠纷向两个或两个以上国家的法院分别提起诉讼的行为。由于知识产权具有很强的地域性特点，特别是互联网侵权的即时性和跨境性，极易引发不同国家法院之间的平行诉讼。《2015年民诉法解释》对不方便管辖问题作出了具体规定，有助于解决可能发生的平行诉讼问题。但对于一些国际社会惯常适用的解决平行诉讼的做法研究不足，比如普通法系国家普遍适用的禁诉令制度、大陆法系国家普遍适用的先受理管辖原则。研究制定符合中国国情的解决平行诉讼办法，对于避免重复诉讼、维护司法主权具有重要意义。

（四）协议管辖原则的适用范围过于狭窄

我国立法对协议管辖的适用范围作了比较严格的限制，如我国民事诉讼法允许当事人之间以协议方式选择管辖法院，即只要案件争议与被选择的法院所在地存在实际联系即可，并详细列举了合同履行地、合同签订地、原告住所地、标的物所在地、被告住所地等作为实际联系地。①该规定表明，当事人之间仅能就"合同纠纷""财产性权益"进行约定，而且连

---

① 《中华人民共和国民事诉讼法》第三十四条规定："合同或者其他财产权益纠纷的当事人可以书面协议选择被告住所地、合同履行地、合同签订地、原告住所地、标的物所在地等与争议有实际联系的地点的人民法院管辖，但不得违反本法对级别管辖和专属管辖的规定。"

接点必须与我国存在实际联系。针对协议管辖，海牙国际私法协会于 2005 年 6 月 30 日通过的《选择法院协议公约》专门对此作出了规定，其中并未对所选法院与案件争议具有实际联系作出要求，这对统一各国关于协议管辖的规定必将起到积极的推动作用，也是未来的发展趋势。

三、我国涉外知识产权纠纷管辖规则的完善

（一）知识产权效力纠纷的管辖权规则的完善

1. 明确出台相关的适用规则

对于涉外知识产权有效性纠纷的管辖问题，我国现行立法和司法解释缺乏相关规定，不利于该类纠纷的依法公正处理，相关部门应在理论研究成果的基础上以及借鉴国外有益的立法实践，在我国立法或司法解释中尽快规定相关的法律规范。

对于注册类知识产权的效力纠纷，无论是传统理论还是区域性条约或是民间立法基本都规定由注册国或登记国法院专属管辖。我国可以借鉴大多数国家或机构的普遍性规则，规定知识产权的授予、登记、有效性、放弃和撤销的纠纷由知识产权登记国法院专属管辖。

2. 明确将知识产权的效力作为抗辩或反诉理由时的管辖权规则

就知识产权侵权纠纷中知识产权效力作为先决问题出现时，《ALI 原则》、日韩共同提案和《CLIP 原则》的规定并不完全一样，有的赋予知识产权注册地法院专属管辖权，有的规定受理侵权的法院可以一并审理，但仅在诉讼当事人之间有效。《ALI 原则》区分不同的情况创设了不同的管辖权规则，这有利于解决同时在多国享有权利的知识产权人的诉讼负担。笔者认为，考虑到目前在中国提起的知识产权侵权纠纷或与知识产权合同有关的纠纷基本上是与中国的知识产权有关，很少涉及外国的注册类知识产权在中国的侵权行为，在涉及知识产权合同与侵权的纠纷中，若被告以注册类知识产权的注册和效力作为抗辩理由或提出反诉时，可由受理侵权的法院管辖，即由我国的法院一并审理。

（二）涉外知识产权合同纠纷的管辖权规则的完善

实践中，涉外知识产权合同的类型呈多样化，除了常见的许可和转让合同外，还有开发协议、分销协议、特许权经营协议等，在互联网纠纷中还可能存在销售协议。在涉外知识产权诉讼中，尤其是涉及互联网知识产权纠纷，被告住所地以及合同履行地均具有一定的不确定性，由此确定管辖法院也是一个难题。为了避免无法明确知识产权合同项下义务和履行地点，可以参考适用《ALI原则》中脱离主债务履行国管辖权规则确定恰当的连接点。笔者认为，对于协议管辖的规定，可以进一步扩大至合同法允许的原告住所地、被告住所地、合同签订地、合同履行地和标的物所在地以外的其他与争议有实际联系的地点。除了知识产权的本体法律关系问题外，知识产权的任何问题都可以纳入协议管辖的范围之内。

（三）知识产权侵权纠纷的管辖权规则的完善

网络无国界性的特点决定了在网络空间中很难确定侵权行为的行为地以及被告的住所地。在虚拟的网络空间中，人们可以从事多种活动，并由此产生多种法律关系，这也给传统的侵权管辖制度带来了挑战。国际社会也正在努力尝试统一有关知识产权适用的规则，一些国家的立法与司法实践也积累一些有益的经验，我国有必要对知识产权侵权问题中某些独有特征进行研究，适时在立法中对于涉外知识产权侵权的管辖问题加以规定。

（四）增加平行诉讼的解决方法

近年来，涉及知识产权的平行诉讼越来越常见，大多发生在知名的技术类公司之间。这些知名的技术类公司在中国也多有投资，中国便成为这些公司发起平行诉讼的热点区域之一。当前我国关于解决平行诉讼的法律规范并不多，即使有也并不完善。当发生这类诉讼时，一般是从司法管辖权的独立性出发，并不太考虑中国以外地域同时发生的其他诉讼。为了简化诉讼和防止重复诉讼，应当尽快完善平行诉讼的相关规定。

（五）增加合并管辖的规定

《ALI 原则》、日韩共同提案和《CLIP 原则》均有对合并管辖的规则拟定。在知识产权侵权案件中，多个被告的情况并不罕见，有时一个原告可以同时针对成百上千的被告提起侵权诉讼，为了方便原告主张权利和节省司法资源，可以允许被告在任一被告所在地法院对多被告提起诉讼，如果原告在中国有居所，也可以允许在原告居住地法院对多被告提起同类侵权案件，以避免因不同诉讼而导致不同判决的风险。

第三节　我国涉外知识产权纠纷的法律适用

一、我国涉外知识产权纠纷法律适用的基本情况

从改革开放前期的外商投资的涌入，到近年来中国企业走出去投资的热潮，表明我国经济正与世界经济的融合日趋紧密，相应地与无形资产相关的涉外知识产权纠纷大幅增长。我国法院处理的一些涉外知识产权案件备受国内外关注，这些案件大都涉及国外企业的核心技术，属于无形资产但价值巨大。正因为此，我国法院知识产权的审判理念、法官素质、裁判能力也是国外的瞩目的焦点。此外，最近两年间，拥有自主知识产权的国内企业法律意识日渐增强，对侵犯其知识产权的国外企业也敢于"亮剑"，无论是在我国境内起诉还是在国外起诉，胜诉的案件逐渐增多。但据最高人民法院知识产权庭介绍，我国知识产权案件量的快速增长与社会各界对知识产权司法公正的需求还存在较大的差距，特别是在审判机制的创新与审判质效的提高，新情况新问题的研究方面都需要不断地提高。从事知识产权的专业化审判力量亟需加强。

众所周知，知识产权法具有属地性与知识产权具有地域性，这些特性就决定了涉外知识产权民事法律关系一般不适用冲突规范的调整方法，而是直接适用国内法，或在国内法与我国缔结或参加的国际条约不一致时适用国际条约的规定。

　　无论是专利权、商标权、著作权或是其他知识产权，我国对与外国人的知识产权给予保护的法律依据均是我国的相关知识产权法律和法规。例如，在我国境内有营业所或者经常居住地的外国人，以及在我国境内没有营业所或经常居住地但其所属国同我国订有双边协定或者是有共同缔结或参加的国际条约，或者存在互惠保护的外国人，可依照我国专利法的相关规定，在我国申请、获得专利并受我国专利法的保护。尽管法律关系具有涉外因素，当发生专利权争议并在我国法院寻求保护时，法院只能适用我国法律。在商标方面，我国商标法采用注册原则，但根据《中华人民共和国商标法》第十三条的规定，我国法律同样保护未在我国注册的驰名商标。对未在我国注册的驰名商标的认定，应否受到我国法律的保护均是依据我国法律规定而判定的。在著作权方面，外国人、无国籍人的作品同样通过《中华人民共和国著作权法》第二条第二、三、四款的规定受中国法律的保护。①

　　二十多年来，我国积极缔结或参加许多知识产权方面的国际条约，《巴黎公约》和《伯尔尼公约》是两个最核心和基本的知识产权国际性公约。这两个公约确立了国民待遇原则、独立保护原则和最低保护原则。因此，在涉外知识产权审判中，除我国法律另有规定的外，对于要求我国法院提供知识产权法保护的，首要考虑的是当事人所属国与我国是否存在共同参加或共同缔结的国际性知识产权公约，在公约中我国是否承诺给该国国民知识产权保护；其次，要考虑我国相关法律规定的知识产权保护标准，是否达到了公约规定的要求。只有我国法律规定的保护标准与公约规定不同或低于公约规定的保护水平时，才适用公约的规定。②

---

　　①　外国人、无国籍人的作品根据其作者所属国或者经常居住地国同中国签订的协议或者共同参加的国际条约享有的著作权，受本法保护。外国人、无国籍人的作品首先在中国境内出版的，依照本法享有著作权。未与中国签订协议或者共同参加国际条约的国家的作者以及无国籍人的作品首先在中国参加的国际条约的成员国出版的，或者在成员国和非成员国同时出版的，受本法保护。

　　②　《北京市高级人民法院关于涉外知识产权民事案件法律适用若干问题的解答》第四条。

自从我国加入世界贸易组织，《与贸易有关的知识产权协议》（即《TRIPs 协议》）就对我国产生约束力。目前我国法院能否直接援引《TRIPs 协议》作为裁判已经明确，包括《TRIPs 协议》在内的世界贸易组织的协定在我国国内法上并不具有直接效力，只有我国根据《TRIPs 协议》制定或者修改国内法律后，方可依据国内法的具体规定予以履行。因此，法院不能直接援用该类协议作为裁判的依据。①

另外，就某一知识产权纠纷涉及多个国际公约约调整时，应如何适用的问题。有一种观点认为，如果我国与有关国家同时都是这些公约的成员国时，如何适用公约取决于公约之间的关系。比如，涉及著作权的涉外纠纷，可能同时存在《伯尔尼公约》和《世界版权公约》等，由于《伯尔尼公约》规定的保护水平要高于《世界版权公约》，又根据《世界版权公约》第 17 条的解释，② 《伯尔尼公约》应优先适用，因此，只需要援引《伯尔尼公约》解决纠纷即可。③ 笔者同意此观点。

二、我国涉外知识产权纠纷法律适用的立法现状及司法实践

（一）《涉外民事关系法律适用法》颁布之前

在 2011 年 4 月 1 日实施的《中华人民共和国涉外民事关系法律适用法》（以下简称《涉外民事关系法律适用法》）之前，我国并没有单独针对知识产权的冲突规范，有关涉外知识产权的法律适用方面的规定主要散见于《中华人民共和国民法通则》和各有关知识产权部门法中的简要规定，涉外知识产权法律适用的规定严重匮乏。1993 年 12 月，最高人民法

---

① 最高人民法院原副院长李国光于 2003 年 2 月 13 日在全国法院行政审判工作会议上的讲话；《北京市高级人民法院关于涉外知识产权民事案件法律适用若干问题的解答》第十四条。

② 只要涉及所保护的某些作品，按《伯尔尼公约》规定，其原出版国家是伯尔尼联盟的国家的一个成员国，世界版权公约即不应适用于伯尔尼联盟各国的关系上。

③ 参见陈锦川：《涉外知识产权民事法律关系的调整及法律适用—下篇：法律适用篇》，载《电子知识产权》2005 年第 3 期，第 40 页。

院发布的《关于深入贯彻执行〈中华人民共和国著作权法〉几个问题的通知》，是当时各级法院处理涉外著作权法律适用问题的主要法律依据。该通知第二条就涉外著作权案件的法律适用与司法管辖问题作了简单规定，即各级人民法院在处理具有涉外因素的著作权纠纷时，应当适用《中华人民共和国著作权法》以及其他法律法规的规定。如果我国法律的规定与我国缔结或参加的国际公约不一致的，应当适用该国际公约，但公约中声明保留的除外。如果我国国内法与我国已缔结或参加的国际公约均未规定，适用国际惯例。① 该规定是涉外著作权案件法律适用的早期规定，是法院地法的体现。

2001 年 10 月修订的《中华人民共和国著作权法》第二条第三、四款规定，对外国人的作品，不论其出版的地点是在中国境内还是境外，均受我国著作权法的保护，反映了涉外著作权纠纷专属管辖的特性。②

与知识产权有关的合同、侵权行为的法律适用则需要结合民法通则、合同法和相关司法解释中有关合同和侵权行为的法律适用，使得涉外知识产权的法律适用问题变得异常盘根错节。

（二）《涉外民事关系法律适用法》颁布之后

2011 年 4 月 1 日实施的《涉外民事关系法律适用法》，对涉外知识产权纠纷的法律适用问题作出了专章规定，这是中华人民共和国成立以来首部单行的冲突法文本，该法在某些内容上仍需要进一步改进和完善。有关知识产权的法律适用列在第七章，仅有三条规定，略显单薄，无论在理论

---

① 《最高人民法院关于深入贯彻执行〈中华人民共和国著作权法〉几个问题的通知》第二条规定："……审理涉外著作权案件，应适用《中华人民共和国著作权法》等法律、法规；我国国内法与我国参加的国际条约有不同规定的适用国际条约，但我国声明保留的除外；国内法和国际条约都没有规定的，按对等原则并参照国际惯例进行审理。"

② 《中华人民共和国著作权法》第二条第三、四款规定："外国人、无国籍人的作品首先在中国境内出版的，依照本法享有著作权；未与中国签订协议或者共同参加国际条约的国家的作者以及无国籍人的作品首次在中国参加的国际条约的成员国出版的，或者在成员国和非成员国同时出版的，受本法保护。"

界还是实务界，仍存在较大争议。①

1. 涉外知识产权本体关系的法律适用

如本书第四章所述，知识产权法律关系可分为知识产权合同关系与知识产权侵权关系、知识产权本体关系。知识产权本体主要指知识产权的主体、客体与内容三个方面。知识产权本体关系是与知识产权的主体、客体及内容有关的法律关系，因此，知识产权本体关系包括知识产权的成立、内容、范围、效力和终止等问题。有关知识本体关系的争议既可能是独立的案件，也可能是附带的法律问题，如知识产权权属纠纷等。

（1）涉外知识产权的归属和内容

《涉外民事关系法律适用法》规定，被请求保护地法适用于因知识产权的归属和内容引发的纠纷。②知识产权的归属即系知识产权的所有权问题。该法第四十八条并没有具体指明知识产权的内容应该包含哪些方面。有观点认为："应结合该章中有关涉外知识产权合同关系和侵权关系的另外两条法律适用规定，对知识产权的内容进行体系性解释。从体系逻辑上看，另外两个条款与第四十八条之间形成特殊规定与一般规定的关系。原则上，第四十八条的适用范围包括知识产权合同关系和侵权关系之外的其他知识产权事项。故此，知识产权的取得、效力、范围、期限、终止等问题均属于广义的知识产权的内容。"③笔者虽然认为此种解释未免有些牵强，但在法律或司法解释对此有明确规定之前，为了便利涉外知识产权案件的审理，可暂且作此理解。

由上述规定可以看出，被请求保护地法律在涉外知识产权关系的法律适用中具有基础性地位。鉴于被请求保护地具体含义不清，其表达方式又

---

① 参见齐爱民、何培育：《涉外知识产权纠纷的法律适用——兼评〈涉外民事关系法律适用法〉相关规定》，载《知识产权》2011 年第 2 期，第 120－124 页。

② 《中华人民共和国涉外民事关系法律适用法》第四十八条规定："知识产权的归属和内容，适用被请求保护地法律。"

③ 参见吴文灵、朱理：《涉外知识产权关系的法律适用——涉外民事关系法律适用法第七章为中心》，载《人民司法》2012 年第 9 期，第 56 页。

不符合中文的表达习惯，有必要正确理解其含义。①

首先，被请求保护地最初见于《伯尔尼公约》第5条第（2）款中的"the laws of the country where protection is claimed"一词，在国际上的主流观点是将其理解为"被请求提供保护的国家"，或称为"被请求保护国"，或简称为"保护国"，而不是提起保护请求的所在地。因此，被请求保护地不等同于提起保护请求地，即法院地。历史上，许多国家都认为，涉及国外因素的知识产权案件或在国外发生知识产权案件都应由外国法院专属管辖，这实质上是国家的立法管辖权与司法管辖权绝对统一在知识产权领域内的具体体现。然而，随着知识产权带来的巨大经济效益，使得知识产权利用的国际性增加、跨国知识产权纠纷数量增幅较大以及跨国知识产权的法律问题日趋疑难复杂，司法管辖权与立法管辖权的绝对统一存在很多束缚，不利于问题的解决。一些国家从本国利益出发，辅以便利当事人诉讼和提高诉讼效率方面的考虑，对发生在外国的知识产权纠纷或者涉及外国知识产权的案件开始有条件地行使管辖权，并依据冲突规则适用外国法。因此，尽管各国知识产权的效力仅及于其地域范围之内，但并非所有涉外知识产权案件全部由内国专属管辖，他国在一定条件下亦可行使管辖权并适用外国法。这与知识产权的独立保护原则和地域性原则互不抵触。相反，在处理域外产生的知识产权争议中适用外国法，正是地域性和独立保护原则的必然要求，也是尊重该外国立法管辖权的结果。司法管辖权与立法管辖权相分离可能导致法院在对法律适用与案件管辖权问题上进行区别对待。②知识产权权利人可以向任何享有管辖权的法院提起诉讼以寻求司法保护，但受理法院所适用的法律并不必然是法院地法。

其次，《涉外民事关系法律适用法》第五十条规定："知识产权的侵权责任，适用被请求保护地法律，当事人也可以在侵权行为发生后协议选择适用法院地法律。"显然，此处的"被请求保护地法律"并不完全等同于

① 参见吴文灵、朱理：《涉外知识产权关系的法律适用——涉外民事关系法律适用法第七章为中心》，载《人民司法》2012年第9期，第56页。
② 参见吴文灵、朱理：《涉外知识产权关系的法律适用——涉外民事关系法律适用法第七章为中心》，载《人民司法》2012年第9期，第59页。

法院地法律，但也不排除二者重合的可能。

最后，被请求保护地也可能是法院地。如果权利人在权利注册地法院提起请求保护的诉讼，被请求保护地与法院地便是一致的。而我国法院审理的绝大部分涉外知识产权案件中被请求保护地就是法院地。

依据知识产权产生方式的不同，可分为登记产生与自动产生，二者被请求保护地在实践中并不一致，而是存在一定差异。对于需要登记或注册并经有权国家机关授予后产生的专利权和商标权，其地域性决定了该专利或商标能否被授予，其权利的内容和效力如何，这些都需要取决于权利登记地法。因此，对于被请求保护地适用权利登记地法律，是基于权利具有典型的地域性。笔者认为，对于我国商标权与涉外工业产权的专利权而言，被请求保护地法律的实质就是权利登记地法律，这也是完全符合我国利益的。

著作权的取得有别于工业产权，各产权以授予或注册为条件，著作权则不同，是伴随作品的创作完成自动取得。所以，被请求保护地法律的实质是首次发表地法律或权利地法律。

（2）先决问题

先决问题顾名思义就是需要先行予以解决的问题，有时也被称为附带问题。作为知识产权本体关系问题，即权利的成立、权属、范围、内容和终止等内容，往往在知识产权侵权案件中以先决问题出现。对于本体问题适用何种法律则变得至关重要。在《最高人民法院关于适用〈中华人民共和国涉外民事关系法律适用法〉若干问题的解释（一）》（以下简称《法律适用法司法解释》）颁布之前，我国现行立法没有涉及先决问题的法律适用事项。直至中国国际私法学会起草的《中华人民共和国国际私法示范法》（以下简称《示范法》）出台，才对此作出了规定，先决问题作为解决国际民商事纠纷的前置性问题时，应当依据涉案民商事法律关系的性质确定该先决问题所应适用的法律。①

————————

① 《中华人民共和国国际私法示范法》第十五条规定："国际民商事案件或者事项的主要问题的解决依赖另一先决问题的解决时，先决问题所涉及的民商事关系的法律适用应根据本法依照该民商事关系的性质加以确定。"

　　我国理论界与司法实践对这一问题的认识是相同的。上述《示范法》中规定，因著作权的成立、效力和内容引发的纠纷，应当适用权利主张地的法律。①从我国的司法实践来看，北京市高级人民法院所作的《关于涉外知识产权民事案件法律适用若干问题的解答》（以下简称《解答》）对外国人作品的法律适用作出了明确的答复。《解答》指出："对外国人的作品进行保护，适用作品所在国的法律。"②该解答虽不属于司法解释，但无疑对北京地区法院审理类似案件具有参考和指引作用。因此，如果外国人在我国法院对其在外国出版的作品提起诉讼并主张保护的，应依据我国的著作权法对该作品著作权的产生、权利内容和归属等问题进行审查和确认。

　　与"自动保护"不同，专利权的保护前提是必须经过法定的授权程序，才能在一个国家或地区获得保护。因此，先决问题的准据法在专利权侵权纠纷中不难断定。通常，专利纠纷的先决问题如效力事项适用专利登记地国法，这类似于著作权案件中著作权的权属和作者身份事项适用作品来源地法。《示范法》第九十三条明确规定，专利权的成立、内容和效力，适用专利申请地法。

　　最高人民法院于2012年12月28日颁布的《法律适用法司法解释》第十二条对于知识产权纠纷解决中的先决问题专门作出规定，即如果知识产权的本体法律关系问题需要在知识产权合同争议或侵权争议中先行确定，人民法院应该根据先决问题的自身性质和具体情形确定其应当适用的法律。③如专利权的归属和内容，适用被请求保护地法律。具体而言，如果案涉专利是中国的专利，则需要适用中国法。如果涉及外国著作权的归属和内容，则需要适用该外国的著作权法，如果无法查明该外国著作权法的，

---

　　① 《中华人民共和国国际私法示范法》第九十五条规定："著作权的成立、内容和效力适用权利主张地法。"

　　② 北京市高级人民法院是在对"外国人在外国出版的作品是否产生著作权、著作权权利内容和归属等问题，应依哪国法律来确认"的问题中作出上述答复的。

　　③ 《最高人民法院关于适用〈中华人民共和国涉外民事关系法律适用法〉若干问题的解释（一）》第十二条规定："涉外民事争议的解决须以另一涉外民事关系的确认为前提时，人民法院应当根据该先决问题自身的性质确定其应当适用的法律。"

可以适用中国法。

(3) 劳务作品的归属问题

知识产权创造过程往往涉及劳动关系、委托或合作关系等。当存在劳动关系时，各国对知识产权权利归属的适用法律观点不一，司法实践也各具特色。有的国家法律将含权利归属问题在内的全部事项囊括在内。例如荷兰法院在 Hoge Raad 案、德国法院在 Bundersgerichtshof 案中便采用了这种一揽子的解决方式。然而，法国法院在 Iron Curtain 案中则认为，国内法只能决定著作权的保护内容，著作权的原始归属应由作品起源国法律调整。①日本法院的判例在此问题上认定并不统一，有的判例适用保护国法，更多的判例适用劳动关系的准据法对知识产权的权利归属予以认定。

当知识产权归属问题与劳动关系发生复合时，该如何适用法律是一个非常重要的问题。按照通说，在特别规定与一般规定之间作出选择时，一般遵从特别规定优于一般规定的原则，劳动关系的法律适用规则自然优先适用。当知识产权归属问题与劳动关系发生交叉时，该如何选择法律的适用问题也是司法实践面临的难题。有学者认为，劳动者的法律权利应当得到重视并应当适用对其利益保护有利的法律，因此职务作品归属问题的准据法应与劳动合同关系的准据法相同。此外，为了加强知识产权权利归属问题的确定性与稳定性，将劳动合同关系的准据法适用于知识产权权属问题也是合理的。如果不区分具体情况，一概加以适用被请求保护的权利地法律，对同一作品的权利归属的法律适用问题，则可能出现适用不同的被请求保护地法律的情形，而最终可能导致不一致甚至相反的结果。《伯尔尼公约》第 14 条第 (2) 款 (a) 项对电影作品的版权归属明确规定如下："电影作品版权的权利归属适用被请求给予保护的国家的法律。"根据此条冲突规范，电影作品所有权归属的准据法是被请求保护国法。从此条规定可以反映出，被请求保护国法并非绝对适用于版权的权利归属事项，否则上述规定便毫无存在的实际意义，这同时也印证了被请求保护国法律可能

---

① 参见吴文灵、朱理：《涉外知识产权关系的法律适用——涉外民事关系法律适用法第七章为中心》，载《人民司法》2012 年第 9 期，第 57 页。

在某些情形下并不适用的观点。①

2. 涉外知识产权合同关系的法律适用

大多数国家并没有将知识产权合同当作特殊的一类合同对待，而是将其看作一般的民商事合同，自然在选择合同的准据法时也就会适用意思自治原则、最密切联系原则，等等。但如果当事人双方未能对准据法作出选择时，又该如何确定最密切联系地，各国立法对此规定不一。概括而言，主要存在两种做法：（1）将知识产权许可人的住所地、居所地或营业所在地等作为合同的最密切联系地；（2）以被许可人主营业地、惯常居所地等作为最密切联系地。显然，对最密切联系地的认识和确立原则的不同，也会导致保护权利人利益的侧重点不同。前者侧重保护知识产权的权利所有人的利益，后者侧重保护知识产权利用人的利益。

（1）我国对合同法律适用的一般规定

关于合同法律适用的一般规定，我国民法通则第一百四十五条以及合同法第一百二十六条的规定基本一致，即尊重和体现当事人意思自治，在处理涉外民商事合同纠纷中，允许当事人协议选择解决争议所适用的法律。当事人没有协议选择的，适用与合同争议具有密切联系地国法律。②又如，我国《涉外民事法律关系适用法》第四十一条也有类似的规定："当事人可以协议选择合同适用的法律。当事人没有选择的，适用履行义务最能体现该合同特征的一方当事人经常居住地法律或者其他与该合同有密切联系的法律。"可见，在我国法律中关于涉外合同的法律适用规则并不存在单一的模式，而是区分情况，在选择适用上规定优先顺序：

①充分体现意思自治原则，将当事人协议选择合同争议所适用的法律放在合同准据法的优先地位。但必须符合下列条件：一是双方当事人协商一致是意思自治原则的核心，包括书面形式等的明示选择以及以行为表示

---

① 参见吴文灵、朱理：《涉外知识产权关系的法律适用——涉外民事关系法律适用法第七章为中心》，载《人民司法》2012 年第 9 期，第 59 页。

② 《中华人民共和国合同法》第一百二十六条规定："涉外合同的当事人可以选择处理合同争议所适用的法律，但法律另有规定的除外。涉外合同的当事人没有选择的，适用与合同有最密切联系的国家的法律。"

同意的默示；二是当事人作出的选择不得违反我国法律的强制性规定和社会公共利益。

②只有在当事人之间未对准据法进行事前协议选择时才考虑适用最密切联系原则。特征性义务履行地法就是与合同有最密切联系的法律。当然，当事人的住所地或营业地、合同的签订地、履行地也是考量最密切联系地的因素，实际赋予了法官一定程度的自由裁量权。

③上述法律未作规定的，一般可以参照适用国际公约或国际惯例。国际公约或国际惯例的适用实际是对国内法不足或欠缺的补充。在某一具体案件中，从国内法中无法找出适当的法律规范时，国际公约或国际惯例可能就会成为参考的依据。当然，国内法律规定与我国缔结或参加的国际条约有不同规定的，适用该国际条约的规定，但我国声明予以保留的除外。①

（2）涉外知识产权合同法律适用的具体规定

我国《涉外民事关系法律适用法》允许当事人就知识产权转让与许可引发的纠纷协议选择所适用的法律。如果当事人没有协议选择的，适用与合同有关的规定。②从立法本意可以看出，对于涉外知识产权合同纠纷，该法并没有规定特殊的冲突规则，而是适用一般涉外合同的法律适用规则。

由于知识产权问题的复杂性，《涉外民事关系法律适用法》第四十九条的适用也会遇到一些的问题。根据《涉外民事关系法律适用法》第四十八条的规定，作为知识产权本体关系的权利归属和内容应适用被请求保护地法律。又结合该法第四十九条规定看，只有知识产权纯合同关系，如知识产权许可使用合同与知识产权转让合同允许当事人协议选择所适用的法律，而不允许当事人就知识产权本体关系的法律适用进行协议选择。可见，当事人意思自治在知识产权合同的法律适用时也受到一定限制。如果当事人没有选择的，根据该法第四十一条的规定，则可以依据特征性履行确定最密切联系地，进而确定所应适用的法律。

---

① 《中华人民共和国民事诉讼法》第二百六十条。

② 《中华人民共和国涉外民事关系法律适用法》第四十九条规定："当事人可以协议选择知识产权转让和许可适用的法律。当事人没有选择的，适用本法对合同的有关规定。"

虽然《涉外民事关系法律适用法》第四十九条并没有规定知识产权合同准据法的适用范围，但知识产权地域性决定了其产生、权利内容与效力等事项上必然适用知识产权许可或转让合同的合同履行地的法律。因此，《法律适用法司法解释》第三条专门将知识产权领域法律的特别规定设置为特别法，而依据冲突规范确定的知识产权合同准据法只能适用于合同事项。①

3. 涉外知识产权侵权的法律适用

（1）被请求保护地法

我国《涉外民事关系法律适用法》第五十条规定，因知识产权纠纷引发的侵权责任，一般应当适用被请求保护地法律。但是，当事人协议选择法院地法的也同样有效。②此条采纳了理论界的通说，即处理因知识产权侵权行为产生的侵权责任，应适用被请求保护地国家的法律。这里的被请求保护地法律指的是被请求保护的权利地。被请求保护地既包括当事人认为其享有某项权利的权利所属地，也包括当事人主张权利保护的提出地。

由于知识产权的独立保护原则与地域性特征，侵权行为发生地往往成为原告起诉地，此时，被请求保护地与侵权行为地或法院地是一致的，被请求保护国也是法院地国。但是，有时侵权行为地与法院地或被请求保护地并不一定相同。例如，依据该被请求保护国法律的规定，发生在被保护请求地国之外的任何侵权行为依然属于侵犯其内国知识产权的行为时，侵权行为地和法院地便是一致的，但并非被请求保护地。当侵权行为结果地与侵权行为实施地分别处于不同法域时，将会出现多个侵权行为地法。而且，随着科学技术和网络技术的发展，侵权行为发生的即时性和跨国性，可能会造成一个侵权行为产生诸多侵权行为地，在此情况下，单纯适用侵权行为地法无法解决现实问题，需要更加灵活的适用规则。基于知识产权

---

① 参见吴文灵、朱理：《涉外知识产权关系的法律适用——涉外民事关系法律适用法第七章为中心》，载《人民司法》2012年第9期，第93页。

② 《中华人民共和国涉外民事关系法律适用法》第五十条规定："知识产权的侵权责任，适用被请求保护地法律，当事人也可以在侵权行为发生后协议选择适用法院地法律。"

的地域性和独立保护原则，虽然侵权发生在多国或多地，但它们都具有各自独立性，应该分别适用各个被请求保护地的法律。与适用侵权行为地法相比，被请求保护地法更具确定性。适用被请求保护地国家的法律有利于查明侵权事实以及判定其相应的法律责任，亦符合知识产权的地域性特点。

（2）法院地法

《涉外民事关系法律适用法》第五十条规定："对知识产权的侵权责任，当事人也可以在侵权行为发生后协议选择适用法院地法律。"正是考虑到被请求保护国可能不同于法院地国，该法第五十条才允许当事人可以协议选择适用法院地法。这种立法模式充分发挥了当事人自治原则的能动性，在确保管辖权的确定性和可预见性、避免外国法查明的诉累等方面，其优越性和独立价值得到了充分体现。

《涉外民事关系法律适用法》第五十条允许当事人在侵权行为发生后协议选择法院地法律，可以说是我国立法上的创新。在侵权领域允许当事人协议选择法院在各国立法和司法实践中并不多见。《欧洲议会与欧盟理事会关于非合同之债的法律适用》（《罗马条例 II》）第 8 条第 3 款就明确规定在知识产权侵权领域内禁止当事人协议选择准据法。实践中，法院地在大多数情况下也同时是侵权行为地或被请求保护地，我国立法基于效率和便利的考虑，在知识产权侵权领域引入意思自治，即将当事人意思自治的范围限制为只能协议选择法院地法，有其一定的合理性。

但是，也有学者认为当事人选择法院地法有可能破坏知识产权地域性特征。[①] 其理由主要为：物权的域外保护虽为共识，而知识产权的地域性始终阻碍了该理论在知识产权领域的发展。因此，其合理性有待进一步论证。笔者对此持保留意见，原因在于，虽然法律允许在侵权行为发生后当事人协议选择适用法院地法律，但是由于权利人和侵权人的对立关系，实践中却是很难达对此成一致的，而且，当事双方也不太可能无理性地选择

---

① 参见齐爱民、何培育：《涉外知识产权纠纷的法律适用——兼评〈涉外民事关系法律适用法〉相关规定》，载《知识产权》2011 年第 2 期，第 124 页。

非被请求保护国以外的法律作为准据法。虽然法院地法在名称上似乎与知识产权的"地域性"无缘，但是实际生活中还是基本保持一致的。所以，上述学者对此的担忧并不存在。

基于知识产权的地域性特征，多数国家的立法实践是将知识产权的产生、效力、存在与权利范围事项上适用保护国的法律，因知识产权地域性导致适用保护国法的立法模式赋有强制性规则的色彩。因为仅仅涉及约定的财产性关系，对知识产权侵权责任的承担方式和损害赔偿内容是可以通过当事人协议选择法律的方式解决的。此种情况下，不难理解法院地法被优先考虑选择适用的做法。从这个意义上讲，在侵权行为发生后仅允许当事人协议选择法院地法的做法具有一定合理性，实践操作性也较强。①

（3）一般规定与特别规定

我国《涉外民事关系法律适用法》第四十四条规定，因侵权行为而引起的侵权责任，应当适用侵权行为地法律，但当事人有共同经常住所地的，应当适用共同经常住所地。当事人于侵权行为发生后协议选择法律的，适用该协议选择的法律。显然，本条是对一般侵权民事责任的法律适用所作的规定。第五十条则是关于知识产权侵权的特殊规定。因此，第四十四条与第五十条构成一般与特殊的关系，按照特别规定优与一般规定的原则，第五十条的适用一般情况下应得到优先考虑。故此，在有共同居所地的双方当事人在侵权行为发生后协议选择法院地法律的情况下，不得再适用共同居所地法律，而应优先适用当事人选择的法律。再结合公共政策性和独立保护原则以及知识产权的地域性，若允许适用当事人在侵权行为后协议选择非法院地的其他保护国法也是不合适的。②

---

① 参见冯术杰：《论知识产权冲突规则的拟定——保护国法主义与分割论的结合适用》，载《法学》2005 年第 3 期，第 103 页。

② 参见吴文灵、朱理：《涉外知识产权关系的法律适用——涉外民事关系法律适用法第七章为中心》，载《人民司法》2012 年第 9 期，第 62 页。

三、我国涉外知识产权法律适用存在的问题与建议

(一) 目前我国涉外知识产权法律适用的司法实践及存在的问题

自我国加入世界贸易组织以来，经济快速增长，在世界经济中占有举足轻重的位置，扮演着重要角色。相应地，涉外知识产权案件呈现大幅增长的趋势。由于科技的发展，不可避免地带来知识产权问题的复杂性，在涉外知识产权民事关系法律适用中，主要显现以下几个方面的特点：

1. 涉外知识产权审判中较少直接适用外国法

正是由于知识产权的地域性特征，我国法院审理的合同类和侵权类纠纷中，很少直接适用外国法的情形。大致可以归结于下述两个主要原因：一是涉外知识产权案件的当事人主张的是在中国的知识产权，其权利的产生、效力、归属和内容自然应该根据中国的知识产权法律来确定；二是当发生知识产权侵权且一方当事人选择在中国诉讼时，多依据中国民事诉讼法的规定，选择在侵权行为地或被告所在地提起诉讼，结合知识产权的独立保护原则与地域性特征，被告的行为是否构成侵权则应当依据法院地法来认定。

2. 关于外国人在我国主张权益的法律依据不明确

我国专利法、商标法、著作权法等有关知识产权的法律中明确规定了我国对于外国人的发明、商标、作品等受保护的条件和程序。如对于专利权和商标权，外国人必须依法定程序申请、审查、批准后才能取得权利和受到保护。不能因主张权利的外国人在他国享有著作权、专利权、商标权，就自然在我国享有相应的权利。法院在审理涉外知识产权纠纷案件时，尤其是不正当竞争纠纷案与著作权纠纷案，首先应依法确认作为原告的外国人是否属于我国诉讼法上的适格主体，诉请是否受法律保护，而且应在相应的法律文书中体现确认的事实和理由。

(二) 对我国涉外知识产权法律适用的几点建议

《涉外民事关系法律适用法》于 2010 年 10 月 28 日颁布，并将于 2011

年 4 月 1 日起正式实施,其中涉及知识产权部分仅规定了三条,即第七章的第四十八条至第五十条。该部法律的颁布实施虽然引起国际私法学界的关注,但是由于条文简单,可操作性不强,对法院审判工作影响不大。

但是,我国的涉外知识产权案件数量自 2008 年以后呈逐年上升趋势,同时随着新技术和互联网的发展,出现了许多新类型案件,重大复杂疑难案件也在不断增加。目前仅有的三条规定难以适应我国涉外知识产权审判的需要。笔者结合目前我国涉外知识产权案件的发展趋势和需求,就《涉外民事关系法律适用法》中知识产权部分提出以下几点建议:

1. 建议增加"知识产权的取得、范围和效力等事项适用被请求保护地法律"

《涉外民事关系法律适用法》第四十八条规定:"知识产权的归属和内容,适用被请求保护地法律。"该条规定在连接点的选择和冲突规范的范围上均值得商榷。一是第四十八条规定的"归属和内容"范围过于狭窄,无法完全涵盖知识产权权利本体纠纷类型。比如,通常知识产权的归属多涉及合作、委托合同中对知识成果的权利归哪一方所有,并不能完全涵盖通过我国法定程序取得的专利权或商标权等权利的成立、内容和效力等问题。二是按主流观点,知识产权侵权法律纠纷中一般适用被请求保护地法律,而知识产权效力和确权纠纷中适用权利来源地法更为恰当。具体适用规则可设定为:著作权的取得,适用作品最初发表地的法律;专利权的效力、取得与内容,适用专利登记地的法律;商标权的效力、取得与内容,适用商标注册地的法律。① 因此,建议增加上述明文规定。

2. 建议增加关于涉外合作完成的知识产品权利归属的法律适用规定

我国司法实践中,法官需要对当事人主张权利的客体是否构成作品、权属问题首先作出认定。关于合作、委托或者职务行为产生的知识产权的原始归属以及利益分配问题在涉外知识产权案件中往往比较棘手,为提高办案效率和司法的统一性,建议增加明文规定,并尽量考虑到我国权利人

---

① 参见齐爱民、何培育:《涉外知识产权纠纷的法律适用——兼评〈涉外民事关系法律适用法〉相关规定》,载《知识产权》第 2011 年第 2 期,第 124 页。

的利益。建议规定为"对于合作完成的知识产品，知识产权的原始归属，适用相关合作合同应当适用的法律。对于因聘用或者委托完成的知识产品，知识产权的原始归属，适用相关劳务合同或者委托合同应当适用的法律。"

3. 建议增加关于涉外不正当竞争和限制竞争行为的法律适用规定

即增加"不正当竞争或垄断行为的法律责任，适用受到实质影响的市场所在地法律。"

虽然广义上可以将不正当竞争或者垄断行为归于侵权行为，但是其与一般侵权行为有不同之处，不宜直接适用关于侵权的规定。不正当竞争行为顾名思义就是超出正常竞争所允许限度的一种非正常经营活动。垄断行为则是限制竞争，攫取垄断利益，破坏的正常市场经济秩序。对于不正当竞争和垄断行为的法律适用有所不同，反不正当竞争侵权行为主要采取的是不告不理、事后救济的原则，可以更多地适用当事人自治的侵权之诉；而反垄断侵权行为在法律适用上偏重事前管制和行政手段，专门的反垄断执法机关以及民事和行政的公诉也属不可或缺。近年来有关反垄断的案件数量也呈上升趋势，因此，建议在知识产权专章中增加相关规定。

4. 建议增加涉外网络知识产权侵权行为的法律适用规定

网络空间的全球化和虚拟化使得传统涉外侵权法律适用规则受到冲击。在网络环境的知识产权侵权领域，僵化地适用传统规则和完全运用新的法律适用规则都是不可取的，相反，应以现行知识产权理论和实践为前提和基础，考虑网络空间的特点，以及知识产权保护的地域性、自身的复杂性、知识产权法的政策性对法律适用的影响，制定一套网络环境下切实可行的法律适用规则。笔者建议，在网络环境下的法律适用，应以被请求保护地为原则，运用有限的意思自治原则及最密切联系原则，并结合侵权行为地、当事人住所地、国籍等因素。同时，还应当考虑到知识产权已经成为各国维护国际利益、争夺国际竞争力的重要武器这一国际大环境。通过合理的制度设计来最大限度地维护我国的国家利益。

我国《涉外民事关系法律适用法》并没有对网络环境下的知识产权侵权行为所应适用的法律作出专门规定。关于网络知识产权侵权法律适用的规范，日韩共同提案与《CLIP 原则》中均有所体现，如其中的"无处不在之侵权"法律适用规则，可供我国立法和司法实践予以借鉴，创设出符合我国实际的"无处不在之侵权"适用规则。被请求保护地法律同样可适用于通过网络实施的知识产权侵权纠纷。但是，网络侵权行为具有即时性和全球性的特点，侵权行为很可能会发生在许多国家，被请求保护地法律也将会呈现多种多样，由于被请求保护地法律的多样性其适用的结果也必不一致。解决这个问题，只有适当限缩被请求保护地的范围，这样才能使被请求保护地法律具有可预见性和确定性。《涉外民事关系法律适用法》亦未对垄断行为以及不正当竞争行为引起的纠纷的法律适用问题作出特别规定，上述两种行为也属于广义意义上的侵权行为，被请求保护地法律同样可以适用于由这些行为造成的侵权责任。

5. 采用分割论对涉外知识产权法律适用

从上述论述可以看出，在涉外知识产权法律适用方面，我国国内立法尚存在诸多不足，如果从立法层面上解决不好，也会造成司法实践无所适从的尴尬境地。借鉴国际社会和国外立法与司法的实践经验，有助于完善我国涉外知识产权法律适用的相关立法和司法实践。

针对知识产权的不同类型、不同权能以及不同的特征，我国适宜采用"分割论"的做法。根据我国著作权法的相关规定，著作权无需登记或注册而自动获得保护，因此，适宜采用作者的属人法；而结合网络侵权的特点，对于网络著作权的法律适用，适宜采用保护国法律或侵权行为地法；对于专利权和商标权适宜适用申请地或登记地法，同时可以考虑增设多种连接点，"软化"连接点的处理方法，将当事人意思自治以及最密切联系原则引入知识产权侵权与合同的部分领域等。比如，对于因网络著作权侵权产生的纠纷，除采用传统的被请求保护国法、侵权行为地法、作品来源国法、允许当事人意思自治所选择的法律外，还可以以网络环境下的作品首次上载地或者作品的首次出版地为连接点，适用作者的所属国法。

中国国际私法学会起草的《示范法》，属于学术研究的成果，可供司法机关、立法机关以及法学科研单位、法学院校参考使用，并不具有规范性效力，但其关于涉外知识产权法律适用的规定有其一定的合理性。《示范法》采用"分割法"针对涉外知识产权中的著作权、专利权、商标权以及其他知识产权不同方面的法律适用问题分别予以划分，有其一定的合理性，也适应了国际私法立法趋势。《示范法》中规定，因专利权成立、效力与内容而产生的纠纷，应当适用专利申请地法律；因商标权的成立、效力与内容而产生的纠纷，应当适用专利申请地法律；因著作权的成立、效力与内容而产生的纠纷，应当适用权利主张地法律。①上述规定与国际通行做法并无区别。关于其他知识产权类型的法律适用问题，《示范法》第九十五条采取了灵活的立法技术与立法方式，创设了选择性冲突规范，并且设置了兜底性条款。该条明确规定，因属于知识产权范围的其他权利引发的纠纷，应当适用权利主张地或者权利登记地法律。②根据知识产权合同关系中雇佣合同的特点，对涉及雇佣合同的内容作了扩展性规定。《示范法》第九十七条规定，知识产权合同适用本法关于合同的一般性规定。第九十八条规定："有关受雇人在职务范围内取得的知识产权，适用调整雇佣合同的法律。"《示范法》第一百零一条根据最密切联系原则与意思自治原则规定，因雇佣合同引发的纠纷，应当适用劳务实施地法。第九十九条规定："知识产权侵权的法律救济，适用请求保护地法。"

笔者认为，我国涉外知识产权法律适用规则的制定应以我国涉外民事关系法已经确立的基本原则为核心，结合跨国知识产权的特性，参考和借鉴国外优秀的立法模式和经验，兼以维护我国的国家和国民利益和利于促进知识产权的国际私法合作为出发点而有序推进。

---

① 《中华人民共和国国际私法示范法》第九十三条规定："专利权的成立、内容和效力，适用专利申请地法"。第九十四条规定："商标的成立、内容和效力，适用注册登记地法。"这两条的规定与世界上的通行做法相吻合。第九十五条规定："著作权的成立、内容和效力，适用权利主张地法。"

② 《中华人民共和国国际私法示范法》第九十五条规定："属于知识产权范围的其他有关权利，其成立、内容和效力，适用权利登记地或者权利主张地法。"

第四节　我国涉外知识产权判决的承认与执行

有关承认与执行外国判决的程序与条件，在我国民事诉讼法第二百八十二条、《2015 民诉法解释》以及司法协助的双边条约中均有规定。截至目前，尚没有对知识产权事项中的国际私法问题作出专门规定。因此，对于外国知识产权判决的承认与执行，仍需要参照适用外国判决承认与执行的一般理论。

一、我国承认与执行外国法院判决的立法现状及司法实践

（一）承认与执行外国判决的法律制度

目前，对于外国判决的承认与执行的问题，我国并没有形成完整法律制度，但已有初步的法律规定。这些法律规定主要包括三类：一是参加的国际条约，如 1969 年《国际油污损害民事责任公约》。二是双边司法协助协定。截至 2016 年 7 月，我国已与外国缔结 39 项民商事司法协助（36 项生效）。①在这些条约中，均规定了相互承认与执行对方国法院判决的条款。三是国内立法。在我国民事诉讼法以及《2015 年民诉法解释》等均有一些规定。我国民事诉讼法对于外国判决的承认与执行的程序与条件作出专门规定，比如，申请承认与执行外国判决的，应当由申请人向有管辖权的中级人民法院提出请求；②外国法院作为申请主体的，必须符合两国共同缔结或参加的国际公约的规定，或者具有互惠的情形；对外国法院判决的承认

---

① 参见外交部网站：http：//www. fmprc. gov. cn/web/ziliao_ 674904/tytj_ 674911/wgdwdjdsfhzty_ 674917/t1215630. shtml，2016 年 12 月 3 日最后访问。

② 《中华人民共和国民事诉讼法》第二百八十一条规定："外国法院作出的发生法律效力的判决、裁定，需要中华人民共和国人民法院承认与执行的，可以由当事人直接向中华人民共和国有管辖权的中级人民法院申请承认和执行，也可以由外国法院依照该国与中华人民共和国缔结或者参加的国际条约的规定，或者按照互惠原则，请求人民法院承认和执行。"

与执行，不得违反我国法律的基本原则与社会公共利益；等等。① 《2015年民诉法解释》对外国法院判决承认与执行作出了更具司法操作性的规定，比如，对于既没有共同缔结或参加的国际公约，也没有互惠关系的，应当以裁定的方式驳回当事人申请，但对于外国法院作出的离婚判决除外；②在既无双边司法协助条约又无互惠关系的情况下，外国法院未通过外交途径要求提供司法协助的，应当予以退回。③由此可见，我国承认与执行外国判决的条件和程序与其他国家的通行做法大致相同，需具备如下条件：

1. 外国判决已经发生法律效力且具有终局性

外国判决只有在作出国生效，才能获得承认。同理，倘若判决在作出国尚未发生法律效力，自然也不会获得被请求国的承认与执行。我国与一些国家所签订的司法协助条约中，都将此列为前提条件。如我国与罗马尼亚签订的《中华人民共和国和罗马尼亚关于民事和刑事司法协助的条约》第二十二条"拒绝承认与执行"中规定："根据作出裁决一方法律，该裁决不具有法律效力和不能执行。"

2. 存在双边条约或者国际条约或者存在互惠关系

关于我国对外缔结司法协助条约有关外国判决承认与执行情况。截至

---

① 《中华人民共和国民事诉讼法》第二百八十二规定："人民法院对申请或者请求承认和执行的外国法院作出的发生效力的判决、裁定，依照中华人民共和国缔结或者参加的国际条约，或者按照互惠原则进行审查后，认为不违反中华人民共和国法律的基本原则或者国家主权、安全、社会公共利益的，裁定承认其效力，需要执行的，发出执行令，依照本法的有关规定执行。违反中华人民共和国法律的基本原则或者国家主权、安全、社会公共利益的，不予承认和执行。"

② 《最高人民法院关于适用〈中华人民共和国民事诉讼法〉解释》第五百四十四条规定："当事人向中华人民共和国有管辖权的中级人民法院申请承认和执行外国法院作出的发生法律效力的判决、裁定的，如果该法院所在国与中华人民共和国没有缔结或者共同参加国际条约，也没有互惠关系的，裁定驳回申请，但当事人向人民法院申请承认外国法院作出的发生法律效力的离婚判决的除外。"

③ 《最高人民法院关于适用〈中华人民共和国民事诉讼法〉解释》第五百四十九条规定："与中华人民共和国没有司法协助条约又无互惠关系的国家的法院，未通过外交途径，直接请求人民法院提供司法协助的，人民法院应予退回，并说明理由。"

2016 年 7 月，我国已与 39 个国家缔结涉及民商事司法协助的双边条约，其表现形式有二：一是民刑事合编的司法协助条约（共 19 项，全部已生效）；二是专门的民商事司法协助条约（共 20 项，17 项已生效）。据统计，有 33 项生效的民商事司法协助条约均有承认与执行外国法院判决的规定。（1）同时承认与执行外国法院裁决和仲裁机构裁决的条约。我国与他国签订的 36 项已生效民商事司法协助条约中，有 25 项同时承认与执行外国法院裁决和仲裁机构裁决，分别为与俄罗斯、乌克兰、吉尔吉斯斯坦、乌兹别克斯坦、波兰、立陶宛、罗马尼亚、土耳其、古巴、埃及、希腊、塞浦路斯、老挝、越南等国签订的民事和刑事司法协助条约以及与法国、意大利、西班牙、保加利亚、摩洛哥、突尼斯、科威特、巴西、阿尔及利亚、秘鲁、波黑等国签订的民商事司法协助条约。（2）仅承认与执行外国法院判决的条约。上述 36 项已生效司法协助条约中，有 8 项仅承认与执行外国法院裁决，分别为与蒙古、白俄罗斯、哈萨克斯坦、塔吉克斯坦、朝鲜等国签订的民事和刑事司法协助条约以及与匈牙利、阿根廷、阿联酋等国签订的民商事司法协助条约。（3）承认与执行的法院判决的类型。上述 36 项已生效司法协助条约中均明确"法院裁决"包括法院对民事案件作出的裁决和对刑事案件中有关赔偿请求和返还财产所作出的裁决。对于刑事附带民事案件，我国与意大利、阿根廷、巴西、秘鲁、波黑签订的司法协助条约中提到承认与执行涵盖"刑事案件中返还财产"的判决，与阿尔及利亚的司法协助条约中为"刑事案件中就民事权利作出的裁判"，其他司法协助条约中的承认与执行仅涉及刑事案件中的"损害赔偿"。部分国家还排除了对特定类型法院判决的承认与执行。如与西班牙的司法协助条约排除了"有关破产和倒闭程序问题造成的损失及因核能造成的损失"① 的裁决，与突尼斯、秘鲁的司法协助条约规定排除了有关"（1）破产、清算和其他类似程序；（2）遗嘱和继承；（3）社会保障；（4）除涉及生活费外

---

① 《中华人民共和国和西班牙王国关于民事、商事司法协助的条约》第十七条。

的保全措施和临时措施"①的裁决。与阿联酋的司法协助条约排除了有关"除支付生活费外的保全措施或临时措施"的裁决。与阿尔及利亚的司法协助条约排除了有关"（1）遗嘱和继承；（2）破产；（3）除扶养案件外的临时保全措施"②的裁决。（4）关于法院裁决的形式。承认与执行的裁决形式包括判决、裁定、调解书，③部分国家还包括决定、④法院批准的和解书、⑤法官就民事案件实体所作的决定，⑥设有仲裁法院的还包括仲裁法院的判决和决定。⑦（5）特殊问题—其他主管机关。部分司法协助条约中还涉及对法院外的其他主管机关所作出的裁决的承认与执行。根据《中华人民共和国和蒙古人民共和国关于民事和刑事司法协助的条约》第二条，"主管机关"系指法院、检察院和其他主管民事或刑事案件的机关。与波兰的司法协助条约中规定"主管机关对继承案件作出的裁决"⑧属于承认与

---

① 《中华人民共和国和突尼斯共和国关于民事和商事司法协助的条约》第十九条，《中华人民共和国和秘鲁共和国关于民事和商事司法协助的条约》第二十一条。

② 《中华人民共和国和阿尔及利亚民主人民共和国关于民事和商事司法协助的条约》第二十一条。

③ 所有36项生效双边条约中都明确"调解书"属于"裁决"的范围，在塞浦路斯，调解书表述为"协议判决"。

④ 《中华人民共和国和俄罗斯联邦关于民事和刑事司法协助的条约》第十六条，《中华人民共和国和乌克兰关于民事和刑事司法协助的条约》第十七条，《中华人民共和国和哈萨克斯坦关于民事和刑事司法协助的条约》第十七条，《中华人民共和国和吉尔吉斯共和国关于民事和刑事司法协助的条约》第十六条，《中华人民共和国和塔吉克斯坦共和国关于民事和刑事司法协助的条约》第十六条，《中华人民共和国和乌兹别克斯坦共和国关于民事和刑事司法协助的条约》第十七条，《中华人民共和国和越南社会主义共和国关于民事和刑事司法协助的条约》第十五条。

⑤ 《中华人民共和国和俄罗斯联邦关于民事和刑事司法协助的条约》第十六条，《中华人民共和国和吉尔吉斯共和国关于民事和刑事司法协助的条约》第十六条，《中华人民共和国和塔吉克斯坦共和国关于民事和刑事司法协助的条约》第十六条，《中华人民共和国和乌兹别克斯坦共和国关于民事和刑事司法协助的条约》第十七条。

⑥ 《中华人民共和国和俄罗斯联邦关于民事和刑事司法协助的条约》第十六条，《中华人民共和国和吉尔吉斯共和国关于民事和刑事司法协助的条约》第十六条，《中华人民共和国和乌兹别克斯坦共和国关于民事和刑事司法协助的条约》第十七条。

⑦ 《中华人民共和国和乌克兰关于民事和刑事司法协助的条约》第十七条。

⑧ 《中华人民共和国和波兰人民共和国关于民事和刑事司法协助的协定》第十六条。

执行的范围。与蒙古、罗马尼亚签订的司法协助条约规定"其他主管机关"①作出的民事裁决也属于承认与执行的范围。与白俄罗斯签订的司法协助条约规定"缔约一方也可以根据本国法律承认缔约另一方的其他主管机关所作出的依其性质不须执行的民事决定"②。

关于国际公约的加入情况。截至目前，我国并没有加入或批准关于承认与执行外国判决的国际性公约。我国虽然是 2005 年海牙《选择法院协议公约》的缔约国，但并没有加入该公约。2015 年 10 月 1 日随着欧盟的加入，该公约已经生效，这必将对统一各国民商事管辖权规则以及承认与执行外国法院判决规则具有重要意义。

在无条约义务的情况下，互惠关系的存在对于判决的承认与执行显得尤为重要。我国民事诉讼法第二百八十二条规定了"互惠关系"，但我国法院对互惠关系进行了严格解释，即我国法院承认与执行国外判决的前提是该外国法院承认与执行过我国法院判决。因此，目前我国基本上并未以互惠形式承认与执行过其他国家的判决。虽然我国法院曾经以缺乏互惠基础为由拒绝承认过德国判决，2004 年，德国柏林高等地区法院在是否承认我国法院判决的问题上并未受此影响，依旧承认了我国法院作出的判决。但有些国家的做法则不同，2015 年日本东京地区法院以缺乏互惠关系为由，拒绝承认我国法院作出的判决。

需要指出的是，根据最高人民法院 1991 年 8 月 13 日颁布实施的《关于中国公民申请承认外国法院离婚判决程序问题的规定》，对外国法院离婚判决的承认与执行，并不需要以互惠关系为条件。

3. 申请承认与执行的外国判决不得违反我国基本法律原则与社会公共利益

按照国际通行惯例，一般只对外国判决进行程序性审查。但是对于外国判决是否违反我国基本法律原则与社会公共利益则不同，只有对外国判

---

① 《中华人民共和国和蒙古人民共和国关于民事和刑事司法协助的条约》第十七条，《中华人民共和国和罗马尼亚关于民事和刑事司法协助的条约》第二十一条。

② 《中华人民共和国和白俄罗斯共和国关于民事和刑事司法协助的条约》第十七条。

决内容作出实质审查,才能作出准确判断。由于公共政策的问题与一国的法律文化、经济社会发展甚至政治制度紧密相关,因此,很难有一个明确统一的标准,我国法律也没有对此作出规定,而是留给司法实践较大的自由裁量空间。

(二) 拒绝承认与执行外国判决的理由

结合我国现行民事诉讼法以及民商事司法协助条约的规定,我国法院拒绝承认与执行外国裁决的情形大致包括以下几种:

1. 依照我国法律或国际条约规定,外国法院对该案件无管辖权。我国与外国签订的双边司法协助协定在这个问题也并不统一,存在差异性,大体可分为三种情形:一是依据被请求国法判断外国法院是否享有管辖权,如我国与法国、蒙古、罗马尼亚、波兰、古巴等国签订的双边协定就采用了这种方法;①二是根据被请求国内国法规定对案件享有专属管辖权的,有关承认与执行的申请将被拒绝,如中国与俄罗斯之间的司法协助协定就采用了这种方法;三是在协定中直接列出间接管辖权原则,只要外国法院的管辖权符合协定的规定,就应当承认其享有适当的管辖权,如我国与意大利和西班牙的协定中采用了这种方法。

2. 根据裁决作出地的法律规定,外国法院判决未生效或不具有执行力。

3. 依据裁决作出地的法律规定,当事人一方的诉讼权利未给予适当保护,审判程序违法的情形。

4. 就同一案件,我国法院受理在先,或者正在审理,或者作出的判决已经生效,或者已经承认了第三国判决。

5. 如果承认与执行外国判决将违背我国公共政策的,可予以拒绝。②

---

① 参见费宗祎、唐承元主编:《中国司法协助的理论与实践》,人民法院出版社1992年版,第258、267、292、303、320、329页。

② 参见宋建立:《涉外商事审判原理与实务》,法律出版社2016年版,第142-143页。

二、我国承认与执行外国判决规则的若干问题

我国民事诉讼法对管辖权的审查标准和依据即应适用何国法律来确定原判决国法院的管辖权未作规定，管辖权标准不明确，这使得法院在承认与执行外国法院判决时面临种种基础性的难题，缺乏法律依据。

在承认和执行外国判决的审查中采用的互惠审查标准过于严格，仅以缺乏互惠关系为由拒绝承认与执行外国法院判决，使得外国判决得不到我国法院的承认而变得毫无意义。我国民事诉讼法规定的事实互惠一定程度上造成了国家间司法交流合作的障碍。

我国民事诉讼法及其司法解释中并没有对承认与执行外国裁决的期限与程序作出单独规定，承认与执行的程序和期限不够明确。在实务操作中，承认与执行的程序和期限并没有实质性区别，造成法院资源的浪费和当事人的不便。

我国尚缺乏承认与执行外国知识产权判决的相关规则。目前平行诉讼越来越多，诉讼中的两方当事人同时在不同国家提起知识产权诉讼的情况也越来越普遍，他国法院颁发的跨国禁令是否可以在中国得到承认与执行需有明确的规定，以指导法院对此问题的审理。

民事诉讼法中虽然有关于申请承认与执行外国判决不得违背我国法律基本原则和社会公共利益的规定，但是对于何种情形属于违反中国法律的基本原则、损害社会公共利益的规定不明确。目前为止还没有一例外国判决是基于此理由而被拒绝承认与执行的，这可能与该规定尚不明确有很大关系，司法实践中的操作性较差。

三、我国承认与执行外国判决规则的完善

（一）明确外国法院是否有管辖权的审查标准

目前，大多数在判断外国法院管辖权适当性上适用的准据法是法院地法。我国立法中虽未对管辖权判定的准据法作出具体规定，但是在实践中却是适用我国国内法。中国国际私法学会起草的《示范法》采取了瑞士国

际私法的方法，逐一列出能够得到承认的管辖权依据。虽然该《示范法》并没有法律效力，但对司法实践却起着重要的指导意义，也是我国国际私法学界的一项重要的研究成果。如《示范法》第一百五十八条对于审查外国法院是否享有管辖权作出的专门规定，条文是以列举方式规定了外国法院享有管辖权的具体情形。①《示范法》应当可以为我国今后相关民事诉讼法修改及司法解释制定提供重要的参考。

此外，建议明确外国法院管辖权的审查标准，原则上依据作出判决地国法律认定，但属于我国法院专属管辖的案件，以及当事人对不具有涉外因素的案件选择外国法院管辖的除外。

（二）软化处理互惠关系，改变单纯强调"事实互惠"的做法

互惠原则是国际法中的一项基本原则，被认为是国家主权独立与平等的体现，且被应用于国际法的诸多领域。互惠原则在有些国家依旧是承认外国判决的必要条件，如罗马尼亚、突尼斯、斯洛文尼亚、土耳其和捷克等。但对外国判决的承认与执行施加互惠的前提条件，在一定程度上违背了经济一体化和全球化的发展趋势，有碍跨国民商事交往的发展。近年来，逐渐发展出多种做法对互惠原则进行软化处理。如在判定外国是否给

---

① 《中华人民共和国国际私法示范法》第一百五十八条【间接管辖权】规定："作出判决的外国法院，符合下列情形之一的，即为对案件具有管辖权：（一）在提起诉讼时，被告在该外国境内有住所或者惯常居所的；（二）被告因其商业活动引起诉讼时，在该外国境内设有代表机构，或者被告在该外国境内设有分支机构，而该诉讼是由其代表机构或者分支机构的商业活动引起的；（三）在涉及合同或者财产权益的案件中，被告以书面方式明示接受该外国法院的管辖，或者在提起诉讼后，被告自愿出庭应诉，就争议的实质问题进行答辩，且未就管辖权提出异议的；（四）在合同案件中，合同是在该外国境内签订，或者已经或者应当在该外国境内履行的；（五）在涉及有体财产的所有权或者其他物权权利的诉讼中，作为诉讼标的物或者其债的担保的动产或者不动产，在提起诉讼时位于该外国境内的；（六）在合同外的侵权案件中，侵权行为或者侵权结果发生在该外国境内的；（七）在继承案件中，被继承人死亡时的住所地、惯常居所地或者遗产所在地位于该外国境内的；（八）在反诉案件中，作出判决的外国法院对本诉有管辖权的。外国法院的管辖权与中华人民共和国法律关于专属管辖的规定相抵触者，不予承认。"

予本国互惠待遇方面，采用推定存在的态度；如斯洛文尼亚、克罗地亚、塞尔维亚则均适用推定互惠理论，即只要外国法院没有拒绝本国判决的先例，就可以推定互惠关系存在。然而，在大多数保留互惠原则的国家，其国内立法会为互惠原则的适用设置限制或例外情形。与互惠原则作为承认与执行外国判决的条件不同，当互惠原则作为承认与执行外国判决的法律基础时，意味着一国法院只有在本国与该外国存在国际条约或政府声明的前提下，才会对该外国法院的判决予以义务地承认与执行。在此情况下，两国之间存在事实互惠并不能构成其中一国承认与执行另外一国判决的充分理由。唯一的路径就是通过国际条约或政府声明的形式，确立正式的互惠关系。目前依旧有国家在官方层面采纳该种互惠模式，包括荷兰、挪威、瑞典、芬兰、丹麦、奥地利、白俄罗斯、亚美尼亚、乌兹别克斯坦、朝鲜、越南。然而，在实践中，上述国家多对这种"官方标准"从互惠角度予以软化，或通过立法干预的形式，最终达到基于互惠承认外国判决的目的。在该种情形下，互惠原则在承认与执行外国判决中扮演积极角色。

2015 年 7 月发布的《最高人民法院关于人民法院为"一带一路"建设提供司法服务和保障的若干意见》中首次提出了先行给予对方互惠的原则。"一带一路"涉及大量的跨国性贸易、投资、金融交易、交通运输、基础设施建设等商事活动，参与主体多元化，争端将呈现国际性、复杂性、多样性的特点。在目前还没有一个跨国性"一带一路"争端解决机构的情况下，产生的纠纷主要依靠内国司法机构根据其国内法予以解决。因此，司法协助协定的缔结对于解决国家间判决的承认与执行显得尤为重要。而对于一些尚未订立司法协助协定的国家而言，基于国际司法合作的需要，在考虑对方国家承诺给予我国互惠的情况下，我国法院可以互惠为由，先行承认与执行对方国家的判决。①这种软化处理互惠、率先开启互惠

---

① 《最高人民法院关于人民法院为"一带一路"建设提供司法服务和保障的若干意见》中指出："要在沿线一些国家尚未与我国缔结司法协助协定的情况下，根据国际司法合作交流意向、对方国家承诺将给予我国司法互惠等情况，可以考虑由我国法院先行给予对方国家当事人司法协助，积极促成形成互惠关系，积极倡导并逐步扩大国际司法协助范围。"

的大门的做法，有助于增进国际司法合作，维护我国企业的合法权益。

在 2015 年以前，我国几乎没有在互惠基础上承认与执行过其他国家的判决。2016 年 12 月 9 日，南京市中级人民法院在（2016）苏 01 协外认 3 号民事裁定书中，依据申请人 KolmarGroup AG 的申请，承认与执行了新加坡高等法院的一项民事判决。之前，我国与新加坡并未签署关于承认与执行对方判决的司法协助条约，但这是我国法院首次以互惠原则承认与执行外国法院的判决。该案也是对两年前新加坡高等法院主动承认执行我国法院判决的回报，无疑在两国间的承认与执行领域开创了一个良好开端。

在当事人能够证明外国法院基于其内国立法规定或司法实践有承认与执行我国法院判决的可能性的情况下，我国法院可以考虑采用推定互惠原则。而对于具体的证明方法则可以灵活处理，即通常应由申请人提供判决作出国的立法规定或相关判例，证明外国法院具有承认与执行我国判决的可能性；而如果被申请人能够证明判决作出国法院未以缺乏互惠为由拒绝过我国法院判决的事实，我国法院可以推定存在互惠关系。此规定通过率先给予对方国家当事人司法协助的方式，旨在积极促进形成互惠关系。

（三）尽快做好加入《选择法院协议公约》的准备

2015 年 6 月 11 日欧盟正式交存《选择法院协议公约》批准书，以区域经济组织的身份加入公约。至此，在墨西哥和欧盟交存公约批准书后，公约已于 2015 年 10 月 1 日生效。作为解决国际间民商事判决的承认与执行的全球性公约，将对国际民商事制度产生深远影响。在公约体系下，当事人协议选择的法院负有公约规定的审理义务，当事人协议选择以外的法院负有公约规定的拒绝义务，被请求国法院负有公约规定的承认与执行义务。因此，缔约国承认与执行公约语境下的协议选择法院所作出的判决，是缔约国的一项义务。笔者认为，中国应加入《选择法院协议公约》。因为，公约一方面会促进国际经济合作，另一方面也会对维护经济发展的各国法律制度产生深远的影响，有利于国际间的交流与合作。公约在起草过程中已经考虑了各国对公约可接受度，规定了较为灵活的"声明"机制。我国在考虑加入公约时，应最大限度地保护我国家利益。在维护国家利益与遵守国际公约之间找到较好的平衡，特别是利用好声明制度，即对于影响我国利益的事项通过声明的方式排除公约的适用，如知识产权案件等是否应排除该公约的适用，等等。

（四）明确违反法律基本原则、社会公共利益的含义和规定

我国法院一贯严格限制公共政策的适用，然而公共政策的适用标准始终是司法实践中的难题。我国法律的基本原则是一个极为宽泛且抽象的定义，且对于不同法律部门而言，每个部门法都有其基本原则。因此，为了防止该原则成为进行跨国知识产权国际合作的障碍，对我国法律的基本原则应进行狭义解释，且重点应放在知识产权法的基本原则，如地域原则、国民待遇、独立原则等。

社会公共利益是一个抽象的概念。《法律适用法司法解释》规定的涉及我国基本法律原则以及公共政策的事项，禁止当事人以协议方式排除我国法律的适用。其中列举的事项主要包括：本国劳动者权益的保护，本国公共卫生与食品安全的保护，本国环境安全的保护，本国外汇管制等涉及金融安全的保护，反倾销反垄断等涉及我国经济秩序的维护，等等。①社会公共利益与一国的政治、经济、文化、法律甚至宗教都是紧密相关的，适用时也必须结合一国经济社会的特定发展阶段作出合理判断。

（五）原则上不承认惩罚性赔偿

惩罚性赔偿是指远超出实际损害的赔偿，常见于英美法系国家的司法判例中，它除了能够补偿受害人损失外，最主要的是惩罚和遏制不法行

---

① 《最高人民法院关于适用〈中华人民共和国涉外民事关系法律适用法〉若干问题的解释（一）》第十条的规定，"有下列情形之一，涉及中华人民共和国社会公共利益、当事人不能通过约定排除适用、无需通过冲突规范指引而直接适用于涉外民事关系的法律、行政法规的规定，人民法院应当认定为涉外民事关系法律适用法第四条规定的强制性规定：（一）涉及劳动者权益保护的；（二）涉及食品或者公共卫生安全的；（三）涉及环境安全的；（四）涉及外汇管制等金融安全的；（五）涉及反垄断、反倾销的；（六）应当认定为强制性规定的其他情形。"

为。而其中的惩罚和遏制功能，明显有别于许多大陆法系国家所强调的民事赔偿的补偿功能。2005 年海牙《选择法院协议公约》第 11 条仍然将这类赔偿列为"民商事事项"，不过，该条对惩罚性损害赔偿判决提供了较为灵活的机制：如一项判决确定的赔偿包括惩罚性赔偿，超出了当事人的实际损失，则被请求国在可比或类比的范围内有权拒绝承认与执行超过该实际损失的部分。我国民法理论普遍认为侵权法功能主要在于补偿。但不可否认，我国民事立法并不完全排斥惩罚性赔偿。为此，我国法院在承认与执行具有惩罚性赔偿内容的外国判决过程中，不宜轻易地将其纳入行政或刑事判决的范畴，也不将其作为民事判决而不加分析地一律拒绝。我国法院在对具有惩罚性赔偿内容的外国判决审查其是否应被承认与执行时，也应具体情况具体分析，笔者认为对于惩罚性赔偿判决，原则上不予承认与执行，但如果能够对判决事项能够进行分割的，则可对判决确定的损害赔偿超出当事人实际损失的部分予以承认与执行。但也有一种观点认为，对外国法院判决只是形式审查而非实体审查是基本原则，判断是惩罚性赔偿或是实际损失，则存在对外国判决进行实体审查之嫌，导致司法审查权的滥用，而影响我国法院的国际形象。

（六）对于有关知识产权的外国判决的承认与执行规则的确定应该注意事项

第一，由于知识产权与一国社会公共利益的密切相关性，有关知识产权的外国判决更容易受到不合理影响，确定这类规则时必须增加有关审查判决法院的管辖权和法律适用事项的内容。第二，禁令救济对于保护知识产权至关重要，应该在互惠的基础上予以承认与执行，对于没有互惠关系存在的，可以考虑在申请人交纳了合理的保证金后，予以承认与执行，但恶意申请的除外。第三，对于外国惩罚性赔偿判决，可以考虑在我国对相同或相似侵权行为可能裁决的损害赔偿限度内予以承认与执行。第四，应该考虑到我国科学技术发展现状和传统文化因素，不规定过于超前的条款。

外国法院作出的知识产权判决，有下列情形之一的，应予拒绝承认与执行：（1）依照我国法律的规定，该外国法院对案件没有管辖权的；

（2）承认和执行外国判决明显违背我国公共政策。知识产权的地域性原则不属于我国的公共政策范围，外国判决所依据的准据法可以是一国知识产权法中涉外实体法。（3）依照我国法律规定，外国法院对相关知识产权争议没有管辖权。（4）缺乏公正合理的诉讼程序。

小　结

我国现行立法虽然没有对"涉外"案件进行明确定义，但是民间机构草拟的法律建议稿和一些司法解释对此已有界定，并从主体、客体和法律事实三个方面进行识别。

知识产权案件的管辖，是指各级人民法院和同级人民法院受理第一审知识产权争议案件的权限和分工，是确定和划分人民法院系统内部中上下级或同级中某个人民法院对知识产权案件如何行使审判权的问题。在我国，涉外知识产权权属纠纷案件由被告所在地法院管辖；涉外知识产权效力的确权纠纷适用专属管辖，由北京知识产权法院专属管辖；涉外知识产权合同纠纷参照有关合同案件的管辖规则。涉外知识产权侵权纠纷由侵权行为地法院、被告所在地法院和共同经常居所地法院管辖。目前，我国尚缺乏对知识产权效力作为抗辩或反诉以及效力纠纷的管辖规定，涉外知识产权侵权纠纷管辖权的认定标准缺乏灵活性，平行诉讼的解决方式存在不足，协议管辖原则的适用范围过于狭窄等问题。笔者建议明确知识产权效力纠纷的管辖权规则，以及知识产权的效力作为抗辩或反诉时的管辖权规则，加强对知识产权侵权纠纷的管辖权规则研究，以适应时代的需要。

在 2011 年 4 月 1 日实施的《涉外民事关系法律适用法》之前，我国涉外知识产权法律适用的规定严重匮乏。《涉外民事关系法律适用法》是首部单行的冲突法文本，随着社会的迅速发展，该法在某些内容上仍需要进一步改进和完善。笔者建议增补涉外知识产权本体关系和网络知识产权侵权行为的法律适用规定，采用分割方式对涉外知识产权法律适用加以确定。

外国判决无法在国外获得承认与执行便如同没有判决，已经完成的整个诉讼就显得毫无意义。从这个意义上讲，判决的承认与执行虽然属于诉讼的最终阶段，却是当事人在提前诉讼时首要考虑的问题之一。影响当事人是否选择诉讼以及选择在哪个国家法院提起诉讼的一个决定性因素往往便是日后判决能否得到承认与执行。我国现行民事诉讼法第二百八十二条规定了外国法院判决在我国得到承认与执行需具备的条件，其中规定的条约义务或者互惠关系，是我国法院承认与执行外国判决的重要考虑因素。我国司法实践中判断互惠关系主要基于事实互惠，即"你给我好处，我才给你好处"，致使司法实践中极少有外国判决得到承认与执行。加之近年来，申请承认与执行外国民商事判决以及申请认可和执行港澳台地区民商事判决案件数量呈上升趋势，但缺乏相关的可操作的司法解释规定，不利于统一此类案件的审理程序和裁判标准，有必要及时对外国判决的承认与执行制度进行完善。

从"投资中国"到"中国投资"的转变，我国已成为资本净输出国，对外投资呈现不断增长的趋势。可以预见的是，未来国际经贸的发展，将导致我国企业境外涉诉的概率大幅增加，因此，改变传统做法和理念，以加强国际合作的心态，合理借鉴各国司法实践与国际立法的有益经验，对外国法院判决中内含的私人利益给予应有的尊重，有利于保护我国法院的国际形象，与国际形势接轨。

结　论

　　传统法律观念基于知识产权权利客体的无形性，对知识产权的地域性过度夸大，并认为知识产权法律冲突是不存在的。实际上，知识产权领域的法律冲突自始即存在，只不过是伴随知识产权国际保护的需要和发展而突显出来。笔者认为，知识产权的地域性特征既无法决定知识产权法律冲突产生与否，也不导致知识产权法不具有域外效力，更不能将知识产权的域外效力与知识产权法的域外效力混为一谈。从国际公约和各国司法实践来看，知识产权的地域性与知识产权法具有域外效力并不互相排斥，知识产权的地域性更不影响知识产权法域外效力的实现，在今后及未来的一段时期内，地域性仍是知识产权的显著特征，知识产权国际保护不会突破地域性。传统国际私法之所以长期忽略对知识产权冲突法的研究，是国际性知识产权案件较其他传统民商事案件出现略晚，各国在一段较长时间内对知识产权案件多规定专属管辖，以及知识产权的无形性等多重原因综合导致的。

　　在国际层面上进行的与知识产权有关的国际私法工作是从管辖权问题入手的。《布鲁塞尔公约》作为欧盟国际私法规则融合过程中的一部重要公约，对于统一欧盟各国的直接国际管辖权规则起了关键作用。《布鲁塞尔条例》进一步确认了直接国际管辖权制度，立法形式实现了由公约向条例的转变，并具有了直接适用的法律效力。2005年《选择法院协议公约》成为第一个全球性管辖权和判决公约，虽然涉及知识产权的内容较少，但也反映了当前情况下各国在管辖权和判决的承认与执行规则上的妥协与统一。在法律适用方面，欧洲共同体先后通过《罗马公约》《罗马条例Ⅰ》和

《罗马条例 II》，完成了欧盟成员国之间在合同和非合同领域的债权关系的法律适用统一，增强了适用法律的确定性和对诉讼结果的可预见性，促进了相关法律关系主体之间利益关系的平衡和判决的自由流动。除了欧盟成员国的直接立法和国际条约之外，民间立法研究也相当活跃，美国推出了《ALI 原则》、日本和韩国共同公布了日韩共同提案，德国发表有《CLIP 原则》。三个原则均是在吸收当前各国国内法、国际条约和各国法律学者建议的基础上，经过多次修改完成的，代表了美国、亚洲以及欧洲地区在知识产权国际私法领域的探索和研究，对世界各国在知识产权国际私法立法方面有着示范性指引作用。从三个原则规定的内容上看，《CLIP 原则》的规定最为详细和具体，日韩共同提案的规定最为简单。三个原则在知识产权侵权行为的法律适用上，均以保护国法律为一般原则，辅以当事人意思自治原则，并与最密切联系原则相结合来评定其应适用的法律。不同之处在于：《ALI 原则》更偏向于保护知识产权被许可人和转让人的利益；日韩共同提案则偏重于对知识产权被许可人和受让人的利益的保护；《CLIP 原则》则兼顾两者的利益，试图寻求一种平衡。《ALI 原则》和《CLIP 原则》分别体现了普通法系国家和大陆法系国家对待跨国知识产权诉讼的态度。

在管辖权问题上，虽然专属管辖容易增加当事人在诉讼中的经济成本和时间成本，但是，当前各国和国际条约仍对知识产权的产生与效力纠纷管辖持保守态度，多将跨国注册类知识产权的产生和效力纠纷规定为专属管辖，这主要是考虑到，如果一个外国司法机关行使管辖权而对在他国注册或登记的知识产权效力进行调查，无疑侵犯了外国的行政或司法主权。这也是布鲁塞尔公约体系、海牙公约和《ALI 原则》对于知识产权的登记与效力问题保留为专属管辖的主要依据。由于版权等不需要登记或备案的权利的成立无须国家公权力的介入，国际立法普遍将其纳入一般管辖与协议管辖的范畴。

知识产权的所有权问题与知识产权的成立和效力问题有所区别。注册类知识产权的成立和有效是一主权国家主管机构行使管理权力的结果，也是平衡一国社会公共利益权利所有者利益的结果，它的成立和有效与否直接关系使用知识产权产品的社会公众的利益。知识产权的所有权问题与一国主管机关的行政管理活动密切相关。尽管世界上一些国家的国际私法立法认可了某些与民商事活动相关的行政管理公法规范有域外效力，但是一国法院无论如何不能对另一国行政机关的管理活动作出裁决，这直接侵犯了一主权国家的行政管理权，这样的裁决并不能得到有效的承认与执行。此外，由合作性和雇佣性智力创造活动产生的知识产权权属关系问题，除非各国有关该方面的冲突规则是相同的，对这方面争议行使管辖权的国家不同，其裁决结果也不会相同，这对稳定作为对世权的知识产权来说是致命的打击。因此，对知识产权所有权争议，应由权利主张地国法院首先管辖。即使在合作合同和雇佣合同中对合同的管辖权作了约定，在涉及知识产权权属争议问题时，也应由权利主张国法院对这种协议管辖的约定进行审查。

　　笔者认为，应该区别注册性知识产权和非注册性知识产权，以及注册性知识产权的成立和效力及权属关系事项分别确定国家管辖权。对注册性知识产权的成立和效力事项提起诉讼的，由知识产权注册地国法院专属管辖；对注册性知识产权的权属关系事项提起诉讼的，由被告住所地国或知识产权注册地国法院管辖；对非注册性知识产权的成立、权属关系、内容和终止等事项提起诉讼的，由被告住所地国或知识产权被主张保护国法院管辖。

　　知识产权合同形式的多样性、义务的复杂性和知识产权利用行为发生的多国性给确定知识产权合同管辖权的联系因素带来了一定的难度。在欧洲，对知识产权合同管辖权问题基本上与一般合同同等对待，不作特别处理。《布鲁塞尔条例》允许原告在被告住所地缔约国提起诉讼，而不论被告所属国籍如何。当原告在被告住所地以外的缔约国法院提起诉讼时，与合同有关的事项由争议义务履行地法院管辖。当在知识产权合同纠纷中涉及知识产权效力时，对注册类知识产权的效力由权利登记国法院专属管辖。知识产权合同有效性问题可以以多种不同的方式出现，《布鲁塞尔条例》或《卢加诺公约》中并未就知识产权合同效力作出特殊规定。因此，成员国法院对知识产权合同的有效性不存在排他性管辖权的问题。《ALI 原则》规定有关知识产权合同诉讼的原告，可以在被告居所地国家法院起诉或由当事人通过协议管辖确定。2005 年《海牙公约》也允许当事人选择解决争议的法院。互联网上的点击协议可以通过在合同中的约定确定管辖。对于一国或其国内不同法院认为案件应当由另一国或其国内不同法域法院审理的，受诉法院可能基于不方便原则而驳回管辖权。

知识产权的国际开发和利用是导致知识产权跨国侵权案件管辖权问题产生的根源。侵权行为地法院管辖是目前普遍接受程度最高的管辖原则。布鲁塞尔公约体系中没有知识产权侵权管辖的特别规定。《ALI 原则》中的知识产权侵权管辖条款规范详尽，内容具体。赋予不同种类知识产权侵权的一般管辖权，体现了知识产权侵权管辖问题上的国际趋势。然而，《ALI 原则》赋予的法院管辖权范围比《CLIP 原则》建议案更宽。整体上讲，《ALI 原则》和《CLIP 原则》分别侧重于对原告和被告的保护。知识产权的非物质性决定它的易传播性，同一知识产品很容易同时在数个地域被利用。相对于其他财产权侵权而言，大规模平行性侵权和共同性侵权成为知识产权侵权的重要类型。对于平行性侵权和共同侵权，在一个法院地合并诉讼将利用重要的资源，包括当事方资源和国际司法资源。对于平行性侵权，一国法院为了通过行使管辖权的方式保护本国知识财产和本国权利人的利益，在不能行使合并管辖的情况下，往往通过将其国内法扩及适用于外国的侵权行为，侵犯了外国对本国知识产权产品利用市场享有的属地立法管辖权。因此，实行合并管辖可以抑制将国内法范围扩及适用于外国侵权的趋势。

临时性保护措施在知识产权诉讼中具有与案件事实判决相同的效力。一国法院对有关知识产权争议的实体内容行使管辖权，不影响另一国法院对与知识产权侵权争议有关的临时性措施行使管辖权。被告住所地、所涉证据和财产所在地和知识产品利用地国法院享有采取相关临时性措施的管辖权。

在法律适用方面，意思自治原则在知识产权合同的法律适用规则中应用较为广泛。由于知识产权合同标的垄断性质，一些国家出于维护本国利益的考虑，在其立法中适度限制意思自治在一些领域的适用也并无不妥。

特征性履行推定方法在大多数知识产权合同中难以识别时，最密切联系原则便可成为解决知识产权合同法律适用的一种有效且可灵活运用的方法，为尚无规定领域的法律适用提供参照依据。《ALI 原则》、日韩共同提案和《CLIP 原则》都采用了当事人意思自治和最密切联系原则相结合的方法，虽对于最密切联系的考量因素稍有差异，但均包含了转让人和许可人的经常居所地法律。

在知识产权侵权纠纷的法律适用规则中，保护国法原则是当前支配知识产权冲突法的基本原则，这也是由知识产权的地域性所决定的。保护国法的适用体现了地域性原则，保障了该原则及其政策含义在国际社会的认可。在互联网飞速发展的当今时代，侵权行为具有即时性和全球性，保护国法原则已不能适应知识产权国际保护的需要。因此，有必要创制新的法律适用规则。"无处不在之侵权"法律规则的适用，正是针对知识产权网络侵权的情况。即使在互联网时代，也不能忽略知识产权地域性原则的重要性，保护国法原则应作为例外条款，对于维护国家根本利益仍然起着"安全阀"的作用。最密切联系原则是一条重要的冲突规范连接因素。但该原则作为对冲突法价值取向的适度矫正，至今没有形成具体的适用标准，为法官审理案件时留下了足够的自由裁量余地，也常被称为"兜底条款"。各国在面对网络环境下的"无处不在之侵权"带来的法律冲突时，参考本国的具体情况选用最密切联系原则可以确定网络知识产权侵权的法律适用规则。

在对外国判决的承认与执行方面，2005 年海牙《选择法院协议公约》无疑是一次有意义的尝试。由于代表团成员国国内法对如何解决诉讼竞合以及判决不一致问题存在不同认识，各代表团在制定与知识产权有关的条文的谈判过程中面临了许多问题。除著作权和邻接权外，公约对其他知识产权非合同问题没有作规定，这影响了国际民商事判决承认与执行规定上的完整性，但是鼓励了各成员国发展自己的国内法。《ALI 原则》、日韩共同提案和《CLIP 原则》中关于知识产权判决的承认与执行有许多共同之处，也一定程度上说明不同法系、不同国家就知识产权国际私法中的一些问题逐渐趋于共识。虽然有关外国判决的承认与执行的规则大部分可以直接适用于跨国知识产权案件中，但知识产权因其自身具有的特殊性，也导致形成一些特殊的规则。区域性立法和民间立法的各种尝试无疑将增强知识产权国际利用和争端解决的可预见性、确定性和一致性，有利于保障知识产权的生命力。

虽然我国在立法层面对涉外案件的识别主要是从主体、客体和法律事实三个方面进行区分，但是在司法实践中，法院多以主体的涉外性作为判断案涉纠纷是否为涉外案件的主要依据。知识产权民事案件在我国可分为知识产权权属纠纷、知识产权合同和知识产权侵权纠纷三大类。

在我国，知识产权案件的管辖基本上是以地域管辖为主，专属管辖和协议管辖为补充，同时辅以级别管辖的方式。涉外知识产权权属纠纷案件由被告所在地法院管辖；涉外知识产权效力的确权纠纷适用专属管辖，由北京知识产权法院专属管辖；涉外知识产权合同纠纷参照有关合同案件的管辖规则，可视情况分别适用一般管辖、专属管辖、协议管辖和不方便管辖等规定。在知识产权案件中，具有管辖权的法院为侵权行为地法院、被告所在地法院和共同经常居所地法院。目前，我国尚缺乏对知识产权效力作为抗辩或反诉以及效力纠纷的管辖规定，可以规定知识产权的授予、登记、有效性、放弃和撤销的纠纷由知识产权登记国法院专属管辖，进一步明确将知识产权的效力作为抗辩或反诉理由时的管辖权规则。我国有必要对知识产权侵权问题中某些独有特征进行研究，适时在立法中对于涉外知识产权侵权的管辖问题加以规定，增加平行诉讼和合并管辖的解决办法。

在2011年4月1日实施的《涉外民事关系法律适用法》之前，我国并没有单独针对知识产权的冲突规范，有关涉外知识产权的法律适用的规定主要散见于《中华人民共和国民法通则》和各有关知识产权部门法中的简要规定，涉外知识产权法律适用的规定严重匮乏。《涉外民事关系法律适用法》对涉外知识产权纠纷的法律适用问题作出了专章规定，但仅有三条规定，略显单薄，在理论界和实务界仍存在较大争议。笔者建议增加"知识产权的取得、范围和效力等事项适用被请求保护地法律""关于合作完成的知识产品，知识产权的原始归属适用相关合作合同应当适用的法律""对于因聘用或者委托完成的知识产品，知识产权的原始归属适用相关劳务合同或者委托合同应当适用的法律""不正当竞争或垄断行为的法律责任适用受到实质影响的市场所在地法律"。建议增加网络知识产权侵权行为的法律适用规定，采用分割方式对涉外知识产权法律适用加以确定。

判决的承认与执行虽然属于诉讼的最终阶段，却是当事人在提前诉讼时首要考虑的问题之一。关于承认于执行外国判决的程序和条件，在我国民事诉讼法第二百八十二条、《2015 民诉法解释》以及司法协助的双边条约中均有规定，对于外国知识产权判决的承认于执行，仍需要参照适用外国判决承认与执行的一般理论。其中的条约义务或者互惠关系是我国法院承认与执行外国判决的重要考虑因素。我国司法实践中判断互惠关系主要基于事实互惠，即"你给我好处，我才给你好处"，致使司法实践中极少有外国判决得到承认与执行。加之近年来，申请承认与执行外国民商事判决以及申请认可和执行港澳台地区民商事判决案件数量呈上升趋势，但缺乏相关的可操作的司法解释规定，不利于统一此类案件的审理程序和裁判标准，有必要及时对外国判决的承认与执行制度进行完善。如明确外国法院是否有管辖权的审查标准，软化互惠关系处理，改变单纯强调"事实互惠"的做法，尽快做好加入《选择法院协议公约》的准备，明确违反法律基本原则、社会公共利益的含义和规定，原则上不承认惩罚性赔偿等。

从"投资中国"到"中国投资"的转变，我国已成为资本净输出国，对外投资呈现不断增长的趋势。未来我国企业境外涉诉的概率也将大幅增加，因此我们有必要改变传统做法和理念，以加强国际合作的心态，合理借鉴各国司法实践与国际立法的有益经验，对外国法院判决中内含的私人利益给予应有的尊重，保护我国法院的国际形象，与国际形势接轨。

参考文献

一、中文部分

（一）中文著作

1. 吴汉东主编：《知识产权法》（第三版），北京大学出版社 2011 年版。

2. 杨长海：《知识产权冲突法论》，厦门大学出版社 2011 年版。

3. 韩德培主编：《国际私法》，高等教育出版社、北京大学出版社 2007 年版。

4. 黄进主编：《国际私法》（第二版），法律出版社 2005 年版。

5. 郑成思：《知识产权论》，社会科学文献出版社 2007 年版。

6. 朱榄叶、刘晓红主编：《知识产权法律冲突与解决问题研究》，法律出版社 2004 年版。

7. 张乃根主编：《中国知识产权法》，法律出版社 1999 年版。

8. 李双元主编：《国际私法学》，北京大学出版社 2000 年版。

9. 李双元、欧福永、熊之才：《国际私法教学参考资料选编》（上册），北京大学出版社 2002 年版。

10. 叶斌：《比较法视角下的 2005 年海牙选择法院协议公约研究》，中国社会科学出版社 2013 年版。

11. 肖永平：《欧盟统一国际私法研究》，武汉大学出版社 2002 年版。

12. 宋建立：《国际民商事诉讼管辖权冲突的协调与解决》，法律出版社 2009 年版。

13. 宋晓：《当代国际私法的实体取向》，武汉大学出版社 2004 版。

14. 韩德培：《国际私法的晚近发展趋势》，载《韩德培文选》，武汉大学出版社 1987 年版。

15. 韩德培：《中国国际私法与比较法年刊（1996）》，法律出版社 1996 年版。

16. 肖永平：《国际私法原理》，法律出版社 2007 年版。

17. 胡振杰：《国际合同争议管辖权与判决执行比较研究》，中国法制出版社 2014 年版。

18. 马汉宝：《国际私法》（第三版），我国台湾地区翰庐图书出版有限公司 2014 年版。

19. 李双元、谢石松：《国际民事诉讼法概论》，武汉大学出版社 2001 年版。

20. 何其生：《比较法视野下的国际民事诉讼》，高等教育出版社 2015 年版。

21. 万鄂湘主编：《涉外商事海事审判指导》2005 年第 2 辑，人民法院出版社 2006 年版。

22. 宋建立：《涉外商事审判原理与实务》，法律出版社 2016 年版。

23. 朱子勤、李楠、赵凯：《网络侵权中的国际私法问题》，人民法院出版社 2006 年版。

24. 薛虹：《网络时代的知识产权法》，法律出版社 2000 年版。

25. 古祖雪：《国际知识产权法》，法律出版社 2002 年版。

26. 张文显：《法理学》，法律出版社 1997 年。

（二）中文博士论文

1. 徐祥：《国际私法中的知识产权问题研究》，武汉大学 2007 年博士学位论文。

2. 钱峰：《论外国法院民商事判决的承认与执行》，对外经贸大学 2007 年博士学位论文。

3. 叶斌：《2005 年海牙〈协议选择法院公约〉研究》，武汉大学 2009

年博士学位论文。

（三）中文论文

1. 吕岩峰：《知识产权之冲突法评论》，载《法制与社会发展》1996年第 6 期。

2. 何艳：《知识产权国际私法保护规则的新发展——〈知识产权：跨国纠纷管辖权、法律选择和判决原则〉述评及启示》，载《法商研究》2009 年第 1 期。

3. 杨长海：《知识产权冲突法研究之历史现状及其造法方式》，载《政法学刊》2011 年第 6 期。

4. 陈锦川：《涉外知识产权民事法律关系的调整及法律适用—上篇：理论规范篇》，载《电子知识产权》2005 年第 2 期。

5. 吕岩峰：《刑法的域外效力辨析——来自国际私法学的观照》，载《法制与社会发展》1998 年第 4 期。

6. 蒋进：《知识产权法的域外效力辨》，载《求索》2009 年第 2 期。

7. 杨松才：《美国知识产权法的域外适用》，载《法学杂志》2007 年第 5 期。

8. 王德辉：《论国际知识产权的法律冲突及其侵权的法律适用》，载《太平洋学报》2006 年第 8 期。

9. 冯文生：《知识产权的国际私法基本问题研究》，载《知识产权文丛》（第四卷），中国政法大学出版社 2000 年版。

10. 陈云东：《知识产权领域不存在法律冲突》，载《现代法学》1989 年第 3 期。

11. 王春燕：《论知识产权地域性与知识产权国际保护》，载《中国人民大学学报》1996 年第 3 期。

12. 冯术杰、于延晓：《知识产权地域性的成因及其发展》，载《长白学刊》2004 年总 120 期。

13. 冯术杰：《知识产权与法律冲突》，载《法学杂志》2005 年第 1 期。

14. 邹国勇：《论欧洲联盟国际私法的同一化》，载《法学评论》2007年第1期。

15. 孙尚鸿：《试析欧盟〈布鲁塞尔民商事管辖规则〉有关涉网知识产权案件管辖权问题的实践》，载《比较法研究》2009年第5期。

16. 黄进、邹国勇：《欧盟民商事关系权规则的嬗变——从〈布鲁塞尔公约〉到〈布鲁塞尔条例〉》，载《东岳论丛》2006年第5期。

17. 谢宝朝：《论〈罗马条例Ⅰ〉对欧盟合同冲突法的发展及对我国的启示》，载《西南政法大学学报》2010年第3期。

18. 于飞：《欧盟非合同义务法律适用统一化——以〈罗马条例Ⅱ〉》为中心》，载《法律科学（西北政法大学学报）》2009年第1期。

19. 李沣桦、姜漪欣：《知识产权国际保护法适用规则的新发展——以〈ALI原则〉与〈罗马条例Ⅱ〉为视角》，载《南阳师范学院学报》2011年第10期。

20. 朱伟东：《韩、日〈知识产权国际私法原则〉述评——兼与〈ALI原则〉、〈CLIP原则〉比较》，载《国际经济法学刊》2012年第3期。

21. ［日］木棚照一：《关于知识产权的国际私法原则案——日本工作组的准据法部分的提案》，载《企业与法创造》2009年第2号（总第19号）。

22. 石巍：《知识产权的法律冲突与法律适用探微》，载《现代法学》1999年第5期。

23. 王德辉：《论国际知识产权的法律冲突及其侵权的法律适用》，载《太平洋学报》2006年第8期。

24. 冯术杰：《论知识产权冲突规则的拟定——保护国法主义与分割论的结合适用》，载《法学》2005年第3期。

25. 冯术杰：《"分割论"的合理性及其完善——知识产权冲突规范探微》，载《山东公安专科学校学报》2004年第6期。

26. 李振纲：《知识产权与法律冲突》，载《中南财经大学学报》1999年第1期。

27. 古祖雪、赵秋丹：《国际科技合作中知识产权侵权诉讼的若干法律问题》，载《中南大学学报（社会科学版）》2008 年第 4 期。

28. 齐爱民、何培育：《涉外知识产权纠纷的法律适用——兼评〈涉外民事关系法律适用法〉相关规定》，载《知识产权》第 2011 年第 2 期。

29. 姜茹娇：《论知识产权在网络环境中的法律适用——兼评我国〈民法（草案）〉第九编的有关规定》，载《法学杂志》2010 年第 2 期。

30. ［美］保罗·爱德华·盖勒：《计算机网络空间的法律冲突的国际著作权》，高凌翰译，载《版权公报》1997 年第 1 期。

31. 徐崇利：《经济全球化与外国判决承认与执行的互惠原则》，载《厦门大学法律评论》第 8 辑，厦门大学出版社 2004 年版。

32. 谢新胜：《条约与互惠缺失时中国判决的域外执行》，载《环球法律评论》2010 年第 4 期。

33. 汤茂仁：《确认不侵权案的受理条件及相关法律问题研究》，载《法律适用》2006 年第 6 期。

34. 邓宏光、唐文：《论知识产权不侵权确认之诉》，载《法律适用》2006 年第 1 - 2 期。

35. 陈锦川：《涉外知识产权民事法律关系的调整及法律适用—下篇：法律适用篇》，载《电子知识产权》2005 年第 3 期。

36. 朱理文：《涉外知识产权关系的法律适用——涉外民事关系法律适用法第七章为中心》，载《人民司法》2012 年第 9 期。

37. 马琳：《析德国法院承认中国法院民商事判决第一案》，载《法商研究》2007 年第 4 期。

38. 郑勇：《知识产权地域性之现代嬗变》，载《商业时代》2013 年第 15 期。

39. 杨长海：《知识产权与冲突法连接之理论依据——地域性原则效力再辨》，载《安徽大学学报（哲学社会科学版）》2012 年第 1 期。

二、英文部分

（一）英文著作与论文

1. Ulrich Drobnig "American - German Private International Law",

P. 298. 1972, New York.

2. High Saddie, Peter Prescott and Mary Vitoria: "The Modern Law of Copyright", PP. 406 −407, 1980, London.

3. See Graeme B. Dinwoodie International Intellectual Property Litigation: A Vehicle for Resurgent Comparativist Thought? The American Journal of Comparative Law Vol. 49 Number 3 Summer 2001, p. 428 −453.

4. S. Rothenberg, D. Rabinowitz & H. Godin, Choice of Law in Sound −A-like Cases, 14 Ent. L. Rep. 3, 5 (1993 no. 8).

5. Eugen Ulmer, Intellectual Property Rights and the Conflict of Laws, Deventer: Klumer, Law and Taxation Publishing Division, 1978.

6. W. R. Cornish, Intellectual Property: Patents, Copyright, Trade Marks and Allied Rights (Fourth Edition), London, Sweet & Maxwell, 1999.

7. Lawrence Collins et al (eds), Dicey, Morris and Collins on the Conflict of Laws, (First Supplement to the 14th Edition), London: Sweet & Maxwell, 2007.

8. Edited by Jurgen Basedow, Toshiyuki Kono and Axel Metzger: Intellectual Property in the Global Arena, Jurisdiction, Applicable Law, and the Recognition of Judgments in Europe, Japan and the US, Mohr Siebeck Tubingen, 2010.

9. Jenard Report, [1979] OJ C59.

10. G Tritton, Intellectual Property in Europe (3rd edn, 2008).

11. JJ Fawcett, P Torremans, Intellectual Property and Private International Law, 2nd Edition, Oxford University Press, 2010.

12. JJ Fawcett, J Harris, and M Bridge, International Sale of Goods in the Conflict of Laws (2005).

13. WD Park and SJH Cromie, International Commercial Litigation (2nd edn, 1997).

14. Ginsburg 36 (1988 −1989) Journal of the Copyright Society of the USA 81 at 98099 and Ginsburg and Sirinelli 15 (1991) Columbia −VLA Journal of Law and the Arts 135 at 141.

15. Boschiero, "Infringement of Intellectual Property Rights: A Commentary on Article 8 of the Rome II Regulation" in A Bonomi and P Volcken (eds), Yearbook of Private International Law Volume IX -2007 (2008) 87 at 107.

16. Plender and Wilderspin, The European Private International Law of Obligations, at 655.

17. Statute on the Law Applicable to Torts of 11 April 2001, [2003] Neth Int Law Rev 222 -224.

18. M Van Eechoud, Choice of Law in Copyright and Related Rights (2003) at 213.

19. Adolf Loos -Werke II, judgment of 28 September 1993 of the Austrian Supreme Court, [1994] GRUR Int 638.

20. P Torremans and C Clijmans [2006] Rabels Zeitschrift Fur auslandisches und internationales Privatrecht, 358 -397.

21. P Karrer and K Arnold, Switzerland's Private International Law Statute (1989).

22. Perregas, "Intellectual Property and Choice of Law Rules" in Malatesta (ed), 221 at 229 -230.

23. Pettegas, "Intellectual Property and Choice of Law Rules" in Malatesta (ed), 221, at 238.

24. G Dinwoodie, R Dreyfuss, and A Kur, 42 (2010) New York University Journal of International Law and Politics 201.

25. CLIP Principles, Article 3: 602. See Kur, 30 Brook J Int' l L 953 at 966 et seq (2005) and A Metzger, "Applicable Law under the CLIP Principles: A Pragmatic Revaluation of Territoriality" in J Basedow, T Kono, and A Metzger (eds), Intellectual Property in the Global Arena (2010) at 172 -173.

26. A Metzger, "Applicable Law under the CLIP Principles: A Pragmatic Revaluation of Territoriality" in J Basedow, T Kono, and A Metzger (eds), Intellectual Property in the Global Arena (2010) at 173 -176.

27. Arthur T. von Mehren & T. Trautman, Recognition of Foreign Adjudica-

tions: A Survey and Suggested Approach, 81 Harv. L. Rev. 1601, 1601, 1601 – 04 (1968).

28. Josef Drexl and Annette Kur (eds), Intellectual Property and Private International Law, Hart Publishing, 2005.

29. Dan Jerker and B. Svantesson, Private International Law and the Internet (Second Edition), Wolters Kluwer, 2012.

30. Jurgen Basedow, Toshiyuki Kono and Axel Metzger, Intellectual Property in the Global Area: Jurisdiction, Applicable Law and Recognition of Judgments in Europe, Japan and the US, Mohr Siebeck, 2010.

（二）英文报告与官方文件

1. Council Regulation (EC) No. 44/2001 of 22 December 2000 on Jurisdiction and the Recognition and Enforcement of Judgments in Civil and Commercial Matters, official Journal L012, 16/01/2001 P. 0001 –0023.

2. Regulation (EC) No. 864/2007 of the European Parliament and of the Council on the law applicable to non –contractual obligations (Rome II), official Journal of the European Union, L199, 31 July 2007.

3. Convention on Choice of Court Agreement, concluded 30 June 2005.

4. Intellectual Property: Principles Governing Jurisdiction, Choice of Law, and Judgments in Transnational Disputes, as adopted and promulgated by the American Law Institute at San Francisco, California, May 14, 2007, American Law Institute Publishers, 2008.

5. 《知识产权国际私法原则》。

6. Preliminary Draft Hague Convention Jurisdiction and Enforcement of Judgments in Civil and Commercial Matters.

7. Protocol on Jurisdiction and the Recognition of Decisions in Respect of the Right to the Grant of a European Patent 1973.

8. European Union, EC Convention on Jurisdiction and Enforcement of Judgments in Civil and Commercial Matters, Brussels 1968.

9. Lugano Convention.

10. EC Council Directive 93/98/EEC of 29 October 1993 harmonizing the term of protection of copyright and certain related right, [1993] OJL290/9, now codified as Directive 2006/116/EC of the European Parliament and of the Council of 12 December 2006 on the term of protection of copyright and certain related rights [2006] OJL372/12.

11. Council Regulation (EC) 40/94 of 20 December 1993 on the Community Trade Mark [1994] OJ L011/1, as amended, now codified as Council Regulation 207/2009 of 26 February 2009 on the Community Trade Mark [2009] OJ L78/1.

12. Council Regulation (EC) 6/2002 of 12 December 2001 on Community Designs [2002] OJ L3/1, amended by Council Regulation No 1891/2006 of 18 December 2006 amending Regulation (EC) No 6/2002 and (EC) No 40/94 to give effect to the accession of the European Community to the Geneva Act of the Hague Agreement concerning the international registration of industrial designs [2006] OJ L386/14.

13. Council Regulation (EC) 2100/94 of 27 July 1994 on Community plant variety rights [1994] OJ L227/1.

14. Council Regulation 207/2009 of 26 February 2009 on the Community Trade Mark [2009] OJ L78/1.

15. The Regulation updated and replaced the Brussels Convention on Jurisdiction and Enforcement of Judgment in Civil and Commercial Matters 1968, as amended.

16. Directive 2004/48/EC of the European Parliament and of the Council of 29 April 2004 on the enforcement of intellectual property rights [2004] OJ L 195/16.

17. J Kropholler, Europaisches Ziviphrozessrecht (8th edn, 2005) Art 27, No. 7.

18. The Ministry of Justice of UK, Guidance on the Commencement of Euro-

pean Community Regulation 864/2007 on the Law Applicable to Non −contractual Obligations（Rome II），22 January 2009.

19. EC. Rome Convention on the law applicable to contractual obligations 1980.

20. The Council of the European Union，Council Regulation（EC）No 44/2001 on Jurisdiction and the Recognition and Enforcement of Judgments in Civil and Commercial Matters.

21. Intellectual Property：Principles Governing Jurisdiction，Choice of Law，and Judgments in Transnational Disputes.

22. Principles for Conflicts of Laws in Intellectual Property.

23. Transparency Proposal on Jurisdiction，Choice of Law，Recognition and Enforcement of Foreign Judgments in Intellectual Property.

（三）案例

1. Cairns v. Franclin Mint Co. ［24F. sup. 2d 1013（C. D. cal. 1998）］.

2. Factors Etc. ，Inc. v. Pro Arts，Inc. ，652 F. 2d 278（2d Cir. 1981）.

3. Acme Circus Operating Co. v. Kuperstock，711 F. 2d 1538，1541（11th Cir. 1983）.

4. Ajinomoto Co. ，Inc. v. Archer −Daniels −Midland Co. ，228 F. 3d 1338（Fed. Cir. 2000）.

5. Steele v. Bulova Watch Co. ，344 U. S. 280 （73 S. Ct. 252，97 L. Ed. 319）.

6. Duijnstee v. Goderbauer［1983］ECR 3663.

7. Case 220/84 As − Autoteile Service GmbH v. Malhe ［1985］ECR 2267，p. 2271.

8. Case 73/77 Sanders v. van der Putte［1977］ECR 2383.

9. Kakkar and Others v. Szelke and Others，［1989］1 FSR 225.

10. Owusu v. Jackson，［2005］QB 801.

11. XN Corporation Limited v. Point of Sale Limited，［2001］IL Pr 35.

12. TS Production LLC v. Drew Pictures Pty Ltd, [2008] FCAFC 194, Full Court of the Federal Court of Australia.

13. Rey v. Lecouturier, [1908] 2 Ch 715.

14. CSR Limited v. Cigna Insurance Australia Limited (1997) 189 CLR 345, HC of Australia.

15. R Griggs Group Ltd v. Evans (No 2), [2004] EWHC 1088 (Ch) at [138], [2005] Ch 153.

16. Tyburn Productions Ltd v. Conan Doyle, [1991] Ch 75.

17. Lucasfilm Ltd v. Ainsworth, [2009] EWCA Civ 1328 at [163], [2010] FSR 10.

18. Jakob Handte & Co GmbH v. Traitements Mecano – Chimiques des Surfaces SA (TMCS) [1992] ECR I –3967.

19. Case 9/87 SPRL Arcado v. SA Haviland [1998] ECR 1539.

20. Case 38/81 Effer v. Kantner [1982] ECR 825.

21. Kleinwort Benson Ltd v. Glasgow City Council [1997] 3 WLR 923.

22. Case 14/76 De Bloos SPRL v. Bouyer [1976] ECR 1497.

23. Case 266/85 Shenavai v. Kreischer [1987] ECR 239.

24. Falco Privatstiftung and Thomas Rabitsch v. Gisela Weller – Lindhorst Case C –533/07 [2009] ECDR 14.

25. Rank Film Distributors v. Lanterna Editrice Srl, [1992] IL Pr 58.

26. Olympia Productions Ltd v. Cameron Mackintosh (Overseas) Ltd, Cameron Mackintosh Ltd, [1992] ILRM 204.

27. MedwayPackaging Ltd v. Meurer Maschinen GmbH & Co KG, [1990] 2 Lloyd's Rep 112.

28. Crucial Music Corporation v. Klondyke Management AG [2007] EWHC 1782 (Ch), [2007] IL Pr 54.

29. SA des Etablissements Salik et SA Diffusal v. SA J Esterel, Revie Critique de Droit International Prive, 1982, p 135; D Series I –16, 4 –B2.

30. JA Motte v. Tecno SpA, Rivista di Diritto Intermazionale Privato e Pro-

cessuale 1981, p913; D Series I −16. 4 −B3.

31. Case C −4/03 Gesellschaft fur Antriebstechmik mbH & Co KG (GAT) v. Case 38/81 Effer v Kantner [1982] ECR 825.

32. Karlung v. Svensk Vagguide Comertex AB [1999] IL Pr 298. Lamellen und Kupplungshau Beteiligungs KG (LuK) [2006] ECR I −6509.

33. The Abidin Daver, [1984] 1 All E. R. 470 (H. L.) .

34. The Spiliada Maritime Corp. v. Cansulex Ltd. , [1986] 3 All E. R. 843, 853 −854.

35. Pearce v. Ove Arup Partnership Ltd and Others [1997] Ch 293; [2000] Ch 403, CA.

36. Roche Nederland BV v. Primus, Case C − 539/03 [2006] ECR I −6535.

37. R v. Harrow Crown Court and Another, ex p UNIC Centre SARL [2000] 1 WLR 2112.

38. Kearns v. European Commission [2006] 1 ILRM 496.

39. Fort Dodge Animal Health Ltd and Others v. Akzo Nobel NY and Another [1998] FSR 222, CA.

40. Shevill and Others v. Presse Alliance SA, Case C −68/93 [1995] 2 WLR 499, [1995] ECR I −415.

41. Case C −220/88 Dumez France and Tracoba v. Hessische Landesbank (Helaba) and Others [1990] ECR I −49 at 79 −80.

42. ABKCO Music & Records Inc v. Music Collection International Ltd and Another [1995] RPC 657.

43. Kalman and Another v. PCL Packaging (UK) Ltd [1982] FSR 406.

44. ABKCO Music & Records Inc v. Music Collection International Ltd and Another [1995] RPC 657.

45. House of Spring Gardens Ltd v. Waite [1991] 1 QB 241 at 253 (copyrights) .

46. Molnlycke AB and Another v. Proctor & Gamble Ltd and Others [1992]

1 WLR 1112 at 1117.

47. AG Darmon in Case C 68/93 Shevill and Others v. Presse Alliance [1995] 2 WLR 499 at 529.

48. Case C −167/00 Verein Fur Konsumenteminformation v. K H Henkel [2002] ECDR 479.

49. Bonnier Media Ltd v. Smith 2003 SC 36, [2002] ETMR 86.

50. Pearce v. Ove Arup Partnership Ltd and Others [2000] Ch 403, CA.

51. Waterford Wedgwood PLC v. David Nagli Ltd, [1999] IL Pr 9.

52. Ryanair ltd v. Bravofly and Another, [2009] IEHC, [2009] IL Pr 41.

53. Cordoba Shipping Co. , Ltd v. National State Bank, Elizabeth, New Jersey (The Albaforth) [1984] 2 Lloyd's Rep 91 at 97, CA.

54. Plastrus Kreativ AB v. Minnesota Mining and Manufacturing Co [1995] RPC 438.

55. Knorr − Bremse Systems for Commercial Vehicles Ltd v. Haldex Brake Products GmbH.

56. Case C −4/03 Gesellschaft fur Antriebstechmil mbH & Co KG (GAT) v. Lamellen und Kupplungsbau Beteiligungs KG (LuK) [2006] ECR I −6509.

57. Case C −391/95 Van Uden Maritime BV (Trading as Van Uden African Line) v. Kommanditgesellschaft in Firma Deco − Line [1999] QB 1225 at [29] .

58. Hans −Hermann Mietz v. intership Yachting Sneek BV, Case C −99/96 [1999] ECR I −2277.

59. Chiron Corpn v. Akzo Pharma − Organon Technika − UBI, The Hague District Court, 22 July 1994, 1994 IER, No 24, 150.

60. Hans −Hermann Mietz v. intership Yachting Sneek BV [1999] ECR I − 12277.

61. Van Uden Maritime BV v. Kommanditgesellschaft in Firma Deco −Line, Case C −391/95 [1999] QB 1225, [1998] ECR I −7091.

62. Hans −Hermann Mietz v. Internship Yachting Sneek BV, Case C −99/

96 [1999] ECR I −2277.

63. Coin Controls Ltd v. Suzo International (UK) Ltd and Others, [1999] Ch 33.

64. UVG Ambulances Ltd v. Auto Conversion Ltd (Wilker Auto Conversions), [2000] ECDR 479.

65. Expandable Grafts Partnership v. Boston Scientific, [1990] FSR 352.

66. Bernard Denilauler v. Snc Couchet Freres, [1980] ECR 1553 at [16].

67. Banco National De Comercio Exterior SNC v. Empresa de Telecommunications De Cuba SA [2007] EWCA Civ 662 at [29], [2007] IL Pr 51.

68. Republic of Haiti v. Duvalier [1990] 1 QB 202 and Crediz Suisse Fides Trust SA v. Cuoghi [1998] QB 818, CA.

69. American Cyanamid v. Ethicon, [1975] AC 375.

70. Chiron Corpn and Others v. Organon Teknika Ltd (No 10), [1995] FSR 325.

71. Fort Dodge, [1998] FSR 222, CA.

72. Honeywell Inc v. Metz Apparatewerke, 509 F. 2d 1137.

73. Radio Telefis Eireann and Independent Television Publications Ltd v. EC Commission [1995] ECR I − 743, [1995] 4 CMLR 718, and [1995] FSR 530.

74. Bridgeman Art Library, Ltd. v. Corel Corporation, 153 F. 3d 82 (2d Cir. 1998).

75. Lecouturier v. Rey, [1910] AC 262 at 273.

76. COVA v. Banque Generale du Luxembourg [1994] NJ 2901 (No 6222).

77. Hilton v. Guyot, 159 U. S. 113 (1895).

78. Case C −7/98, Krombach v. Bamberski 2000 E. C. R. I −1935.

79. Case 143/78 De Cavel v. De Cavel [1979] ECR 1055.

80. Case 178/83 Firma P v. Firma K [1984] ECR 3033.

81. Case 125/79 Denilauler v. Couchet Freres [1981] ECR 1553.

82. EMI Records Ltd v. Modern Music Karl - Ulrich Walterbach GmbH [1992] 1 QB 115, [1992] 1 All ER 616.

83. Case C - 7/98 Dieter Krombach v. Andre Bamberski [2000] ECR I -1935.

84. Case SISRO v. Ampersand Software BV [1994] ILPr55 (CA).

85. Case C - 38/39 Regie Nationale des Usines Renault v. Maxicar SpA [2000] ECR I -2973.

86. Louis Feraud SARL, Intern v. Viewfinder, Inc 406 F Supp2d 274 (US District Court for the Southern District of New York 2005).

87. Louis Feraud SARL, Intern v. Viewfinder, Inc 489 F 3d 474, 83 USPQ 2d 1105 (2nd Cir 2007).

88. Yahoo! Inc v. La Ligue Contre Le Racisme et l' Antisemitisme 433 F 3d 1199 (9th Cir 2006).

89. Court of Appeal Paris, judgment of 28 January 1994, Braillecellen II [1994] BIE 395.

90. Eurosensory v. Teimann & Blind Equipment [1995] RDPI 18.

91. Grabinski [2001] GTUR Int 199 at 212.

92. Miller Import Corp v. Alabastres Alfredo SL STS 13 November 2001, Exequatur 2039/1999.

93. Case 145/86 Hoffmann v. Krieg [1988] ECR 645.

94. Tritton and Tritton [1987] 12 EIPR 349 at 351.

95. Case C -4/03 Gesellschaft fur Antriebstechnik mbH & Co KG (GAT) v. Lamellen und Kupplungsbau Beteiligungs KG (Luk) [2006] ECR I -6509.

96. SISRO v. Ampersand Software BV [1994] IL Pr 55 (CA).

97. Carrick v. Hancock (1895) 12 TLR 59.

98. Adams v. Cape Industries plc [1990] Ch 433 at 503 -531.

99. Feyerick v. Hubband (1902) 71 LJKB 509.

100. Copin v. Adamson [1874] LR 9 Ex Ch 345.

101. Vallee v. Dumergue (1849) 4 Exch 290.

102. Henry v. Geoprosco ［1976］QB 726，［1975］2 All ER 702.

103. Sadler v. Robins（1808）1 Camp 253.

104. House of Spring Gardens Ltd v. Waite ［1991］1 QB 241，［1990］2 All ER 990.

105. Israel Discount Bank of New York v. Hadjipateras ［1984］1 WLR 137.

106. Vervacke v. Smith ［1983］1 AC 145.

107. Pearce v. Ove Arup Partnership Ltd and Others ［1997］3 All ER 31，［1997］2 WLR 779.

108. Lewis v. Eliades ［2004］1 WLR 692.

109. Cortes v. Yorkton Securities Inc（2007）278（4th）740.

110. Adams v. Cap Industries plc ［1990］Ch 433.

111. Vervaeke v. Smith ［1983］1 AC 145.

112. E D & F Mann（Sugar）Ltd v. Yani Haryanto（No 2）［1991］1 Lloyd's Rep 429.

113. Vervaeke v. Smith，［1983］1 AC 145.

114. 汉城工业株式会社、宇岩涂料株式会社、内奥特钢株式会社票据追索权纠纷一案，江苏省高级人民法院（2010）苏商外终字第 0027 号民事裁定书。

115. 国际油污赔偿基金与三星重工业株式会社、三星物产株式会社船舶污染损害追偿管辖权纠纷案，最高人民法院（2011）民申字第 400 号民事裁定。

116. Giant Light Metal Technology（Kunshan）Co Ltd v. Aksa Far East Pte Ltd ［2014］SGHC 16.